弁護過誤

Key Pointでわかる弁護士のためのリスクマネジメント

事例にみる どうすれば回避できたのか

平沼髙明法律事務所 編

第一法規

改訂版　はしがき

　旧著『弁護士のためのリスクマネジメント　事例にみる弁護過誤』を上梓したのが平成23年、東日本大震災に見舞われた年のことであった。この十数年の間に弁護過誤についての新たな裁判例が蓄積され、理論的にも旧著の内容を見直すべき時期と感じられたことから、今般、装いも新たに『"KeyPointでわかる"弁護士のためのリスクマネジメント　事例にみる弁護過誤、どうすれば回避できたのか』に書名を改めて出版することとした。

　この間の実務の動きは速く、例えば年金分割や過払金関連の弁護過誤などはすでに終息しつつある一方、個人情報やプライバシー、あるいは知的財産権、税法にかかわるものなどは増加傾向といえる。渉外事件に関連する弁護過誤も散見されるようになった。

　理論面においては、平成16年に法科大学院が発足し法曹倫理が必須科目となり、関連する書籍が多く出版された頃に比べて落ち着いた状況と思われるが、破産申立代理人の財産散逸防止義務など理論面でも検討すべき課題は多い。

　旧著の42件の事例を見直して、17件の新規事例の追加ないし裁判例の差替えを行った。事例は49件となったが、実務家の使い勝手の良さを考えて全体のボリュームは極力抑える方針とした。

　執筆陣は、旧著と同じく平沼髙明法律事務所において弁護過誤の実務に携わる者である。弁護士賠償責任保険との関連性に触れ、参照文献を充実させるなど、実務家が弁護過誤を検討する際にまずは手に取ってもらえる書籍を目指した。

　弁護士の業務内容や社会における活躍の場は拡大を続けており、専門性も益々高まっている。他の法律事務所のホームページを覗きその取扱い業務をみても、専門外の弁護士には具体的な業務内容がすぐには分からない、そういう時代である。多くの読者諸賢のご叱正を得て、研鑽を積み、改訂を重ねていけたらと願う次第である。

令和6年8月26日

平沼髙明法律事務所
執筆者代表　弁護士　平沼　大輔

はしがき

　専門家に対する賠償責任追及の一環として弁護士に対する損害賠償の請求も増加の傾向を示していることはご承知のとおりである。

　1962年のケネディ米大統領の「消費者の権利」宣言を契機として、医師をはじめとする専門家賠償責任に係る紛争が激増するに至ったとされているが、専門家である弁護士のあらゆる分野における責任問題が増加しつつあるのも顕著な事実である。

　このような時代であるにもかかわらず、弁護士の責任に関する著書、論文は少ないのが現状である。

　そこで、本書は弁護士の紛争事例を、各種裁判例から事例をとり、これに解説を加えたものであり、類書の乏しい中にあって、弁護士業務の指針として有用なものではないかと自負する次第である。

　筆者らは、私の事務所において弁護士賠償問題の実務に携わった者であり、読者の教示を得られるならば、さらに改訂を行うなど努力してゆく所存である。

平成23年6月吉日

平沼髙明法律事務所
所長　平沼　髙明

編著者紹介

【編　集】

　平沼髙明法律事務所

【執　筆】

　平沼　大輔　（ひらぬま・だいすけ）
　尾高　健太郎（おだか・けんたろう）現・稲七総合法律事務所
　渡辺　　周　（わたなべ・あまね）　現・SR法律事務所
　上原　裕紀　（うえはら・ゆうき）
　石原　博行　（いしはら・ひろゆき）
　松尾　貴雅　（まつお・たかまさ）

凡　例

【法令名略語】

行訴	行政事件訴訟法	保険	保険法
刑	刑法	民	民法
刑訴	刑事訴訟法	民執	民事執行法
憲	日本国憲法	民訴	民事訴訟法
破	破産法	民訴規	民事訴訟規則
弁護	弁護士法	民保	民事保全法
規程	弁護士職務基本規程		

【判例出典略語】

民録	大審院民事判決録
民集	大審院民事判例集、最高裁判所民事判例集
刑集	大審院刑事判例集、最高裁判所刑事判例集
裁判集民	最高裁判所裁判集民事
高裁刑集	高等裁判所刑事判例集
行裁例集	行政事件裁判例集
下級民集	下級裁判所民事裁判例集
新聞	法律新聞
家裁月報	家庭裁判月報
判タ	判例タイムズ
判時	判例時報
金融商事	金融・商事判例
東高民時報	東京高等裁判所判決時報（民事）
裁判所HP	裁判所ホームページ

※判例は、原則として判例情報データベース「D1-Law.com 判例体系」の検索項目となる判例IDを〔　〕で記載した。
　例：最判平成18・12・21民集60巻10号3964頁〔28130140〕

目　次

第1編　総　論

第1章　弁護士の注意義務……………………………………………2
　1　依頼者に対する責任…………………………………………2
　2　相手方、第三者に対する責任………………………………11
第2章　弁護過誤における因果関係………………………………16
第3章　弁護過誤の損害（期待権侵害）…………………………18
第4章　弁護過誤訴訟の立証責任…………………………………21
第5章　弁護士賠償責任保険………………………………………23
　1　概　要…………………………………………………………23
　2　保険の目的、対象……………………………………………24
　3　事故対応………………………………………………………25
　4　免責事由（認識ある過失）…………………………………25
　5　おわりに………………………………………………………26

第2編　事例紹介

第1章　依頼者との関係……………………………………………30
　1　受任・辞任に関する問題……………………………………30
　　事例1　委任意思の確認……………………………………30
　　事例2　受任範囲の確認……………………………………37
　　事例3　受任しない事件についての説明義務……………43
　　事例4　法律相談における責任……………………………50
　　事例5　利益相反の確認……………………………………57
　　事例6　尋問直前の辞任に対する責任……………………64

　2　訴訟遂行・事件処理における問題…………………………72
　　事例7　弁護士の裁量………………………………………72

| 事例 8 | 弁護士業務と期待権侵害……………………………… 78
| 事例 9 | 処理方針の助言・意向確認………………………… 85
| 事例10 | 専門外の事件と弁護士の注意義務………………… 93
| 事例11 | 勤務弁護士と依頼者の法律関係…………………… 100

3 債務整理・破産申立てにおける問題……………………… 106
| 事例12 | 債務整理における事件処理方針…………………… 106
| 事例13 | 破産申立代理人の財産散逸防止義務……………… 115
| 事例14 | 破産申立代理人の債権者に対する責任…………… 124

4 和解における問題…………………………………………… 131
| 事例15 | 和解権限の範囲……………………………………… 131
| 事例16 | 和解条項と課税……………………………………… 138
| 事例17 | 非弁提携・和解意思の確認………………………… 144
| 事例18 | 和解成立後の紛争再燃防止義務…………………… 150

5 期間徒過……………………………………………………… 156
| 事例19 | 控訴期間の徒過……………………………………… 156
| 事例20 | 損害賠償請求権の時効……………………………… 162
| 事例21 | 遺留分侵害額請求権の時効消滅…………………… 169

6 報酬をめぐる問題…………………………………………… 175
| 事例22 | 報酬決定時の説明義務違反………………………… 175
| 事例23 | 報酬が暴利に当たるとされた例…………………… 181

7 刑事事件における問題……………………………………… 187
| 事例24 | 被告人の意向に反する弁論………………………… 187
| 事例25 | 被告人の意向に反する証拠の同意………………… 193

|事例26| 被害者との示談交渉の不履行……………………… 199

 8 特定の地位・職務に伴って生じる問題……………………… 206
  |事例27| 成年後見監督人の責任……………………………… 206
  |事例28| 特別代理人の責任…………………………………… 215

 9 守秘義務違反………………………………………………… 224
  |事例29| 守秘義務の発生……………………………………… 224

第2章 第三者との関係………………………………………………… 232
 1 訴訟遂行における問題……………………………………… 232
  |事例30| 準備書面による名誉毀損…………………………… 232
  |事例31| 証拠による名誉毀損………………………………… 238
  |事例32| 証拠によるプライバシー侵害……………………… 245
  |事例33| 前訴判決の騙取を理由に
      弁護士の責任を問われた事例……………… 251
  |事例34| 不当訴訟……………………………………………… 257
  |事例35| 不当な保全命令・執行……………………………… 263

 2 破産管財業務における責任………………………………… 269
  |事例36| 破産管財人による債権者保護……………………… 269
  |事例37| 破産管財業務の迅速処理の懈怠…………………… 275
  |事例38| 破産管財人の調査義務の懈怠……………………… 280

 3 刑事事件における問題……………………………………… 287
  |事例39| 被告人の利益擁護と刑法上の名誉毀損…………… 287
  |事例40| 告訴による名誉毀損………………………………… 293
  |事例41| 預り金の返還………………………………………… 299

4　その他弁護士業務上の責任……………………………………　305
　　　　事例42　依頼者の違法行為を防止する義務………………………　305
　　　　事例43　契約相手方に対する責任…………………………………　311
　　　　事例44　面会交流に関する誠実協議義務…………………………　317

第3章　その他……………………………………………………………　325
　1　懲戒をめぐる裁判例……………………………………………　325
　　　　事例45　懲戒取消しを求めた裁判例………………………………　325
　　　　事例46　懲戒申立てと不法行為……………………………………　331

　2　弁護士会会務と弁護士個人の責任……………………………　337
　　　　事例47　資格審査会及び弁護士会の会長としての
　　　　　　　　活動と弁護士個人の責任…………………………………　337

　3　弁護士賠償責任保険約款をめぐる問題………………………　342
　　　　事例48　認識ある過失（セイクレスト事件）……………………　342
　　　　事例49　争訟費用……………………………………………………　352

事項索引……………………………………………………………………　358
判例索引……………………………………………………………………　361

第1編 総論

第1章　弁護士の注意義務

1　依頼者に対する責任

(1)　依頼者と弁護士の法的関係

　弁護士と依頼者が締結する契約の法的性質については、一般に委任又は準委任とするのが伝統的通説であり[1]、古い判例でも、「弁護士と依頼者との関係は委任に因る代理関係」であるとしたものがある（大判昭和5・3・4新聞3126号10頁〔27551727〕）。もっとも、法曹人口の増加や組織内弁護士（インハウス）の普及、グローバル化など種々の要因によって弁護士の活動領域が広がっていることから、委任ないし準委任以外に請負や雇用の特徴を兼ね備えてくる面があることを指摘するものがあり[2]、通説に立つ論者も、依頼者と弁護士の関係、契約内容によって、必ずしも委任契約以外の法的関係が生じることを否定するものではないと思われる。

　従来弁護士の業務の中心は、法律相談[3]や訴訟委任を受けることを中心に考えられていたが、近年は、紛争解決の方法についても、訴訟外の交渉、ADR（Alternative dispute resolution）等による解決といった選択肢が広がっている。のみならず、弁護士の業務範囲は拡大し、意見書の作成や契約書の作成・チェック、株主総会の指導、社外取締役といった業務に就く弁護士も少なくない[4]。さらには、会社、公益法人、学校法人などの組織内で役員又は従業員として勤務する組織（企業）内弁護士という形態も存在し、増加傾向である[5]。従来の枠にとらわれない業務範囲が出現しているのであるから、伝統的な弁護士業務を念頭に、弁護士と依頼者の契約の法的性質について、委任ないし準委任契約であるとアプリオリに決めつけることはできない。それぞれの業務の実質的内容を検討して、その法的性質を決めるべきである。

ただし、組織内弁護士のように、そもそも執務形態が異なる弁護士を除けば、弁護士と依頼者の関係は、伝統的な委任契約と解する場合が多いであろう。

依頼者に対して、代理人である弁護士の犯した不法行為についての責任を問えるかという問題に関して、使用者責任（民715条）の成立を認めた裁判例がある（大阪地判昭和41・11・29判タ200号157頁〔27421562〕）。確かに組織内弁護士の場合には、その組織と弁護士の関係を雇用契約と解する場合が多いと思われるので、使用者責任も成立し得る。しかし、一般的な依頼者と弁護士の関係では、弁護士の職務行為は、独立性を有するので（規程20条）、使用者責任を問うことはできないと解するべきである（東京地判昭和38・1・19下級民集14巻1号37頁〔27421057〕）。

(2) 善管注意義務、誠実義務

弁護士は、委任を受けた業務を遂行するに当たり、依頼者に対して委任契約上の善管注意義務を負う（民644条）。また、弁護士は、誠実義務を負う（弁護1条2項）ところ、誠実義務は善管注意義務と別異の義務を定めたものかという講学上の問題がある。

争いはあるものの、誠実義務は善管注意義務を加重した法的義務を定めたものと解する説が多数と思われる[6]。しかし、そのように解しても、弁護士は誰に対して誠実義務を負っているかが次に問題となる。この点で、第三者との関係で弁護士の誠実義務を「単に弁護士倫理の問題であるにとどまらず、法的義務である」と解した裁判例がある（東京地判昭和62・10・15判タ658号149頁〔27801301〕）。もっとも弁護士が、契約関係にある依頼者以外の者との関係で法的義務としての誠実義務を負うとしても、依頼者に対して負うのと同じ内容の義務ではあり得ないのではないかと思われる。なぜなら弁護士が、依頼者の正当な利益と相手方の利益が対立する場合に依頼者の利益を優先するべく行動することは当然のことだからである。

(3) 弁護士法に規定された義務

　弁護過誤との関係で問題となる弁護士法上の主な義務を簡潔にまとめる。

ア　弁護士は、法令及び法律事務に精通しなければならないとする法律精通義務（弁護2条）が定められている。しかし実際には、未払賃金の立替払請求（賃金の支払の確保等に関する法律7条）を受任した弁護士が、法の誤解から申請期間[7]を徒過してしまったような事案を頻繁に見かける。こうした法の誤解が法律精通義務違反の典型的な例である。もっとも、一弁護士がすべての法令及び法律事務に常に精通しなければならないというのは、不可能を強いるものであり、通常はあくまでも自らが遂行する業務に関連する法令及び法律事務に精通すれば足りる。

イ　弁護士は職務上知り得た秘密について、守秘義務（弁護23条）を負う。正当な理由のない守秘義務違反に対しては、民事上プライバシー侵害等が問題になるほか、刑法上も罰則が定められている（刑134条1項）。

ウ　弁護士は、医師とは異なり[8]、例外的な場合[9]を除き、受任を拒絶できる。しかし弁護士は、依頼を承諾しない場合、その旨を速やかに通知する義務が課せられる（弁護29条）。弁護士の委任の有無が争点となる事案で委任がなかったとされた場合、次に本条の不承諾の通知の有無が問題となる。

エ　弁護士は、利益相反を発見した等の場合、受任を回避しなければならない（弁護25条）。弁護士法25条は、懲戒事例でしばしば見かけるが、同条に違反して他人に損害を与えれば、当然のことながら損害賠償責任を発生させる（東京地判平成4・1・31判タ781号272頁〔27811330〕）。

(4) 弁護士会の会規で定められた義務

　日本弁護士連合会（以下「日弁連」という。）は、平成16年、会規として弁護士職務基本規程を制定した。同規程でも、弁護士の義務を定めている。あくまでも弁護士の倫理規範と行為規範を定めたもの（前文）だが、弁護士の責任を判断するためのひとつのファクターになろう。

ア　弁護士は、受任事件について、迅速に処理する義務を負う（規程35条）。破産申立てを受任しながら、何年も放置したような事案は、迅速処理義務違反でもある場合が多いであろう。
イ　受任者である弁護士は、依頼者に対して事務処理を報告する義務を負う（民645条）。弁護士職務基本規程でも、必要に応じて報告し、依頼者と協議しながら事件処理を進める義務が定められている（規程36条）。弁護士は専門家として高度の裁量を有しているため、どのような事項について報告・協議するかについては、原則として弁護士の判断にゆだねられていると考えられる。しかし、紛争を予防するという観点からは、依頼者にこまめに報告することが望ましい。
ウ　弁護士は、事件処理に当たって、法令及び事実を調査する義務を負う（規程37条）。どのような調査を行うかについても、原則として弁護士の判断にゆだねられていると考えられる。しかし、紛争を予防するという観点からは、依頼者の説明について、合理的な主張となるだけの裏付けをとる調査を行うことが望ましい。

　　弁護士職務基本規程以外にも、日弁連及び各単位弁護士会は近年多くの会規を定めている。日弁連の会規のうち弁護士の注意義務と関連する主なものは次のとおりである。
・預り金等の取扱いに関する規程
・依頼者の本人特定事項等の確認及び記録保存等に関する規程
・外国法事務弁護士等職務基本規程
・債務整理事件処理の規律を定める規程
・多重債務処理事件にかかる非弁提携行為の防止に関する規程
・弁護士情報セキュリティ規程
・弁護士の報酬に関する規程

(5)　弁護士の専門性と裁量（弁護水準）
　　弁護士が善管注意義務を負い、また、弁護士法や弁護士会の会規等から導

かれる各種の義務を負うものであると解するとして、どのような義務違反が法的注意義務違反となるのであろうか。

　弁護過誤に先駆けて専門家責任の理論構築がなされている医療過誤の分野では、「注意義務の基準となるべきものは、診療当時のいわゆる臨床医学の実践における医療水準である」とされており（最判昭和57・3・30集民135号563頁〔27423848〕）、その医療水準は、医療機関の規模（大学病院か開業医かなど）や地域（都市部か過疎地域かなど）によって異なる。

　一方で、弁護過誤の分野では、地域や法律事務所の規模等により、弁護士の弁論や交渉の水準が異なっても仕方ないという認識は少なくとも一般的には存在せず、弁護水準は、国内一律のものということが前提のようである。弁護水準が注意義務の基準となることを指摘したさいたま地判平成19・9・28平成17年(ワ)829号裁判所HP〔28132344〕は、「弁護士は、訴訟において、法律の専門家として適切に主張・立証を行うべき義務を負っているが、現実の訴訟において、どのような主張・立証を行い、どのような訴訟行為を選択すべきかは、原則として弁護士の専門的な知識、経験等に基づく適正な判断によって決すべき事項であり、当該弁護士が行った主張・立証が裁判所に受け入れられなかったとしても、当該主張・立証が弁護士として一般的に要求される水準に比して著しく不適切・不十分であるなどの特段の事情がない限り、注意義務違反とはならないと解するのが相当である」と判示した。単に平均的、一般的な弁護士に要求される弁護水準を下回るだけでなく、それが「著しく不適切・不十分」でなければ注意義務違反とは評価できないとする。その理由は、弁護士には専門的裁量がある点にあるとしている。

　同様に弁護士の事務処理に広い裁量を認めた岡山地判平成10・7・6平成7年(ワ)272号公刊物未登載〔28233194〕は、「弁護士が委任事務を遂行するに当たり、いかなる方法によってこれを達成するかについては、事案に応じ、弁護士の裁量により定まるものと解するのが相当」としている。この点は、医療の世界でも同様で、「医療は、手術をも含めて、医師の専門的知識に基づく広範な裁量行為によって初めてその目的を達成するものである」とされ

ている（仙台高判平成6・12・15判タ886号248頁〔27827792〕）。

弁護士業務が高度の専門性を有する業務であり、しかも1年以上の司法修習を経て資格を得ている以上、専門的裁量があることを前提に、平均的弁護水準を著しく下回っている場合に限って、注意義務違反を認める法理は、説得力がある。しかし、修習期間も短縮され、弁護士の質が低下しているとの認識が一般化しつつある状況で、このような法理がいつまで通用するかは不明である。弁護士は、日常業務を遂行するに当たり、今後は少なくとも平均的弁護水準というものを意識する必要があるだろう[10]。

(6) 説明義務

委任を受けた弁護士は、事務処理の状況を依頼者に報告する義務を負う（民645条）。弁護士職務基本規程は、「弁護士は、必要に応じ、依頼者に対して、事件の経過及び事件の帰趨に影響を及ぼす事項を報告し、依頼者と協議しながら事件の処理を進めなければならない」（規程36条）と規定する。

弁護士は、依頼者から自由かつ独立の立場にあり（規程20条）、委任事務処理について、法律の専門家として高度の裁量権を有する。加えて、弁護士が詳細な説明を丁寧に行っても、依頼者が法律知識の乏しさから説明内容を理解できない危惧を考慮すれば、説明義務を重視するべきでないとも考え得る[11]。他方、依頼者は事件の最終決定権を有するのであるから、適切な自己決定の機会を依頼者に保障するために、そのための判断材料を提供する必要がある[12]。

下森定氏は、専門家の説明義務の履行という「手続きを踏んだ専門家は、その法的責任を全部あるいは一部免れ得るという点で、専門家の活動の自由を保障するものであり、その公益的職務の遂行に安心して専念し得ることにもなるという意義を持つ」とする[13]。この論説は、重要な示唆を含んでいる。医事紛争の予防には、医療過誤すなわち治療上のミスを防ぐことも重要だが、患者ないしその家族に対してインフォームド・コンセントを丁寧に行っておくことが最も効果的であると説かれることが多い[14]。弁護士も紛争予防

のために説明義務を果たしたい。それでは、弁護士はいかなる説明義務を果たせばよいのであろうか。

まず、法律相談を受けた弁護士は、「依頼者の事件依頼を受任しない場合には、速やかにその旨を依頼者に通知するとともに、他の弁護士に法律相談することを勧めたり、依頼者が自ら事件を解決するための方策を教えるなどして、依頼者が当該事件について、速やかに何らかの法的措置を講じたり、解決できるようにするために助言・指導（アドバイス）をする義務がある」とされる。ちなみにこの判旨を説いた大阪地判平成5・9・27判タ831号138頁〔27816973〕は、法律相談を「委任又は準委任契約」とみることができると述べている点でも注目される。

次に、弁護士は、受任に際し、報酬についての説明を行わなければならない（規程29条1項、弁護士の報酬に関する規程5条1項）。近年、報酬についての説明をめぐるトラブルが増加している[15]。その紛争の内容を見ると、必ずしも報酬についての説明義務違反のみが争点となっているわけではなく、他の注意義務違反を主張されているものがほとんどである[16]が、報酬についての説明義務違反に絞って解説すると、依頼者から預かった金銭の性質について、着手金なのか預り金なのか争いになるケースや、弁護士が報酬を請求する段階に至り、依頼者から報酬が高額すぎると主張されるケースがある。このような紛争は、上記規程どおり、受任時に報酬についてその根拠と合わせて説明を行って同意を得ておけば防ぐことができるものがほとんどであると思われる。

ところで、弁護士が受任した事件について、過去に同様の事件を処理した実績がないことや専門外の分野を受任したことを事前に説明すべきであったと主張されることがある。医師の場合、重症患者を専門の病院に転送する義務が肯定されていることから、弁護士でも同様の義務が想定できるのではないかという問題である。確かに、弁護士が専門分野を持つことは推奨されている[17]。しかし、特定の治療について特定の施設や機器が不可欠な医療と異なり、弁護士の場合、特定の専門分野について、特定の弁護士又は法律事務

所しか受任できないという環境はない。かえって、弁護士はあらゆる法律に精通する義務が求められている（弁護2条、規程7条）ことから、専門外の分野の業務であっても、自己研鑽することを条件に引き受けることは何ら問題ないと考える。特定の専門分野の知識が乏しかったが故に稚拙な事務処理を行い、それが求められる弁護水準を下回ったような場合に、弁護士の責任が問題になるのならばともかく、弁護士の専門性についての説明を事前に怠ったこと自体が弁護士の責任を発生させることは妥当ではない。事件を受任し、業務を遂行していく過程で、弁護士は、事件の進捗について節目節目には依頼者に報告をする必要がある。裁判例では、「弁護士が事件の委任を受けた際には、依頼者の求めに応じ事件の進行状況を説明報告する義務があ」ると説明される（東京地判昭和56・5・20判タ465号150頁〔27405529〕）。また、「委任契約により弁護士として事件処理を受任した被告は、依頼者である原告から請求があった場合はもとより請求がない場合でも、時宜に応じて事件の進行状況、委任事務処理の状況を正確に誤解のないように報告して原告に理解させ、爾後の事件処理方針について原告と十分に打ち合せるなどして、事件処理について依頼者である原告の意向が遺漏なく反映されるように努めるべき注意義務を負っている」（大阪地判平成11・2・15判時1688号148頁〔28042817〕）。依頼者からの求めに応じて事件の進捗を説明することは当然の義務であろうし、そうでなくとも、事件の節目には報告を怠らないように努めたい。

　事件を遂行していった結果、敗訴することもある。敗訴した事実を依頼者に告げずに判決が確定した責任を問われた事案で、裁判所は、敗訴判決を確定させるかどうかについて、「その後の推移や執行の可能性の見込み、残された処理方法等を依頼者に説明し、その経済状況等に応じた適切な指示助言をした上で、依頼者自身の意向を尊重してその最終的判断に委ねられるべきことがであって、代理人限りの判断で判決確定を容認することが許されるものではな」いとした（東京地判平成4・4・28判タ811号156頁〔27814838〕）。また、「上訴の委任がないため原審限りで委任が終了すべき場合には委任者

に判決理由検討の結果を知らせて本人が権利擁護に必要な措置を執る機会を失わせないようにするのが通常の弁護士職務執行の態度と考えられる」とする裁判例もある（東京高判昭和36・11・29東高民時報12巻11号223頁〔27621378〕）。敗訴判決を確定させることは、依頼者にとって不利な結論を甘受させることになるのだから、その結果について弁護士自身は納得したとしても、依頼者に説明して、その意向を確認することは最低限必要であろう。

逆に勝訴判決を得ておきながら、差押え等を行わずに認容された請求を実現できなかった事案で、弁護士は、「訴訟業務以外に強制執行等の現実の回収を図る方策を依頼者に説明し、依頼者の負担となる費用や報酬の額、貸金の回収の可能性の程度、その手段を採ることの難易等の情報を提供して、依頼者が回収に向けていかなる手段を具体的に講じるかを決めるためのアドバイスをすべき義務がある」とした裁判例がある（福岡地判平成2・11・9判タ751号143頁〔27808317〕）。そもそも弁護士は、依頼者の期待する結果が得られる見込みがないのにあるように装って受任してはならない（規程29条3項）。請求する側、原告側の依頼者は、単に判決を得るだけが目的でなく、判決の具体的な実現を期待している場合がほとんどであろうから、執行等まで視野に入れて受任をし（受任時には、執行の目途まではつかないことも多いが）、判決が認容された場合には、その実現方法について少なくとも説明する必要はあるだろう。

相談を受けた時点から判決まで、問題となる説明義務を列挙した。もちろん、弁護士が行う必要のある説明はこれだけにとどまらない。弁護士が、十分な説明を行わず、自らへの訴訟を回避するためだけに依頼者に無数の同意書へのサインを求めるようなこと[18]は、信頼を損ねることにつながりかねないので避けたいところではあるが、弁護過誤紛争を可能な限り防止するという観点から、折に触れて依頼者の目線に立った説明を心がけたい。

2　相手方、第三者に対する責任

(1)　誠実義務

　既述のように、誠実義務（弁護1条2項）は善管注意義務を加重した法的義務を定めたものとされ、依頼者との関係だけでなく、相手方や当事者外の第三者との関係も規律する義務と解されている。

　ただし、そもそも委任契約を前提とした善管注意義務が依頼者以外の者との関係をも規律すると解することはできない。また、弁護士は、依頼者の保護を図り、第一次的にはその利益を追求する[19]ために業務遂行をする以上、契約関係にある依頼者との関係と全く同質の誠実義務を第三者に対して負うと考えることは妥当ではない。

　この点で、弁護士は、依頼者ではなく第三者に対しては、弁護士の一般的債務としての一般的損害発生回避義務を負うにすぎないとする説がある[20]。依頼者とそれ以外の者に対する関係で負う義務に差があることを認める意味では賛成する。

(2)　弁護活動に許容される交渉、訴訟活動

　弁護士は、依頼者に対するのと同じ誠実さで相手方に接する必要はない。紛争解決のために交渉、訴訟を行う以上、かけひきも必要であるし、ときには批判を行うことも必要である。しかし、弁護士は社会正義を実現する公共的役割を担っており、許容される限度を超えた弁護活動を展開すれば、依頼者以外の者に対しても責任を負うことがある。

　第三者との関係でまず問題となるのは、名誉毀損の成否である。裁判例は、弁護士の訴訟活動については、原則として違法性を阻却すると考えるようである。

　「訴訟代理人がする主張・立証活動については、その中に相手方やその訴訟代理人等の名誉を損なうようなものがあったとしても、それが当然に名誉毀損として不法行為を構成するものではなく、相当の範囲において正当な訴

訟活動として是認されるものというべく、その限りにおいて、違法性を阻却されるものと解するのが相当である。もとより、当初から相手方の名誉を毀損する意図で殊更に虚偽の事実を主張したり、訴訟上主張する必要のない事実を主張して、相手方の名誉を損なう行為に及ぶなどの場合は、訴訟活動に名をかりるものにすぎないから、その違法性の阻却を論ずる余地はない。しかし、その活動が、当事者の委任に基づき、その訴訟上の利益を擁護することを目的としてされる場合には、その主張するところにつき相当の根拠があると認められる限りにおいて、広くその正当性が認められる。その相当性が認められるためには、その主張するところが裁判所において認容される高度の蓋然性の存することまで要求されるものではなく、裁判所において認容される可能性があると考えるべき相当の根拠の存することをもって足りる」（東京高判平成9・12・17判タ1004号178頁〔28031950〕）。

　一方、弁護士の活動ではないが、訴訟外の私信については名誉毀損を認め、準備書面による名誉毀損は認めなかった裁判例がある（東京地判平成4・8・31判タ819号167頁〔27815674〕）。法廷における自由な弁論活動の確保の要請が結論の違いを生んだ大きな理由となっているものと思われる。

　次に、弁護士が民事保全事件で、疎明資料として別件の家事調停申立書の控えを裁判所に提出した場合に、当該控えに第三者のプライバシーに関する事項の記載があった事案で、プライバシー侵害による不法行為責任が認められた裁判例がある。「訴訟活動によるプライバシー等の侵害が当事者間において生じる場合には、正当な訴訟活動の自由を根拠に違法性が阻却されることが少なくないであろうが、訴訟行為による当事者以外の第三者に対するプライバシー等の侵害については、訴訟活動の自由を理由に違法性が阻却されるかどうかの検討は、当事者間における場合よりも厳格であるべき」であり、「関係者のプライバシー保護のために本件文書への相当な修正を施す等の配慮もせず、そのまま提出する必要性、相当性は認め難いというほかはない」（東京高判平成11・9・22判タ1037号195頁〔28052050〕）。最低でも必要のない第三者の個人情報については、マスキング等をしておくべきということで

あろう。ただ、上記判旨は、第三者の個人情報を提出することが主張・立証に不可欠な場合にまで及ぶものではないと思われる。

　根拠のない訴訟をあえて提起する不当訴訟や根拠のない執行をあえて行う不当執行については、裁判例は、代理人弁護士と依頼者との責任を分けて考え、依頼者の主張する権利が根拠のないことを知りながら又は容易に知り得るものであるのに、あえて訴えたり執行したような場合に不法行為を認めている[21]。

　ほかに、第三者に対する責任で、訴訟で問題とされたものは、懲戒請求、告訴、告発（東京高判平成元・3・22判タ718号132頁〔27805770〕）による不法行為がある。変わったものとして、預り金の返還相手を間違えたような事案も見られる。

　これら弁護士が第三者に対して責任を負う場合の要件は、弁護士以外の一般人が活動する場合とほとんど変わりがない。例えば、弁護士による不当訴訟の成否を審理した東京地判平成18・9・25判タ1221号289頁〔28112368〕は、本人訴訟による不当訴訟の要件を論じた判例（最判昭和63・1・26民集42巻1号1頁〔27100072〕）が、弁護士の場合にも当てはまるとして、弁護士の責任を一般人と同様の基準で判断した。

(3)　財産散逸防止義務

　東京地判平成21・2・13判時2036号43頁〔28151343〕を嚆矢に、破産申立代理人の「財産散逸防止義務」が問われるようになった。財産散逸防止義務とは、債務者の財産が破産管財人に引き継がれるまでの間、その散逸を防止するための必要な措置を講ずる法的義務とされる[22]。財産散逸防止義務違反を認定し、破産申立代理人に賠償義務を認めた裁判例はすでに相当数に上る[23]が、その義務の法的性質（委任契約上の義務か、不法行為法上の義務か）、義務の根拠[24]、義務の相手方（債務者か、債権者か、破産管財人か）などの点において、法理論としてあまりに不明確な義務が一人歩きしている状況である[25]。

財産散逸防止義務が債権者や破産管財人に対する義務であるとすると、弁護士の相手方、第三者に対する責任の場面となるが、いまだ法理論として確立したとはいえないと思われる。

[注]
(1) 加藤新太郎『弁護士役割論〈新版〉』弘文堂（2000年）69頁
(2) 小林秀之「弁護士の専門家責任」別冊NBL28号（1994年）77頁
(3) 「法律相談自体、委任又は準委任契約（法律相談契約）とみることができる」（大阪地判平成5・9・27判タ831号138頁〔27816973〕）
(4) もっとも、社外取締役や各種公職等が純粋な弁護士業務と評価できるかは議論の余地がある。組織内弁護士も同様の議論が当てはまる。
(5) 日本組織内弁護士協会（JILA）によれば、2023年6月30日時点の組織内弁護士数は3184名であり、弁護士全体に占める組織内弁護士の率は7.1％となっている。
(6) 日本弁護士連合会調査室編著『条解弁護士法〈第5版〉』弘文堂（2019年）123頁
(7) 退職の日の翌日から起算して6月以内という申請期間を誤解して徒過してしまう事故は多い。
(8) 医師には応招義務が課されている（医師法19条1項）。
(9) 弁護士法24条は、弁護士が受任を拒絶できない場合を定める。
(10) 専門外の事件と弁護士の注意義務の水準については、事例10 参照。
(11) 我が国で説明義務の概念が一般的に定着したのは、医療過誤をめぐる訴訟を通じてだと思われるが、そこでは、患者ないしその遺族から「説明を受けていない。患者にわからないような説明を行っただけでは説明義務を果たしたとはいえない。」という主張がしばしばされる。
(12) 日本弁護士連合会弁護士倫理に関する委員会編『注釈弁護士倫理〈補訂版〉』有斐閣（1996年）142頁
(13) 下森定「専門家の契約責任」『新・裁判実務大系8 専門家責任訴訟法』青林書院（2004年）22頁
(14) 医療訴訟における令和4年の全国の地裁民事第一審患者側勝訴率は、18.5％である。多くの医師がミスもないのに被告とされていることを示している。患者が望むような治療結果が出なかった場合に、医師が丁寧な説明さえ心がけていれば、紛争化を防ぐことができたと思われる事例も多いのではないだろうか。
(15) 東京地判令和5・3・29令和2年(ワ)29988号公刊物未登載〔29077861〕、東京地判平成31・2・25平成30年(ワ)12795号公刊物未登載〔29053839〕、東京高判平成26・2・12交通事故民事裁判例集47巻1号16頁〔28230849〕、鹿児島地名瀬支判平成22・3・23判タ1341号111頁〔28161787〕、東京地判平成20・6・19判タ1314号256頁〔28160495〕など。弁護士が報酬を請求したものとして、東京地判平成28・6・10平成27年(ワ)8123号公刊物未登載〔29018788〕

⒃　依頼者が弁護士の事務処理に不満を持っていたところ、報酬を請求されるに至り、その不満が顕在化し、弁護士の注意義務違反を主張されるパターンは少なくない。

⒄　日本弁護士連合会第16回弁護士業務改革シンポジウム運営委員会編「弁護士の専門化に向けて」『弁護士業務改革』弘文堂（2010年）323頁以下では、弁護士が専門性を強化する趣旨のシンポジウムの内容が掲載されている。

⒅　米国の医療現場では、日常的に行われているようである。三瀬朋子「医師付随情報の開示とインフォームド・コンセント：九〇年代アメリカにおける判例の展開」国家学会雑誌118巻1・2号（2005年）143頁

⒆　依頼者の利益のみを追求することが社会正義（弁護1条1項）に反することもある。

⒇　加藤新太郎『弁護士役割論〈新版〉』弘文堂（2000年）361頁

㉑　東京地判平成18・9・25判タ1221号289頁〔28112368〕、大阪地判平成9・3・28判タ970号201頁〔28031550〕
高松高判平成20・1・31金融商事1334号54頁〔28160343〕。ただし、保険金請求に関するものである。

㉒　全国倒産処理弁護士ネットワーク編『破産申立代理人の地位と責任』金融財政事情研究会（2017年）〔山本和彦〕41頁

㉓　千葉地松戸支判平成28・3・25判時2337号36頁〔28252954〕、東京地判平成26・8・22判時2242号96頁〔28230543〕、東京地判平成26・4・17判時2230号48頁〔28224068〕、東京地判平成25・2・6判時2177号72頁〔28211379〕など

㉔　財産散逸防止義務を肯定する裁判例は、「破産制度の趣旨に照らし」義務が発生するというが、あまりに漠然とした根拠である。

㉕　前掲㉒42頁

（尾高　健太郎／平沼　大輔）

第2章　弁護過誤における因果関係

　現在のところ、弁護士が弁護過誤により損害賠償責任を負う法的構成は、債務不履行（民415条）又は不法行為（民709条）と考えられている。したがって、弁護過誤における因果関係は、債務不履行又は不法行為においてその要件とされる因果関係と変わらない。

　ただし、弁護過誤における因果関係論に特有の問題として、「訴訟内訴訟」がある[1]。「訴訟内訴訟」とは、本来の訴訟当事者の一方が離脱してしまった状態で、他方当事者が元代理人弁護士に対する訴訟の中で、本来の訴訟がどのような帰趨をたどったかを再現しようとするものである[2]。リターンマッチ訴訟とも呼ばれる[3]。

　控訴を依頼された弁護士が、控訴期限を失念して控訴できなかったために依頼者の控訴権を消滅させたような場合が典型例である。依頼者は、控訴をしておけば、逆転して自らの請求が必ずや認められたはずであると主張する。この場合、弁護過誤がなく控訴期間内に適式に控訴がされた場合の控訴審における判断変更の蓋然性を検討することになるが、その検討の段階では本来の相手方当事者は既に紛争から離脱しており、本来民事訴訟法が前提としている真に利害関係を有する両当事者間の弁論の戦いは期待できない。特に証拠に関しては相手方当事者のもとにしか存在しないものを検討できないという弊害がある。

　医療過誤や交通事故の損害賠償請求権を消滅時効にかけてしまったようなケースでは、訴訟内訴訟の弊害はさらに深刻になる。控訴期間の徒過と異なり、一度も裁判所の審理を経ていないため、判断の手がかりが乏しく、一方当事者のもとにある証拠だけしか検討できないという弊害は決定的になるからである。

このような訴訟内訴訟が有する問題にどのように対処するべきかについては、今後の議論の進展が期待される。

[注]
(1)　訴訟内訴訟の問題点は、因果関係論だけに位置付けられないが、被害者の主張する損害をどこまで弁護士に帰責させることができるのかという観点からひとまず因果関係の問題として論ずることにする。もっとも本文のような理解からは、むしろ訴訟法上の問題として取り扱うことが正解と思われる。
(2)　平沼直人「弁護過誤訴訟における理論的・実務的問題」『小島武司先生古稀祝賀　民事司法の法理と政策上巻』商事法務（2008年）728頁
(3)　小林秀之「弁護士の専門家責任」別冊NBL28号（1994年）76頁

　　　　　　　　　　　　　　　　　　　　　（尾高　健太郎／平沼　大輔）

第3章　弁護過誤の損害（期待権侵害）

　不法行為ないし債務不履行における損害とは、侵害行為があった場合となかった場合との利益状態の差を金銭で評価したものとされる（差額説）。弁護過誤によって弁護士が責任を負う法的構成は、不法行為ないし債務不履行であり、その損害も差額説による。

　弁護過誤の損害の検討は、2段階に分けられる。

　まず、弁護過誤がなければ達成されていたはずの委任目的が達成されなかったことによる経済的損失が損害となる。委任目的が経済的な評価になじまない人事訴訟などの場合は、精神的損害となる。例えば、貸金返還を依頼されていた場合に、更新の措置をとらずに請求権を消滅時効にかけてしまったケースで、適時に権利行使していれば回収できたはずの債権額が、ここでいう委任目的不達成の損害である。債務者が無資力であったために、適切な権利行使の手段を講じていたとしても回収が不可能だったことが明らかな場合、ここでいう損害は認められないことになる。

　次に、委任目的不達成による損害が認められなかったとしても、依頼者として抱くことが相当な期待を保護すべきであり、その侵害が損害となる。控訴期間を徒過したが、適切に控訴したとしても逆転勝訴の見込みが認められない場合、委任目的が達成されなかった損害は認められないが、控訴審において審理、判決を受ける期待を裏切られているので精神的損害が発生する。すなわち慰謝料の問題になる[1]。

　ちなみに、上訴期間を徒過した例では、適切に審理を受けた場合の原審判決変更の蓋然性を審査することになるが、既に一度司法審査を経た請求権について、上訴をすれば逆転した蓋然性があると判断されることは極めて例外的と考えられる。依頼者の審理を受ける機会を奪ったことによる精神的苦痛

を認めて、50万円から100万円程度の慰謝料を認容している裁判例が多い[2]。

この点で、前訴における敗訴の結果と弁護士の業務遂行との因果関係を否定しながら、期待権侵害を認定したさいたま地判平成19・3・28平成16年(ワ)1301号裁判所HP〔28131212〕が注目される。

「原則として、期待権は、主観的な期待というに止まり、法的に保護に値する利益とは考えられないというべきである。しかしながら、適時に適切な弁護活動を受けることは弁護士に委任した者が誰しも願うことであり、信頼関係を基礎にし、専門的な事務処理を弁護士に委ねる委任契約にあっては、弁護士の事務処理について、委任者としては受任者たる弁護士にある程度の裁量を与えざるを得ないという構造を有しているのであり、そのような弁護士が一般的に期待される弁護士としての事務処理から著しく不適切で不十分な対応しかしなかったと認められる場合には、損害賠償請求を認めることができる」。判決では、このように述べて、慰謝料として200万円の損害を認めた。

しかしながら、そもそも弁護過誤による注意義務違反の要件として、平均的弁護士に求められる弁護水準を著しく下回ることが必要だとする私見からは、上記判旨は、弁護士の事務処理が弁護水準を著しく下回った場合、すなわち当該弁護士の弁護活動に注意義務違反が認められる場合には、たとえ財産的損害発生との間に因果関係が認められなくても、慰謝料の発生を一律に認めるといっているように読める。あえて期待権侵害などという概念を持ち出さずとも慰謝料を認めれば足りたと思われる[3]。

[注]
(1) 小林秀之氏は、このような機会利益の喪失を上訴による勝訴確率をかけるなどして経済的損害として構成すべきとする(小林秀之「弁護士の専門家責任」別冊NBL28号(1994年)85頁)が、個別認定の原則に反すると批判される(加藤新太郎「弁護士の責任」『新・現代損害賠償法講座3 製造物責任・専門家責任』日本評論社(1997年)359頁)。
(2) 東京地判平成6・11・21判タ881号190頁〔27827738〕、千葉地判平成9・2・24判タ960号192頁〔28030487〕、大阪地判平成11・2・15判時1688号148頁〔28042817〕な

ど

(3) 弁護過誤訴訟において期待権侵害を理由とする慰謝料請求を認める問題点について、下森定「日本法における『専門家の契約責任』」『専門家の責任』日本評論社（1993年）67頁。

（尾高　健太郎／平沼　大輔）

第4章　弁護過誤訴訟の立証責任

　弁護過誤を問う法的構成として、債務不履行と不法行為とが考えられるところ、立証責任も、それぞれの法的構成に従って考えられる。弁護過誤訴訟だからといって、特段別異に解する理由は見当たらない。控訴期間を徒過した事案で、相当因果関係の立証の負担を軽減するべきとの主張を排斥した裁判例[1]も弁護過誤訴訟における立証責任は通常の訴訟と変わらないと考えているものと思われる。

　専門家責任訴訟を先導してきた医療訴訟では、医師と患者の医療知識の圧倒的な多寡又は医療機関が診療録等を有していることから証拠が偏在していることなどを理由に、患者側の立証責任を軽減するように頻繁に主張される。しかし、弁護過誤訴訟の場合、弁護士と一般人とで法的知識の多寡は否定できないものの、法の専門機関である裁判所が介入している以上、そこに立証責任を軽減させる必要性は見いだせない。では、証拠の偏在の点はどうだろうか。

　既に述べたとおり、弁護過誤訴訟においては、「訴訟内訴訟」の問題が生じ得る。依頼者は、自らの主張に沿った証拠を有しており、弁護士もその証拠については存在を知っていることが通常である。一方で、本来の相手方である他方当事者は既に紛争から離脱していることから、相手方当事者が有している証拠（依頼者の有している証拠の反対証拠）は、弁護過誤訴訟に出現することを期待できない。のみならず、弁護士は自らの弁護過誤を認めた時点で依頼者から預かった書類等を返還していることも多い。証拠の偏在という問題は、弁護過誤訴訟における立証責任の軽減には結びつかない。むしろ、弁護士の立証責任を軽減するべきであるとの価値判断すら働く。

　さらにいえば、弁護士が依頼者について特に知っていた秘密について、訴

訟における主張をためらうこともあり得る。例えば、弁護士が自分の元依頼者に詐病ないし賠償神経症の疑いがあったなどと主張することは、少なくとも弁護士倫理上の問題を生ずると思われる[2]。

このように、弁護過誤訴訟においては、依頼者の立証責任を軽減するべきではない。むしろ、訴訟内訴訟の問題等から、厳格な認定が必要とされるべきである。

[注]
(1) 東京地判平成21・1・23判タ1301号226頁〔28152613〕。ただし、保険金請求訴訟である。
(2) 平沼直人「弁護過誤訴訟における理論的・実務的問題」『小島武司先生古稀祝賀 民事司法の法理と政策 上巻』商事法務（2008年）729頁

（尾高　健太郎／平沼　大輔）

第5章　弁護士賠償責任保険

1　概　要

　弁護士が業務を遂行するに当たって他人に与えた損害を填補する損害保険が弁護士賠償責任保険である。弁護過誤による紛争を解決する際に重要な役割を担うものである。同様の商品を損害保険各社が販売しているが、以下では差し当たって全弁護士の7割以上が加入している損害保険ジャパンの「弁護士賠償責任保険」を例にとって解説する。

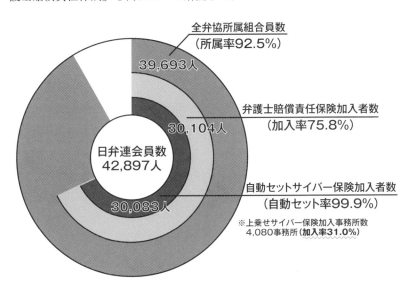

出典：「座談会　弁護士賠償責任保険の成り立ちと現状（特集　日弁連と全弁協との協働事業等）」自由と正義894号（2023年）14頁

弁護士賠償責任保険は、保険者を損害保険ジャパン、契約者を全国弁護士協同組合連合会、被保険者を弁護士[1]（又は弁護士法人）とする団体保険であり、昭和51年に発足した。保険期間は1年であり、1年ごとに契約を更新する。現在のところ任意加入である[2]。

2　保険の目的、対象

　保険の目的は、①弁護士が弁護士法に規定される弁護士の資格に基づいて遂行した同法3条に規定される業務に起因して（弁護士業務起因性）、②法律上の賠償責任を負担することによって被る損害（法律上の賠償責任）を塡補するものである。
　①弁護士業務起因性に関連して、例えば、弁護士がテレビのコメンテーターとしてした発言が名誉毀損に該当するケースや医療倫理委員会など各種審査会の委員としての判断を誤った場合などに弁護士賠償責任保険の対象となるのかが問題となる。弁護士が法人の役員として、あるいは公務員として職務遂行した場合は免責と規定されている。
　②法律上の賠償責任については、弁護士報酬の返還にかかる賠償責任が免責とされている。預り金の返還もよく問題となるが、弁護士が預り金を使い込んだ、あるいは預り金を返還した受領者の権限が問題となったなどのケースでは、預り金返還債務は履行不能とはならず法律上の賠償責任に転化していないため、保険の対象外となる。
　弁護士会への懲戒請求を防止するため、あるいは脅迫を伴った執拗な賠償要求をやめさせるために支払う和解金は、法律上の賠償責任に含まれない（東京地判平成22・5・12判タ1331号134頁〔28163280〕）。
　弁護士賠償責任保険で塡補される損害は、①被保険者が被害者に支払うべき損害賠償金のほかに、②被保険者が、他人から損害の賠償を受けることができる場合において、その権利の保全又は行使について必要な手続をするため、又は③被保険者が、損害を防止軽減するために必要な一切の手段を講ず

るために支出した必要又は有益であった費用、④被保険者が、保険会社の承認を得て支出した訴訟費用、弁護士報酬又は仲裁、和解若しくは調停に関する費用、⑤被保険者が保険会社による事件の解決に協力するため支出した費用も含まれる。ただし、保険会社は、弁護士報酬の決定について、一定の裁量権を有する（大阪地判平成5・8・30判時1493号134頁〔27818341〕）。

3　事故対応

　被保険者は、請求を受けたとき、受けるおそれがあるとき、保険会社に通知する義務を負う。保険会社は、被保険者が保険期間中に行った業務に起因して、保険期間中又は保険期間終了後5年以内（特約で10年に伸長可）に損害賠償請求された場合に限り損害を填補する[3]。

　事故が発生した場合、被保険者の有無責や損害賠償額等について、法律学者や弁護士によって構成される「弁護士賠償責任保険審査会[4]」に諮問し、その意見を聴くことになる。いわゆる示談交渉サービスは行わないので、事故後も相手方との対応は、弁護士自身が行うことが原則となる。

4　免責事由（認識ある過失）

　訴訟で多く争われ問題となる保険約款上の免責事由に「他人に損害を与えるべきことを予見しながら行った行為」に起因する賠償責任がある。

　「他人に損害を与えるべきことを予見しながら行った行為」の解釈について、学説は、故意免責を明確にしたものにすぎないという説と、故意免責とは異なり、弁護士の倫理観と相容れない認識ある過失について定めたとする説に分かれている。裁判例の表現も必ずしも一致していないが、故意免責とは異なる免責事由を定めたものと解する点については一致している。

　弁護士賠償責任保険が、認識ある過失に起因する賠償責任をも填補することは弁護士に高い職業倫理を求める法の趣旨を没却することになるという理

由に説得力があるのではないだろうか。したがって、「他人に損害を与えるべきことを予見しながら行った行為」とは、認識ある過失を意味すると解する。

「他人に損害を与えるべきことを予測し、かつこれを回避すべき手段があることを認識しつつ、回避すべき措置を講じないという消極的な意思作用に基づく行為を指す」とする裁判例（東京高判平成10・6・23金融商事1049号44頁〔28032866〕）は、この趣旨を明確にしたものと考えられる。

免責が適用される場合、争訟費用も免責され、保険で塡補されない（前掲平成5年大阪地判〔27818341〕）。

5　おわりに

保険の対象について、通常の弁護過誤による損害に絞って解説したが、弁護士賠償責任保険は、受託物の盗難等の被害や個人情報漏洩による対応費用などにも対応している。特約が必要なものもあるので加入時に確認されたい。

上記の弁護士賠償責任保険の加入率は7割超ということであるが、この加入率は、全国弁護士協同組合連合会を契約者とする契約であり、保険者との直接契約をする形式の弁護士賠償責任保険の加入者も存在することを考えると、未加入の弁護士は少ないと推測される。弁護士過誤による事件が急増している現在、もはや無保険で業務を行うことは、被害者救済の点からも望ましくない。

[注]
⑴　保険者は、弁護士の使用人及びその他業務の補助者に対する求償をしないため、これらの者も被保険利益を受けているのと同じことになる。
⑵　ドイツなどでは強制加入である（連邦弁護士法51条）。我が国でも強制加入化が検討されたことがある。
⑶　保険事故の定め方については、藤井一道「弁護士賠償責任保険」『新・裁判実務大系8 専門家責任訴訟法』青林書院（2004年）254頁に詳しい。
⑷　審査会は、東京と大阪に置かれ、東京の審査会は学者2名、弁護士5名で構成されているとのことである（平沼髙明『専門家責任保険の理論と実務』信山社出版（2002年）32頁）。

（尾高　健太郎／平沼　大輔）

第2編 事例紹介

第1章 依頼者との関係

1 受任・辞任に関する問題

事例1 委任意思の確認

東京地判平成7・11・9判タ921号272頁〔28011554〕

事案の概要

　Xは、Y_1（弁護士ではない。）に対し、本件土地を含む数筆の土地について、各地主からの買付交渉を依頼していた。

　Y_1は本件土地所有者であるAから売却の同意を得た旨Xに連絡したが、本件土地上には借地人Cが店舗を経営している等、権利関係が複雑であったため、Xは、Aに代理人弁護士をつけるよう、Y_1に要請した。

　そこでY_1は、かねてより顔見知りであった弁護士Y_2に、XとAの買付証拠金授受の場に立ち会ってほしい旨依頼し、Y_2はこれを承諾した。

　Y_2弁護士はY_1より①X作成の地主Aに対しXが直接連絡しない旨の念書、②地主A名義の売渡承諾書、③XとY_1の本件土地地上げに関する協定書、④本件土地借地人C名義の建物明渡し同意書を示され、Aとの交渉経過を説明されたため、Y_2はAとY_1との間で現実に売却に向けた交渉が進んできたものと信じた。

　しかしながら、Y_1は実際には地主であるAから売却の同意を得ておらず、Y_2に対し、Bを、Aであると偽って紹介した。BはY_2に対し、Aの住民票及び戸籍謄本を示し、自分がAであると名乗った。Y_2は特にそれ以上、B

の本人確認をしなかった。

Y$_2$弁護士は、Y$_1$らとともに、Aを名乗るBとXとの契約締結に立ち会った（なお、Y$_2$は契約締結に先立ち、Xの買付証拠金支払の場にも立ち会い、Aを名乗るBの発行した受領証に代理人として署名している）。その場でXは、Y$_2$がAの代理人にならなければ手付金を払わない旨主張した。Y$_2$は当初断っていたが、Y$_1$やAを自称するBらに説得され、Aの代理人として契約書に署名押印した。XはY$_2$に対し、手付金1200万円を支払った。

その後、Xは本件土地売買の履行を催促したが、Y$_1$とは連絡が取れず、Y$_2$の回答も要領を得ないため、Aに対し直接履行を請求したところ、AはXに対し、本件売買契約を全く知らない旨述べた。驚いたXがさらに調査を進めたところ、本件土地の売渡承諾書等はすべてY$_1$の偽造した書面であり、Y$_1$は当初より、Xから手付金等を騙し取ることを企図していたことが発覚した。

Xが、Y$_1$に対し不法行為に基づく損害賠償を、Y$_2$に対しては無権代理人としての責任追及、及び代理人としての依頼者の本人確認義務違反（不法行為）による損害賠償を求めたのが本件訴訟である。

判旨

概要次のように判示し、Xの請求を認めた。

本件では「Aと名乗る女性BがA本人であるとY$_2$が信じたのもある程度やむを得ないのではないかと窺わせる事情もない訳ではない」。

しかしながら、「一般に弁護士が法律事務に関して代理人を受任し、第三者と法律事務をするにあたっては、依頼者本人の意思に基づくものであるか否かを充分に確認すべき高度の注意義務があるというべきである」。

なぜなら、「弁護士が代理人として活動するからには本人の意思に基づく依頼があるに違いないという相手方からの高い社会的信用が寄せられ、それによって弁護士は自由な活動が確保されているのであるから、その大前提として弁護士自身が依頼者本人の意思に基づく委任があるか否かを充分に確認

し、替え玉などに騙されることのないようにしておくのが当然というべきだからである」。

本件では①X側からAに代理人弁護士をつけるよう要求があったこと、②XはAの代理人となるからこそ、買付証拠金及び手付金合計2000万円を交付するのだということ、③本件においてはXが直接売主に対し連絡することを禁じる念書が作成されており、XがAと連絡を取ることはできなかったこと、④Y_2は本件報酬として合計50万円を受領していたことから、相当の注意義務を尽くすべきであったこと、⑤本件取引はいわゆる地上げであって、不動産取引の中でもリスクのある部類であり、売却金額も6578万円と高額であること、⑥本件の売却承諾書や建物明渡し同意書には公証役場の日付印が押されているが、公証印があるからといって内容の真実性が担保されるわけでないことを、Y_2弁護士はいずれも認識ないし理解していた。

上記①ないし⑥の事情その他からすれば、「Y_2としては、本件売買が本当に実在するのかどうかを、僅か1回だけ執行の立会いを依頼した程度のY_1やEに頼って判断するのではなく、自ら直接A本人に電話するとか、D弁護士に確認の電話をするとか、あるいは、Aと名乗るBに対しても保険証や権利証、印鑑証明などで依頼者本人であることを充分に確認すべき業務上の注意義務があったというべき」として、Y_2はかかる注意義務を怠った過失があると認定した。

解説

1 依頼者の意思の尊重

弁護士は「基本的人権の擁護と社会正義の実現」がその「使命」とされ（規程前文）、「依頼者の権利及び正当な利益を実現するように努める」（規程21条）ことが要請される。

そして依頼者の権利・利益の実現のため、職務の執行に当たっては、何よりも「委任の趣旨に関する依頼者の意思を尊重して職務を行う」（規程22条1項）ことが必要である。この依頼者意思の確認を促進するため、弁護士職

務基本規程には受任時の説明義務（規程29条）や、受任中の報告・協議義務（規程36条）等の義務が置かれているのである[1]。

もっとも、現実の事件処理に際しては、残念ながら委任の趣旨等について依頼者とのトラブルが生じる場合が少なくない。中でも本件のように弁護士が協力関係にある税理士・会計士といった他の専門家、あるいは顧問会社などから事件の紹介を受けるケースでは、本人の意思確認、意向確認を十分に行うことなく、紹介者の言を鵜呑みにして、事件処理を進めてしまいがちであることが指摘されている[2]。

弁護士に対する損害賠償請求にまで至る例はまれであるが、懲戒事例は少なくない。例えば、弁護士が懲戒請求者の親族から訴訟提起の依頼を受け、懲戒請求者を含む数名を原告として訴訟提起したが、弁護士は懲戒請求者と一度も接触したことがなく、委任状も紹介者である親族を通じ受け取ったという事案では、弁護士に対し戒告処分が下されている[3]。また、甲会社工場で勤務中だった乙会社の派遣社員3名が事故で死亡した事件につき、弁護士が乙会社代表者を通じ、派遣社員らの遺族の代理人として甲会社との交渉を受任したうえで、甲会社との和解を成立させ、甲会社からの和解金合計2億円余りを乙会社に支払ったところ、乙会社は遺族らと別途和解協議して和解金を安価にとどめ、差額を着服したというケースでは、弁護士に対し業務停止3か月の処分が下されている[4]。

2　依頼者の本人確認

本件も、広義では依頼者の意思に従った処理をしなかった事案の1つではあるが、上で見てきた依頼者との面会や協議を怠り意思確認が十分でなかったというケースと異なり、弁護士が依頼者と思っていた人物が、実は依頼者本人ではなかった、というケースである。

本判決は、弁護士に課せられる「依頼者本人の意思に基づくものであるか否かを充分に確認すべき高度の注意義務」には、「替え玉などに騙されることのないようにしておく」義務、すなわち本人確認義務が含まれることを明

示した。

　そのうえで、本件は地上げ的な不動産取引というリスクある類型であり、取引価格も比較的高額であるといった取引の性質（判旨①、⑤）、Xが本人の意思確認をY₂にゆだねざるを得ず、また現に確認を期待していたという事情（判旨②、④）に加え、Y₂の確認していた書類ではA本人の意思確認が確実とはいえない（判旨⑥）といった事情から、本判決は、Y₂弁護士が本人確認義務を尽くしたとはいえないと結論付けている。

　具体的な経緯としては、Y₂弁護士に依頼者を紹介したY₁は、Y₂弁護士が20年前から知っている他の弁護士事務所の事務職員であり、Y₂弁護士の建物明渡し強制執行の立会いを補助したこともあるなど、ある程度信頼関係のある人物であったうえ、Aの替え玉となったBにも、特段怪しむべき言動があったわけではなく、Y₁の説明する交渉経過に沿う文書類も現実に作成されていた（しかもそのうち1つ（建物明渡し同意書）は、D弁護士が関与して作成されたものであった。）等、本件では少なくともY₂弁護士が積極的に身代わりを疑うべき状況は認定されていない[5]。

　つまり、当該状況下では、Y₂弁護士は特に疑わしい点がなくとも、積極的にAの本人確認を行うべきであったというのであり、まさに弁護士に本人確認の「高度の注意義務」を課したものと理解すべきである。

3　「依頼者の本人特定事項等の確認及び記録保存等に関する規程」との関係

　犯罪による収益の移転防止に関する法律8条に関連して制定された「依頼者の本人特定事項等の確認及び記録保存等に関する規程」（令和5年3月改正）によれば、弁護士が「不動産の売買」について「依頼者のためにその準備又は実行をするに際して」は、「写真付自然人本人確認書類の提示を受ける方法」等により「本人特定事項」（依頼者の「氏名、住居及び生年月日」）等を確認しなければならない（同規程2条1項、3項1号、「依頼者の本人特定事項等の確認及び記録保存等に関する規則」2条の2第1項1号）[6]。

本件は同規程施行前の事案であるが、仮に同規程施行後の事案であれば、Y_2弁護士はＡの本人特定事項を運転免許証等の「写真付自然人本人確認書類の提示を受ける方法」によって確認しなかった違反がある。

同規程はあくまで弁護士会会規の一種であり、直接的に弁護士の第三者に対する義務を規定するものではないが、「依頼者の身元を確認することは、一般に、弁護士等の職務上当然に行われるべきこと」[7]とされ、本判決のように弁護士には依頼者が本人であるかを確認する「高度の注意義務」があることを前提とすれば、今後、弁護士の本人確認義務の懈怠が争われる場合には、弁護士が同規程にのっとった対応をしたか否かが重要な考慮要素となることが予想される。

弁護士が本人確認を怠る場合には、本判決のY_2弁護士のように、犯罪被害者の被害の填補まで責任を負う場合があり得ることを覚悟すべきである。

> **Key Point**
> 弁護士の「依頼者の意思を尊重して職務を行う」義務には、依頼者が確かにその人物本人であるかの本人確認義務が含まれる。弁護士がどの程度本人確認すべきかは状況によるが、今後は「依頼者の本人特定事項等の確認及び記録保存等に関する規程」に沿った処理を行ったか否かが重要な考慮要素となることが予想される。

[注]
(1) 飯島澄雄＝飯島純子『弁護士倫理：642の懲戒事例から学ぶ10か条』レクシスネクシス・ジャパン（2005年）121頁等参照
(2) 森際康友編『法曹の倫理〈2.1版〉』名古屋大学出版会（2015年）68頁。なお、同書〈第3版〉（2019年）76頁は、問題の本質は、弁護士が紹介者・出捐者との人間関係や経済的関係（事件の安定的供給、弁護士報酬の支払）を気にして依頼者をないがしろにすることにあり、弁護士・依頼者間における一種の利益相反行為であると指摘する。
(3) 日本弁護士連合会「自由と正義」53巻4号（2002年）138頁。もっとも、同事案では自分が知らぬ間に原告となっていることを知った懲戒請求者から抗議を受け、訴状を見せるよう要請されたにもかかわらず、弁護士が「もし委任意思がなかった

とすれば他の原告との関係で守秘義務違反となる」として訴状すら開示せず、結局懲戒請求者自ら裁判所に解任申立て及び訴え取下げを行わざるを得なくなったという事後的な事情も懲戒相当との判断に寄与しているものと思われる。
(4) 日本弁護士連合会「自由と正義」50巻2号(1999年)141頁。なお、同事案では弁護士は乙会社の差額着服意図を認識していなかったものの、「容易に認識し得た」ものと判断された。
(5) だからこそ、本判決はY_2弁護士がBをAと誤信したことには「ある程度やむを得ないのではないかと窺わせる事情もない訳ではな」く、少なくともY_2弁護士に重過失はないとして、Y_2弁護士の錯誤無効の抗弁を認め、Xの無権代理人に対する責任追及の主張を排斥している。
(6) 依頼者が自然人の場合である。依頼者が法人の場合には、「法人本人確認書類の提示を受ける方法」等により、「名称及び本店又は主たる事務所の所在場所」等を確認しなければならない(上記規程2条1項、3項1号、上記規則2条の2第1項2号)。
(7) 山下幸夫「『依頼者の身元確認及び記録保存等に関する規程』の内容とその実施に当たっての留意点(特集　依頼者密告制度を許さないために)」自由と正義58巻9号(2007年)27頁

(渡辺　周／松尾　貴雅)

第 1 章　依頼者との関係

受任範囲の確認

福岡地判平成2・11・9判タ751号143頁〔27808317〕

事案の概要

　弁護士であるＹは、Ｘより、Ａに対する750万円の貸金債権の回収方法につき相談を受け、Ａ所有不動産（以下「本件不動産」という。）の登記簿の確認等を行ったうえ、Ａに対する貸金返還請求訴訟の提起・追行を受任した。

　ＸのＡに対する上記貸金返還請求訴訟はＸの全面勝訴に終わったが、勝訴判決確定前に、Ａは本件不動産を妻であるＢ名義に移していた。このため、ＸはＢへの所有権移転を詐害行為として取り消し、登記をＡ名義に戻させるため、Ｙに対し、本件不動産への処分禁止の仮処分申立て、及びＢに対する抹消登記請求訴訟の提起・追行を委任した。

　Ｙは受任業務を遂行し、Ｂに対する処分禁止の仮処分の決定を受け、Ｂに対する勝訴判決を得た（確定）。

　Ｘは上記確定判決をもとに法務局に対し、抹消登記を申請したが、既に当該不動産について競売開始決定及び差押登記がなされており、差押登記名義人の承諾を得ない限り抹消登記申請を受け付けることができない旨の登記先例を示されたため、Ｘは抹消登記申請を取り下げた。

　本件不動産の競売の結果、配当金はＸのＡに対する訴訟提起前から設定されていた抵当権者らのみに配当され、そのほかに余剰はなく、Ｘは配当を受けることができなかった。

　そこでＸは、Ｙに対し、Ｙが本件貸金債権の回収業務まで受任していたことを前提に、本件不動産の賃料債権の差押え、本件不動産の競売申立て等を怠ったこと、等が債務不履行に当たるとして、損害賠償請求訴訟を提起した。

判　旨

概要次のように判示し、Xの請求をすべて棄却した。

「弁護士に訴訟を委任したことによって依頼者との関係では当然には保全処分や強制執行までも委任したものと解することはできない。なるほど、民訴法上は、訴訟代理権を有する代理人は保全処分や強制執行についても当然に代理権を有するが（同法81条1項）、右は訴訟法の権限を定めたに過ぎず、依頼者との関係では、各手続ごとに費用を要し、報酬も訴訟と別に受けることができるとされているので、原則として個別の委任を要するものと解するのが相当である。」

本件ではAに対する訴訟提起の段階では「本件建物の賃借人の特定ができてもいなかった」し、「家賃を差し押さえるには債務名義がまず必要であ」るから、「本件建物の家賃の差押えを依頼していたという事実は、認めがたい」。

Aに対する勝訴判決後も、「具体的にYとXとの間で競売予納金等について話合いをした形跡がない」ので、この時点でもXがYに対し、「本件不動産の強制競売を委任していたとはみとめられ」ない。

なお、説明義務違反の主張については、仮に説明があったとしても、債権の回収が可能であったかどうかは「極めて疑問」として、損害との因果関係を否定した。

解　説

1　受任範囲と弁護過誤

依頼者にとって事件の結末が不満足なものに終わり、代理人として活動した弁護士の注意義務違反の有無が問題とされる場面において、当該弁護士がそもそも何を受任していたかは、その注意義務の内容を検討するうえで大前提となる問題である。

弁護士職務基本規程30条1項本文は、「弁護士は、事件を受任するに当た

り、弁護士報酬に関する事項を含む委任契約書を作成しなければならない。」としており、通常受任範囲は委任契約書に明記される。

しかしながら実際には、受任に際して委任契約書が作成されないケースも少なくない。また、裁判所等に提出する委任状を見ても、受任範囲の外縁は必ずしも明確でない（委任状には当該手続に必要な範囲での受任内容しか記載しないのが通常と思われるうえ、「……に関連する一切の事項」といった包括的な条項も置かれることが多い。）。したがって、受任の範囲が争われる場合には、これら委任状や委任契約書の記載に加え、依頼事件の種類や手続の内容、報酬額、法律相談の際の事情などの周辺事情を含め、総合的に判断されるほかないものと思われ、本件も裁判所は委任状の記載以外の事情を考慮して結論を導いている。

2　本訴の受任と執行の受任

民事訴訟法55条1項（民訴（平成8年法律109号改正前）81条1項）は「訴訟代理人は、委任を受けた事件について、反訴、参加、強制執行、仮差押え及び仮処分に関する訴訟行為をし、かつ、弁済を受領することができる。」と規定し、訴訟代理人には当然に強制執行、仮差押えの代理権が付与される旨定め、逆に弁護士たる訴訟代理人の権限を制限することを禁止する（民訴55条3項）。

しかしながら同規定は、あくまで「訴訟手続の円滑な進行」を確保するという純訴訟法的な利益のための規定であり、むしろ弁護士は、当事者の具体的な意思に基づき代理権を行使することが期待されている[1]。

そして日弁連作成の旧弁護士報酬等基準規程、あるいは同規程廃止後の弁護士報酬基準等書式集[2]などを見ても、「民事執行事件の着手金及び報酬金は、本案事件に引き続き受任したときでも、本案事件の着手金及び報酬金とは別に受け取るものとします。」等、本案事件と執行事件の着手・報酬金は別に発生するものとされており、また各種書式集記載の弁護士委任契約書を見ても、訴訟事件と執行事件は別個の委任事項とされているなど、少なくと

も実務的な慣行としては、執行事件は本案事件と別個に受任するという取扱いが常識化しているものと思われる。

　本判決も、上記民事訴訟法の規定は「訴訟法上の権限を定めたに過ぎず、依頼者との関係では、各手続ごとに費用を要し、報酬も訴訟と別に受けることができるとされているので、原則として個別の委任を要する」と判示しており、民事訴訟法の趣旨、及び実務慣行を尊重した妥当な判断と思われる。

　そのうえで、本判決は受任時及び判決確定後の具体的な状況（ＸＹの認識）から、訴訟提起時も、判決確定後も、ＸがＹに対し、執行事件（本件建物の家賃の差押え等）を依頼していたとは認め難いとして、Ｘの債務不履行の主張を斥けた。

3　執行に関する説明について

　貸金について弁護士に相談する依頼者にとって、一番の関心事はその貸金の回収であり、訴訟提起及び判決の取得は回収のための一手段にすぎない。その意味では、相談を受ける弁護士としては、直接的に執行事件を受任しない場合であっても、回収の方策について依頼者に説明し、方針について協議する必要がある。

　本判決も、傍論的にではあるが、「訴訟業務以外に強制執行等の現実の回収を図る方策を依頼者に説明し、依頼者の負担となる費用や報酬の額、貸金の回収の可能性の程度、その手段を採ることの難易等の情報を提供して、依頼者が回収に向けていかなる手段を具体的に講じるかを決めるためのアドバイスをすべき義務があるものと解するのが相当」としている。

　具体的な事案としては、本件のＹ弁護士は決して回収について無頓着だったわけではなく、本件建物の賃借人を調査するなど、具体的な活動を行っていたようであるが、一方で確定判決取得後は、依頼者Ｘに対し判決内容についての報告書を送付するのみで、その後の方針について協議することはなかったと認定されている。

　本件では、確定判決取得後に方針を協議していたとしても、「Ｘが直ちに

有効な回収策を採りXの有する本件貸金債権を回収できたかどうかは極めて疑問」と認定されており、最終的な賠償責任は否定されているものの、少なくとも本案を受任した弁護士としては、債務名義取得後の方針について、依頼者と協議する必要があったというべきであろう。

4 関連裁判例

受任後の言動により受任範囲が変更されたかが争われた事案として、東京高判平成25・12・16判タ1416号92頁〔28225045〕がある。

依頼者は、投資詐欺被害にあったとして詐取された5798万円の回収を依頼し、弁護士は示談折衝事務及び内容証明の作成事務を受任した。受任後、依頼者及びその知人と当該弁護士の面談の際、当該知人は当該弁護士に対し、「仮差押え等をしないと相手はプロだから失敗しますよ」という話をし、当該弁護士は「勉強になった、いい話を聞いた、ありがとうございます」と肯定的な回答をした。

依頼者は、当該やりとりを根拠として、委任契約における委任事項に仮差押命令申立事務も含まれる旨主張したが、本判決は、上記知人の発言は債権回収手段として仮差押え等の手段を提案して当該弁護士にその実施を促すものにすぎず、上記手段を実施することを委任事項として依頼したものと解することは困難であり、そうである以上、当該弁護士がした肯定的な回答を、上記手段の実施を委任事項として受任する趣旨のものと評価することは相当ではないと判示した。

また、本判決は、当該弁護士が依頼事案を受任するに際して、詐欺事案と即断するのは拙速であると判断し、債権回収手段として、相手方に債務承認書を作成させ、返済すべき債務を認識させる方針を選択したことについて、弁護士の裁量の範囲内のものとして許容され、当該方針を選択すべき理由について説明しているから説明義務違反は認められないと判示した点においても注目に値する[3]。

> **Key Point**
> 金銭の回収に限らず、依頼者は、現に存在する紛争の解決を期待して弁護士に事件処理を依頼する。弁護士は、その「現実の紛争」を法的視点から分析し、具体的に受任すべき手続の範囲を画定するわけであるが、依頼者にとっては「現実の紛争」そのものを依頼したという意識が強く、そこに弁護士と依頼者との間で、受任範囲に関する認識のズレが生じる素地があるといえる。弁護士としては、依頼者に対し、受任する業務、しない業務についてわかりやすい説明を心がける必要がある。
> その意味では、この種の紛争は受任範囲そのものの問題にとどまらず、周辺事件についての説明（配慮）義務の問題へと発展する場合が多い。受任外の事件への説明義務が正面から問題となった後掲 事例3 も参照されたい。

[注]
(1) 小室直人・賀集唱・松本博之・加藤新太郎編「別冊法学セミナー　基本法コンメンタール　新民事訴訟法1〈第2版〉」日本評論社（2003年）133頁等参照
(2) 秋山幹男ほか『コンメンタール民事訴訟法Ⅰ〈第3版〉』（2021年）696頁等参照
(3) 受任事件の処理方法に関する弁護士の裁量について後掲 事例7 、処理方針の説明義務について後掲 事例12 も参照されたい。

（渡辺　周／松尾　貴雅）

第1章　依頼者との関係

受任しない事件についての説明義務

大阪地判平成5・9・27判タ831号138頁〔27816973〕

事案の概要

　昭和57年7月頃、Xは、自己の所有する9筆の不動産がXの父の名義で登記されていたため、父の死亡に伴い他の相続人らが相続登記を経由してしまったとして、これら不動産の所有名義をXに取り戻すことにつき、Y弁護士に相談した。

　Y弁護士は、9筆の不動産のうち、まずは取得経緯が比較的明瞭な3筆（P不動産）につき手続を行い、残りの不動産については「順番に着手する」旨説明したうえで、3筆について所有権確認、及び持分権移転登記請求訴訟の提起を受任し、Xを代理して同訴訟を提起した（訴訟①）。

　訴訟①は昭和60年9月、第一審にてX勝訴の判決がなされたが、Yの申し立てた明渡し断行の仮処分は、仮処分の相手方と現実の占有者が異なることを理由に不奏功に終わった。

　昭和62年9月、訴訟①は上告棄却により、Xの勝訴が確定した。そこでYがXに対し、訴訟①の報酬を請求したところ、XはYを解任した[1]。

　その後XがYに対し、9筆の土地のうち6筆（Q不動産）について訴訟提起等の対応を行わなかった債務不履行、及び仮処分申請の際にCを相手方にしなかった点の債務不履行等を主張し、損害賠償請求を行ったのが本件訴訟である。

判　旨

　本件の争点は多岐にわたるが、Q不動産につき何ら対応を行わずにいた点につき、概要次のとおりYの債務不履行を認め、Xの請求を一部認容した。
「Yは、P不動産に限定してXと本件訴訟委任契約を締結したことが認め

られるから、YがQ不動産について訴訟提起などの法的措置を講じなかったとしても、Yに本件訴訟委任契約上の善管注意義務違反があるということはできない」。

しかしながら弁護士法29条は「弁護士は事件の受任を断る場合には、速やかにその旨を依頼者に通知しなければならない旨規定しており、右規定は、弁護士の法律専門家としての地位、依頼者の弁護士に対する信頼などからすれば当然の規定であるといえる。そして、依頼者（相談者）と弁護士との法律相談は、それ自体弁護士が依頼者に対し、当該相談に対する法的助言・指導などのアドバイスというサービスを提供し、依頼者はその対価として相談料を支払うことを内容としていることに鑑みれば、法律相談自体、委任又は準委任契約（法律相談契約）とみることができる。以上の諸点に鑑みれば、依頼者の法律相談を受けた弁護士が、依頼者の事件依頼を受任しない場合には、速やかにその旨を依頼者に通知するとともに、他の弁護士に法律相談することを勧めたり、依頼者が自ら事件を解決するための方策を教えるなどして、依頼者が当該事件について速やかに何らかの法的措置を講じたり、解決できるようにするために助言・指導（アドバイス）をする義務があるというべきである」。

しかるに本件ではXは昭和57年7月の相談当初より、PQ不動産すべての取戻しについて法律相談を行っていたこと、Xは訴訟①の提起の前後にわたり、Q不動産についても法的措置を講じるようYに要請したが、Yは順次行うなどと言ったままであったこと、及びXがYから、自らの受任範囲がP不動産に限られることを明言されたのは、訴訟①の提起から約8年後だったことが認められる。

「右認定事実によれば、Yは、Xから本件不動産の全部について所有権の取戻しについての法律相談を受け、法的措置を講じることの依頼を受けたにもかかわらず、P不動産についてのみ事件の依頼を受けて訴訟を提起し、残りの不動産については本件紛争が生じるまでの間、一度もXに対し、受任しない旨の通知をしないばかりか、本件紛争が生じるまでの約5年間、Xに対

し、他の弁護士をして何らかの法的措置を講じる機会を与えないまま漫然と放置したことを推認することができる。Yのかかる態度は、Xとの法律相談契約における善管注意義務に違反したものであるといわざるを得ない。」

そしてYのかかる善管注意義務違反によりXの被った損害は「民事裁判を受ける権利の侵害」であり、その損害額は結局、「原告が第2の訴訟の提起の際にE弁護士に支払うべき着手金と、Yの債務不履行当時、Yが残りの不動産についても受任して訴えを提起したならば要したであろう着手金との差額と解するのが妥当」として、Yの損害賠償責任を認めた。

解 説

1 依頼の諾否の通知

弁護士法29条は、「弁護士は、事件の依頼を承諾しないときは、依頼者に、すみやかに、その旨を通知しなければならない。」として、依頼不承諾の場合の通知義務（以下「不承諾通知義務」という。）を定める。弁護士が事件依頼を断る場合には、「その依頼者が他の弁護士に依頼する等の方法をとる機会を与えるようにしなければならない」ことから、特に依頼不応諾の場合についてのみ通知義務を課したものである[2]。

もっとも、不応諾の場合だけでなく、依頼を応諾する場合にも通知が必要であることは当然である。そこで弁護士職務基本規程34条は「弁護士は、事件の依頼があったときは、速やかに、その諾否を依頼者に通知しなければならない。」として、通知義務の範囲を広げ、依頼の応諾不応諾にかかわらず、その諾否を依頼者に通知すべき義務を定めた（以下「諾否通知義務」ともいう。）。

旧弁護士法（昭和8年法律53号）26条は、「……若通告ヲ怠リタルトキハ之ガ為生ジタル損害ヲ賠償スル責ニ任ズ」と定め、弁護士がこの通知義務に違反した場合には、損害賠償責任を負担することが明示されていた。弁護士法改正に当たり、この損害賠償条項は削除されたのであるが、これは、損害賠償義務の定めに対しては、弁護士にとって過酷であり、かつ弁護士を侮辱す

るものである等の批判があったことを考慮し、またあえて特別の賠償義務を定めなくとも、民法709条以下の一般規定のみで十分に対処できると考えられたためであり、「通知の懈怠が民法709条以下の不法行為の要件を満たせば、依頼者の被った損害を賠償しなければならないのは当然である」[3]。

2 諾否通知義務が問題となる場面

現代において、諾否通知義務が純粋に問題となる例は少ない[4]。弁護士に対する事件依頼の多くは、突然個別事件の依頼があるというものではなく、まずは法律相談から始まり、その中で（弁護士に委任しないことも含めて）複数の法的手段が検討されたうえで、特定の事件の委任に至るという段階を踏むものだからである。

このような受任経緯を経たうえで、依頼者と弁護士との間の紛争が生じる場合には、まずその事件を受任していたか否か、受任範囲の確認（前掲 事例2 ）が前提問題となり、受任していなかったとなれば、今度は「事件の依頼」といえるほどに具体化した相談があったか否かが問題となり、依頼があったとすれば諾否通知義務が、依頼がなかったとすれば、そのような法的手続があり得ることを説明したかどうかという法律相談契約上の債務不履行が問題となる。

つまり、諾否通知義務は、それ単体で問題となるというよりは、典型的には隣接する問題（法律相談時の説明義務、あるいは受任範囲の確認義務）と関連して問題となるのであり、この意味で、本件は諾否通知義務が問題となる典型的なケースの1つということができる。

3 本判決の意義

本判決はまず、Xの相談内容がＰＱ不動産全体に及ぶものであったことを前提に、Yの受任範囲はＰ不動産に限定されていたことを確認した。

次に、法律相談の性質につき、「法律相談自体、委任又は準委任契約（法律相談契約）とみることができる。」として、法律相談を受けた弁護士が「相

談に対する法的助言・指導などのアドバイスというサービスを提供」する契約上の責任を負うことを明らかにした。

　そのうえで、弁護士法29条が不承諾通知義務を定めていることも考慮すれば、「依頼者の法律相談を受けた弁護士が、依頼者の事件依頼を受任しない場合には、速やかにその旨を依頼者に通知するとともに、他の弁護士に法律相談することを勧めたり、依頼者が自ら事件解決するための方策を教えるなどして、依頼者が当該事件について速やかに何らかの法的措置を講じたり、解決できるようにするために助言・指導（アドバイス）をする義務」が、「法律相談契約における善管注意義務」の内容をなすと結論付けているのである。

　法律相談の性質について、例えば広島地判平成7・7・17判タ895号153頁〔27828958〕[5]は「適切な法律的助言を行うことを内容とする委任契約」であると認定しており、公共団体が主催する無料法律相談のような例は別としても、弁護士事務所における相談のような場合には、「契約的構成の方が無理のない説明となろう」[6]と指摘されるとおり、これを1個の契約（法律相談契約）とみることはごく自然な解釈であろう。

　本判決は、あくまで「法律相談契約における善管注意義務」という枠組みの中に、弁護士法上の不承諾通知義務の趣旨を盛り込み、「事件を受任しない旨を速やかに通知し、受任しない事件に関しても適切な助言・指導をする義務」という形で、弁護士が受任しない事件に関する、あるべき対応を論じた点に先例的価値があると思料する。

4　損害について

　上述のとおり、弁護士法の不承諾通知義務の趣旨が他の弁護士への依頼等、他の方策を講じることができるようにする点にあることからすれば、かかる義務違反により侵害される利益は、本判決の認定どおり「民事裁判を受ける権利」ということになろう。

　しかしながら、その損害額を「Xが第2の訴訟の提起の際にE弁護士に支

払うべき着手金と、Yの債務不履行当時、Yが残りの不動産についても受任して訴えを提起したならば要したであろう着手金との差額と解するのが妥当」と認定した点には疑問が残る。抽象的には、いずれにしても弁護士に委任して事件を処理させる以上、弁護士費用が発生することは避けられないのであり、弁護士費用を損害とすることは無理があるうえ、具体的計算方法としても、Yが旧弁護士報酬基準の減額許容額に近い金額で受任したはずだ（実際には、E弁護士は標準額以上の金額を請求している。）とする根拠が示されておらず、問題がある。

　不承諾通知義務に違反した弁護士の賠償責任を明示していた旧々弁護士法（明治26年法律7号）のもととなったドイツ帝国弁護士法30条（当時）の規定をみても、あくまで「遅滞により生じたる損害」の賠償が想定されていた[7]のであり、本件でも、Q不動産に関する事件処理が遅れたことによる損害[8]が検討されるべきであった。

　また、事件処理の遅滞による具体的損害と別に、「民事裁判を受ける権利」の侵害による慰謝料の存否も問題となり得る。もっとも、仮にこれを認めるとしても、その金額は、訴訟受任後一度も弁論に出席せずに敗訴させた事例[9]や上訴期間の徒過事例[10]等、裁判を受ける機会そのものを失わせた例と比べ、少額とならざるを得ないであろう。

　損害額の算定方法については、今後の研究や事例の集積が待たれるところである。

> **Key Point**
> 依頼者が他の弁護士に依頼する等、別の方法をとる機会を与えるため、「弁護士は、事件の依頼があったときは、速やかに、その諾否を依頼者に通知しなければならない」（規程34条）。特に、法律相談を経て事件を依頼された場合には、弁護士は自らの受任範囲を明確にするとともに、受任しない事件についても、他の弁護士への法律相談を勧め、あるいは依頼者自ら事件処理するための方策を教えるなど、十分な助言・指導を行う必要がある。

[注]
(1) 依頼から5年以上経過しても不動産の一部の占有すら回復できず、断行の仮処分に失敗したことから、依頼者の不信感を招いたようである。
(2) 日本弁護士連合会調査室編著『条解弁護士法〈第5版〉』弘文堂（2019年）255頁
(3) 前掲(2)256頁
(4) 見ず知らずの依頼者から突然手紙で具体的事件を依頼されるようなケースが想定されていたようであるが、弁護士業務の実情にそぐわないように思える。
(5) 事案の概要については後掲 事例4 解説参照。
(6) 加藤新太郎『弁護士役割論〈新版〉』弘文堂（2000年）98頁
(7) 前掲(2)254頁
(8) 例えば遅滞期間中のQ不動産の運用利益などが考えられよう。
(9) 東京地判平成4・4・28判タ811号156頁〔27814838〕
(10) 東京地判昭和46・6・29判時645号89頁〔27403694〕、東京地判昭和49・12・19下級民集25巻9=12号1065頁〔27404291〕、東京地判平成6・11・21判タ881号190頁〔27827738〕等

（渡辺　周／石原　博行）

| 事例4 | **法律相談における責任** |

東京地判昭和57・5・10判タ485号128頁〔27405752〕

> 事案の概要

　Xは、Aから期間20年、賃料月額坪当たり50円の約定で本件土地を賃借し、本件建物を建築して居住していた。その後XはAから賃料増額（坪当たり58円）の請求を受けたが、近隣の賃借料と比べ高額であるため、従前の賃料を供託していた。

　その中で、Xの行った借地上建物の増改築工事に際し、建築確認申請に軽微な違法があることを知ったAは、工事現場付近で「違法建築」などと騒ぎたて、Xに対し、この問題を黙認してほしければ前記賃料増額に合意するよう迫った。

　Xはいったんはこれに応じ、Aに対し賃料増額に同意したうえで、前記賃料増額請求があった後の不足賃料額を一括で支払った。

　しかしXはその後も従前賃料の供託を続けた。そうしたところ、XはAより、内容証明郵便にて、延滞賃料（増額分）支払の催告を受けた。

　そこでXは、東京都の無料法律相談所を訪ね、担当したY弁護士に対し、関係書類を示し、いったんはAに対し賃料増額に同意し、それまでの差額分を支払ったことを説明し、Aからの催告書に対しどのような態度をとったらよいか尋ね、何とか差額を支払わなくて済む方法はないか質問した。

　Y弁護士はXに対し、まずは地主Aと話し合うことを勧めたが、何とか支払わなくて済む方法という質問については、増額の合意については証拠がないならこれを否認することも1つの方法としてはあり得る旨回答した。

　これを聞いたXは、証拠がなければ合意を否認し得るものと考え、Aからの催告書への対応を放置したところ、Aからは債務不履行を理由とする賃貸借契約解除が通知され、後日建物収去土地明渡し請求訴訟が提起され、最終

的にXはAよりわずかな立退き料を受領して本件土地を明け渡した。

　その後、Xが、本件土地の賃借権を失うに至ったのはY弁護士の不適切な助言が原因である等主張してY弁護士に損害賠償を求めたのが本件訴訟である。

判　旨

　法律相談の際の不法行為の主張につき、概要次のように述べて違法性を否定し、Xの請求を棄却した。

　「その法律相談において相談員が故意に不当な意見を述べて相談者を誤導した場合とか、回答が通常法律相談に期待される助言ないし指導としての適切さを著しく欠くものである」場合に、「相談者がその回答を信頼して行動したために損害を被つたという事実が発生したならば」、相談員には不法行為成立の余地があり、その判断は「相談事項をめぐる事実関係、証拠の有無、法律上の問題点、法律相談を求める相談者の目的、意図並びに当該法律相談を設けた主催者の目的など諸般の事情を考慮のうえ、決定すべきものと思われる」。

　これを本件についてみると、XはY弁護士から催告を放っておいてよいと助言された旨主張するが、相談の経緯等からすればY弁護士の回答は「まず、地主との話合いを勧めるものであつたが、Xから賃料増額の合意をしながらその合意に基づく支払をしないですむ方法を聞きたいという質問がされたため、Yとしては、右合意の事実も証拠がなければ訴訟において否認しうる旨の一般論を述べ、相手の出かたを見るために、支払わないでおくこともひとつの方法としてありうる旨を述べたにとどまる」。これを聞いたXは、従前のAに対する反発心等から、「前記合意の証拠がないのであるからこれを否認しようと決意したものと推認することができる」のであって、Y弁護士の回答が影響を与えたことはうかがわれるものの、Y弁護士から勧められた地主との話合いをせずに直ちに賃料不払の決断をしたXは、「むしろ軽率の譏りを免れない」。

またXはY弁護士は合意の強迫による取消し等についても言及すべきであった旨主張するが、「公序良俗違反ないし強迫による意思表示といいうるかどうかの点は、付随的事情によることでもあり、その判断は微妙、かつ、困難であるから、これを本件の如き短時間の法律相談において期待することは、難を強いるものというべきである」。

したがって、「Yの回答が直ちにXら主張の不法行為を構成するだけの違法性を有するものとは到底断ずることができない」として、違法性を否定した。

解説

1 法律相談の性質

法律相談における弁護士の役割について、Xは「法律の問題についての悩みや質問に回答を与えて安心させるだけではなく、現状や今後の推移についての法律的効果や影響を説明し、現在及び将来において、いかに対処すべきかの指針を与え、質問者の権利や自由の主張と守護に万全を期するよう助言をすること」とし、法律相談をいわば「口頭による鑑定」[1]であると主張したのに対し、Yは法律相談は「単なる参考意見の提供にすぎ」ないとして、「回答そのもののために相談者の権利を侵害することはありえない」と主張した。

本判決は、法律相談の時間的制約、及び一方当事者からのみ事情を聴取し、また証拠も限定されるという性質にも照らし、「相談を受ける相談員から相談者に対する指導、助言の域をでないもの」として、Yの主張にも容れるべき点があるとする。

しかしながら「回答が通常法律相談に期待される助言ないし指導としての適切さを著しく欠くものである」場合には、相談員の回答が不法行為を構成し得るとし、その判断は「相談事項をめぐる事実関係、証拠の有無、法律上の問題点、法律相談を求める相談者の目的、意図並びに当該法律相談を設けた主催者の目的など諸般の事情を考慮のうえ、決定すべきもの」とした。

例えば行政による全く無償の情報提供サービスであっても、職員の注意義

務違反により誤った情報を提供すれば、国家賠償法上の賠償の問題が生じることは否定できない[2]のであって、たとえ無料の法律相談であっても、弁護士が著しく適切さを欠く指導をした場合に賠償責任の問題[3]が生じるのは、むしろ当然というべきである。

2　「通常法律相談に期待される助言ないし指導としての適切さ」について

(1)　本判決の判断

本件におけるＸの主張は、ＡＸ間での賃料増額合意があったことを前提に、Ａからの賃料催告に対する対応について相談されているのであるから、Ｙ弁護士はＸに対し、Ａからの催告に応じるか、あるいは公序良俗ないし強迫による増額合意の無効を主張するかのいずれかを助言、指導すべき義務があった、というものである。

これに対し本判決は、本件無料法律相談が１人20分程度という強度の時間制限があり、「公序良俗違反ないし強迫による意思表示といいうるかどうかの点は、付随的事情によることでもあり、その判断は微妙、かつ、困難であるから、これを本件の如き短時間の法律相談において期待することは、難を強いるものというべきである」として、増額合意の無効主張を助言する注意義務を否定した。

また、Ｙ弁護士の具体的な回答内容については、ＸがＹ弁護士から勧められた地主との話合いをせずに直ちに賃料不払の決断をした点を「軽率」であったと結論付けており、これはつまり、Ｙ弁護士がＸに対し、直接的に賃料の不払を指導したのであれば不適切であるが、本件はそこまでの助言、指導はなされていないので、注意義務違反はない、という判断であろう。

(2)　注意義務違反が肯定された例

本件と異なり、法律相談における回答が不適切であったとして弁護士の賠償責任が肯定された事例もある。広島地判平成7・7・17判タ895号153頁〔27828958〕である。

同事例は、
① Q弁護士は、甲が振り出し、乙、丙が裏書きした、振出日、受取人白地の約束手形を所持するPから、乙に対する責任追及の方法について法律相談を受けた
② Q弁護士はPに対し、本件手形を満期に提示して振出人からの支払拒絶を確認してから乙に請求すべきこと、及び呈示の際は振出日を記入することを指示したが、受取人欄を補充すべきことは指示しなかった
③ PはQ弁護士の指示に従い振出日を補充して支払呈示したが、その際、受取人欄は補充しなかった
④ その後Pは乙に対し手形訴訟を提起したものの、乙から問題点を指摘され、額面の4割程度での和解を受諾せざるを得なかった

というものである。

裁判所は、本件でP及びPの同行者に約束手形についての十分な知識があったとはいえず、相談に際しQ弁護士は本件手形の現物を確認していること等にかんがみれば、「相談を受けた弁護士たるQとしては、Pに対し、本件手形によって裏書人の責任を法律上有効に追及するためには、……受取人欄に第一裏書人たる乙の社名を記入してこれを補充しなければならない旨を具体的に説明・指示すべき義務があったというべき」として、Q弁護士の注意義務違反を認め、Pが回収できなかった金員（1000万円）の賠償を命じた。

(3) 本判決との比較

上記広島地裁判例を本判決と比較すれば、本判決が東京都の主催する無料法律相談であり、1人20分程度の厳しい時間制約の中の相談であるのに対し、広島地裁判例の場合は法律事務所における有償相談であり、特段の時間制約がなかった、という相談環境の差を指摘することができる。

そのうえで、両者で問題となった相談・回答内容の性質に目を向ける

と、本判決のケースでは、ＡＸ間の賃料増額合意が公序良俗に反し、あるいは強迫により無効となるかどうかは、相談に訪れたＸからの事情聴取や持参資料のみからは必ずしも明らかでなく、まさに「付随的事情によることでもあり、その判断は微妙、かつ、困難である」。

他方、広島地裁判例のケースでは、問題となる約束手形が受取人白地となっている点は持参資料から明らかであり、しかも、その点が裏書人の責任追及を行う場合に問題となることも明らかである。

つまり、両者は、相談を受けた弁護士がさらなる事実調査をする必要があるか否か、微妙な判断を経ることなく結論を導くことができるか否か、という2点で異なっている。

さらに、弁護士の回答と相談者の行動との因果関係という意味でも、賃料増額合意を否認するという手もあり得る旨述べたにとどまるＹ弁護士に対し、満期呈示を具体的に指示したＱ弁護士の方が、相談者のその後の行動に対する影響力は大きいというべきである（Ｙ弁護士の回答を「助言」とすれば、Ｑ弁護士の回答は「指示」に近い。）。

法律相談時に弁護士が把握している事実のみから確実に（微妙な判断の必要なく）回答可能な事項について、回答を怠ることは、「通常法律相談に期待される助言ないし指導としての適切さを著しく欠く」と判断されてもやむを得ないものと思われる。また、弁護士の回答内容が単なる助言を超えて具体的な指示に近づくほど、相談者の不適切な行動により生じた損害との因果関係は肯定されやすくなるであろう。

> **Key Point**
> 法律相談に対する回答は、時間的制約、及び一方当事者からのみ事情を聴取し、また証拠も限定されるという性質からも、「相談者に対する指導、助言の域をでないもの」であるが、「回答が通常法律相談に期待される助言ないし指導としての適切さを著しく欠く」場合には、弁護士が賠償責任を負い得る。特に、法律相談時にその場で参照可能な証拠類に照らし、微妙な法的判断を経ることなく指摘できる事項の指摘を怠る場合には、賠償責任が肯定されやすいと思われる。

[注]
(1) 加藤新太郎『弁護士役割論〈新版〉』弘文堂（2000年）98頁
(2) 例えば税務署員の誤った税務指導について国家賠償法上の注意義務違反を認めた東京高判平成21・9・29税務訴訟資料259号順号11279〔28211273〕（ただし、損害との因果関係は否定された。）参照。
(3) なお、本件ではXは民法715条に基づき無料法律相談主催者である東京都の責任を追及している関係上、Yに対する賠償請求の根拠を民法709条に求めているものと思われるが、例えば弁護士事務所における法律相談の場面を考えれば、債務不履行の構成による方が自然と思われる（前掲(1)98頁）。

（渡辺　周／石原　博行）

事例5　利益相反の確認

東京高判平成15・4・24判時1932号80頁〔28111670〕

事案の概要

　弁護士YはAから公正証書遺言の作成について依頼を受け、その遺産の全部を養子Bに相続させる旨の遺言公正証書が作成され、Yが遺言執行者に指定された。

　Aが死亡し、Yは遺言執行者に就任した（争いあり）が、相続人であるXらはBを相手方として遺留分減殺請求の調停を申し立て（本件調停事件）、Yは、本件調停事件についてBの代理人となった。Xらの代理人弁護士が裁判所に対し、遺言執行者であるYが本件調停事件の相手方代理人になり得るのか疑義を述べたため、YはBの代理人を辞任した。

　その後、Xは、Yの所属する単位弁護士会に対し、Yが遺言執行者でありながら、本件調停事件において相手方であるBの代理人となったことなどを理由として、Yに対する懲戒を申し立てたが、同弁護士会は、Yを懲戒手続に付さない旨の決定をした。Xはこれを不服として、日弁連に対して異議の申出をしたところ、日弁連は、上記決定を取り消し、遺言執行者は相続人の代理人であり（平成30年法律72号による改正前民1015条）、遺言執行者に就任後、少なくとも執行終了までの間、個々の相続人から遺留分減殺請求事件等を受任することは、（旧）弁護士倫理規定26条2号に違反するとして、Yを戒告する懲戒処分（本件処分）をした。

　そこで、Yは本件処分の取消しを求めて、東京高裁に提訴したのが本件である。

判旨

　東京高裁は、以下のとおり判示して、Yの請求を棄却した（平成18年3月

10日上告棄却)。

「遺言執行者は、相続財産の管理その他遺言の執行に必要な一切の権利義務を有し(民1012条)、遺言執行者がある場合には、相続人は、相続財産の処分その他遺言の執行を妨げるべき行為をすることができない(民1013条)。すなわち、遺言執行者がある場合には、相続財産の管理処分権は遺言執行者にゆだねられ、遺言執行者は善良なる管理者の注意をもって、その事務を処理しなければならない。したがって、遺言執行者の上記のような地位・権限からすれば、遺言執行者は、特定の相続人ないし受遺者の立場に偏することなく、中立的立場でその任務を遂行することが期待されているのであり、遺言執行者が弁護士である場合に、当該相続財産を巡る相続人間の紛争について、特定の相続人の代理人となって訴訟活動をするようなことは、その任務の遂行の中立公正を疑わせるものであるから、厳に慎まなければならない。弁護士倫理26条2号は、弁護士が職務を行い得ない事件として、『受任している事件と利害相反する事件』を掲げているが、弁護士である遺言執行者が、当該相続財産を巡る相続人間の紛争につき特定の相続人の代理人となることは、中立的立場であるべき遺言執行者の任務と相反するものであるから、受任している事件(遺言執行事務)と利害相反する事件を受任したものとして、上記規定に違反するといわなければならない。」

解説

1 遺言執行者の地位

(1) 遺言執行者とは、遺言の内容を実現するために一定の行為を必要とする場合、それを行うため特に選任された者[1]をいう。より実質的に定義すれば、遺言者の最終意思の表明である遺言を解釈し、その真実の意思の実現を任務とする者である(最判昭和30・5・10民集9巻6号657頁〔27003049〕)。

遺言執行者は、遺言の内容を実現するため、相続財産の管理その他遺言の執行に必要な一切の行為をする権利義務を有し(民1012条1項)、遺言執行者がある場合には、遺贈の履行は遺言執行者のみが行うことができ

(民1012条2項)、相続人は相続財産の処分その他遺言の執行を妨げる行為をすることができない（民1013条1項）。

遺言の執行には、民法や民事訴訟法の法的知識が必要となり、また相続人間の調整や遺言の解釈が必要となることも多いことから、遺言執行者は法律の専門職である弁護士が就任するに適した職務である[2]。実際に、弁護士が指定（民1006条）・選任（民1010条）されることが多い。

(2) 遺言執行者の地位について、平成30年民法等（相続法）改正（平成30年法律72号）前の民法1015条は、「遺言執行者は、相続人の代理人とみなす。」と規定していた。

これに対しては、学説上、遺言執行者は遺言者に代わって遺言の内容を実現することを職務とするのであって、必ずしも相続人の利益のために相続財産を管理処分するのではないとの指摘がされており[3]、上記昭和30年最判〔27003049〕も、「遺言執行者の任務は、遺言者の真実の意思を実現するにあるから、民法1015条が、遺言執行者は相続人の代理人とみなす旨規定しているからといって、必ずしも相続人の利益のためにのみ行為すべき責務を負うものとは解されない。」と判示していた。実務上も、遺留分に関する権利が行使された場合等、遺言者の意思と相続人の利益とが対立する場合に、遺言執行者は相続人のために職務を行うべき義務がある等と主張され、遺言執行者と相続人との間でトラブルになることが少なくないといわれていた[4]。

そこで、相続法改正では、民法1015条が「遺言執行者がその権限内において遺言執行者であることを示してした行為は、相続人に対して直接にその効力を生ずる。」と全面的に改められるとともに、民法1012条1項において、遺言執行者の職務は遺言の内容を実現することにあるとする規定が設けられ、その法的地位が明確化された。

2　遺言執行者と利益相反

本件では、(旧)弁護士倫理規定26条2号「受任している事件と利害相反

する事件」の該当性が問題となった。すなわち、①Yの遺言執行事務が「受任している事件」に当たるか、②本件調停事件が「利害相反する事件」に当たるか、が争点である。

① 「受任している事件」に関して、Yは、遺言執行者が相続人の代理人とみなされるのは遺言執行行為の効果が相続人に帰属することを説明するための法的擬制にすぎず、遺言執行者は相続人から事件を受任したものではないと主張した。これに対し、本判決は、遺言執行者は善管注意義務を負い（民1012条3項）、中立的立場で任務を遂行することが期待されることから、遺言執行事務は「受任している事件」に当たるとし、「委任者が誰であるかなどという議論に実益があるとは思われない。」とする。

本判決当時において既に遺言執行者の法的地位に関する論争は実益に乏しいとされていたこと[5]や、(旧)弁護士倫理規定26条2号は、事件と事件の利害相反を問題とし、必ずしも依頼者を想定してないこと[6]からは、本判決の結論を是認できよう。もっとも、本判決理由の中核をなす遺言執行者の「中立的立場」について、本判決は民法に定められた遺言執行者の地位・権限からこれを導くが、そうではなくあくまで弁護士の職務の観点からの倫理上の要請と理解すべきとの指摘がある[7]。

② 「利害相反する事件」について、利害相反とは、法令上の利益相反関係及び法律上の利害対立だけでなく、社会生活における事実上の利害対立を生じるおそれのある場合を広く包含する概念と解されている[8]。本判決は、相続財産をめぐる相続人間の紛争につき特定の相続人の代理人となることは、中立的立場であるべき遺言執行者の任務と相反するものであると結論している。

3 弁護士職務基本規程

(旧)弁護士倫理規定26条は、弁護士法25条との関係があいまいで、規定の明確性・合理性にも疑問があったため、平成16年11月10日に制定された

弁護士職務基本規程では大幅に見直された[9]。そして、本件で問題となった(旧)弁護士倫理規定26条2号は、弁護士職務基本規程28条3号「依頼者の利益と他の依頼者の利益が相反する事件」に引き継がれた[10]。しかしながら同号は、その文言からわかるとおり依頼者を想定しない事件には適用されないため、本件に直接適用はないと解される[11]。

遺言執行者が相続人間の紛争について一部相続人の代理人となった事案について職務基本規程のどの条項の問題と捉えるかについては、大別して、5条(信義誠実)及び6条(名誉と信用)の問題としてとらえる見解と、利益相反の問題としてとらえる見解に分かれる。後者についてはさらに、27条1号違反に準じるという考え方、28条2号ないし3号違反とする考え方、27条5号違反とする考え方に分かれる[12]。

前者に対しては、一般条項である行動指針の規定によるのは不当であるとの批判が、後者に対しては、3つの考え方いずれも解釈上無理があるとの批判がある[13]。

4 懲戒実務

本判決以降、遺言執行者が相続人間の紛争について一部相続人の代理人となった事案について、懲戒事例が積み重なっている。

いずれの事例についても、当事者の利益保護ではなく遺言執行者の中立性、公平性への信頼確保という点が重視されており、遺言執行が終了しているかどうか、遺言の内容について遺言執行者に裁量の余地があるかどうか、相続人間の紛争の内容、当事者間に深刻な争いがあり話し合いによっては解決することが困難な状況にあったかどうか等の事情が考慮されている。

遺言執行者に裁量の余地がないことから、遺言執行者と各相続人との間に実質的な利益相反関係は認められないとした事例もみられるが[14]、多くは、遺言執行業務が終了しているか否かにかかわらず、一部相続人の代理人に就任することは遺言執行者の中立性、公正性を疑わしめるものとして懲戒相当とされている。いまだ懲戒実務が確立したといえる状況ではないため、厳し

い判断がされるものと見込んで対応しておくのが無難といえる。

　日本弁護士連合会弁護士倫理委員会編著『解説「弁護士職務基本規程」〈第3版〉』日本弁護士連合会（2017年）も、「遺言執行が終了していない時点においては、一部の相続人の代理人になるのは差し控えるべきであるといわざるを得ない。また、遺言執行が終了した後であり、かつ遺言執行者に裁量の余地がない場合であっても、少なくとも当事者間に深刻な争いがあって、話し合いによる解決が困難な状況においては、遺言執行者に就任した弁護士が一部の相続人の代理人となることは、やはり差し控えるべきであろう。」と指摘している[15]。

5　相続法改正の影響

　上記4のとおり、相続法改正以前から、懲戒実務においては、当事者の利益保護ではなく遺言執行者の中立性、公平性への信頼確保という点が重視されていたところ、上記1のとおり、改正民法は、"遺言執行者は相続人の利益のために職務を行うべき"との解釈の余地を排し、遺言執行者の職務は遺言の内容を実現することにあることを明確化した。

　したがって、相続法改正が懲戒実務に影響を与えることはないものと予想される。

Key Point

これまで弁護士人口の少ない地域では、本件のように遺言執行者である弁護士が、遺留分減殺請求（民法改正後の遺留分侵害額請求）や遺言無効確認請求といった相続人間の訴訟において、特定の相続人の代理人を務めるといった実務が少なからず行われていたようである。

現在の懲戒実務では、遺言執行業務が終了していると否とにかかわらず、この種の相続人間の訴訟において特定の相続人の代理人となることについては厳しい判断がなされる傾向にあるといえるので、注意が必要である。

[注]
(1) 法令用語研究会編『有斐閣法律用語辞典〈第5版〉』有斐閣（2020年）16頁
(2) 柏木俊彦「弁護士が遺言執行者に就任した場合と利益相反の問題」判例タイムズ1283号（2009年）30頁
(3) 中川善之助ほか編『新版注釈民法(28)相続(3)〈補訂版〉』有斐閣（2002年）361頁
(4) 堂薗幹一郎ほか編著『一問一答 新しい相続法—平成30年民法等（相続法）改正、遺言書保管法の解説〈第2版〉』商事法務（2020年）113頁
(5) 前掲(3)361頁
(6) 前掲(2)32頁
(7) 前掲(2)34頁
(8) 日本弁護士連合会弁護士倫理に関する委員会編『注釈弁護士倫理〈補訂版〉』有斐閣（1996年）113頁
(9) 日本弁護士連合会弁護士倫理委員会編著『解説「弁護士職務基本規程」〈第3版〉』日本弁護士連合会（2017年）78頁
(10) 前掲(9)88頁
(11) 前掲(2)32頁
(12) 前掲(9)98頁
(13) 前掲(9)98頁
(14) 日弁連懲戒委平成22・5・10議決例集13集19頁、日弁連懲戒委平成27・10・19議決例集18集60頁
(15) 前掲(9)99頁

（平沼　大輔／松尾　貴雅）

事例6 尋問直前の辞任に対する責任

東京地判平成24・8・9判夕1393号194頁〔28213942〕

事案の概要

1　平成16年2月10日、X（医師）は、A病院において甲状腺腫瘍の摘出術（以下「本件手術」という。）を受けたところ、術後反回神経麻痺により嗄声となった。

平成18年3月27日、弁護士であるYらは、上記医療事故につきXから法律相談を受け、同年9月20日、A病院を開設する法人Bを相手方とする訴外交渉を受任した。

2　平成20年1月17日、Xは、Yらを訴訟代理人として、法人Bを被告とする損害賠償請求訴訟を提起した（以下「別件訴訟」といい、別件訴訟の担当裁判所を「別件担当裁判所」という。請求額は約2683万円である。）。別件訴訟における争点は、反回神経麻痺だけでなく上喉頭神経外枝の損傷もあったか否か及び反回神経麻痺や上喉頭神経外枝の損傷を生じさせたことは不可避なものであったか否かであり、Xは手技ミスを立証する必要があったが、手術の様子については、診療記録の記載等により把握するほかなかった(1)。

そこで、Yらは、Xの希望により、3回にわたり求釈明を繰り返したが、別件担当裁判所はこれに消極的な態度を示し、平成21年2月12日の期日において、Yらに対し、求釈明はこれ以上しないように求めるとともに、別件指示等をした。別件指示等とは、Xが求釈明をした第3及び第4準備書面並びにこれに対する回答である法人Bの準備書面(3)及び(4)を陳述させないこととし、Xは求釈明で得られた内容をもとに過失の内容を具体的に特定し、当該過失及び因果関係を整理したXの最終的な主張を記載した準備書面を提出するよう指示したことをいう。

YらはXに対し別件指示等を伝えたものの、なおXは多くの求釈明をしようという姿勢を示していた。

3　その後、XとYらは、Xの最終主張をまとめた準備書面を提出し、平成21年10月28日の期日において、次回期日である平成22年1月21日にX本人及び本件手術の執刀医であるC医師の尋問を行うことが決定した。XとYらは、平成21年12月11日に1回目の打合せを行った。その際、Xは初めてベリー靱帯の問題を詳しく取り上げたが、これは新たな主張になってしまう可能性もあるため、急遽この点についての陳述書を作成して提出することとなった。

　XとYらは、平成22年1月10日に2回目の打合せを行い、C医師の反対尋問についても議論した。その際、Xは、「10mm問題」（Xが甲状腺の近くにあったという反回神経内側枝の長さに関する求釈明を繰り返したところ、これに対する法人Bの回答が変遷したとXが主張している問題）を尋問で尋ねる必要性を強調した。これに対し、Yらは、この点を追及しても得られるものは少ないと考えており、その尋問については消極的であったため、この点についてXとYらの意見が対立した。

　Xは、同月12日、Yらに対し2回目の打合せの感想等を記した書面をメールで送信した。当該書面には、何が重要かの認識についてXとYらとの間にはかなりの温度差があることを実感している、Yらは「10mm問題」に関するXの主張を軽んじておりXの表現方法を非難するような言い方をした、Yらが法人Bの主張を擁護するような発言をした等、Yらに対して直接的かつ明白に不満ないし不信感を露わにする内容が記載されていた。

　Yらはそれでも Xの意向に沿うべくC医師に対する尋問案を作成、修正するなどして同月16日に予定された最終打合せに向けた準備を進めていたが、同月15日、Xは一方的に最終打合せをキャンセルする旨のメールを送信し、その理由の説明の中でYらに対する不信感を背景とするものと理解される投げやりな態度を示した。

4　同月16日、Yらは今後の対応を協議することとし、Xから上記メールに

つき詫びる趣旨のメールを受信したものの、最終的には別件訴訟の原告訴訟代理人を辞任することとした。同日夜、YらはXに対し辞任を考えている旨のメールを送信した。これに対しXは重ねて先のメールを詫びるとともに引き続きYらに尋問を担当してもらいたいとの意向を伝えたが、Yらは翻意しなかった。

同月18日、Yらは別件担当裁判所に対し原告訴訟代理人を辞任する旨の辞任届を提出するとともに、尋問期日の延期を求めて協議した。別件担当裁判所は、期日延期には応じなかったものの、Xに対し、尋問期日にXが法人B側証人に対し尋問したい事項の提出等を求める事務連絡を送付した。

Xはこれに応じC医師に対する反対尋問の尋問事項を提出し、同月21日、予定どおり尋問が実施された。尋問に引き続き行われた和解協議の結果、Xと法人Bとの間で、Xが和解金500万円を受領することなどを内容とする訴訟上の和解が成立した。

5 　本件本訴は、Xが、Yらが別件訴訟の尋問期日直前に辞任したことについて、第1及び第2契約（訴訟提起前の交渉の委任契約及び訴訟追行の委任契約）上の誠実義務に違反することを理由とする債務不履行及び民651条2項に基づく損害賠償を求めたものである。

本件反訴は、Yらが、Xが本件本訴の訴状に記載した事実がYらの名誉を毀損するとともに、本件本訴の提起自体が違法な訴訟提起であるとして、不法行為に基づく損害賠償を求めたものである。

　判　旨

裁判所は以下のとおり判示して、本件本訴に係るXの請求を全部棄却した。なお、本件反訴についての判旨は割愛する。

認定された事実経過を「総合的に考慮すれば、Yらは、別件訴訟のX訴訟代理人を辞任するまでの間の全体を通じ、第1及び第2契約に基づいて、自らも医師であるXの意向を可能な限り尊重しつつ誠実に受任事務の遂行に当

たっていたものといってよいと思われる。」

「このようなＹらが別件訴訟の尋問期日直前であるにもかかわらず第２契約を解除して辞任するに至ったのは、受任から辞任に至る経緯……にかんがみると、別件訴訟の進行につれてＸとＹらとの間で徐々に考え方の相違が生じ、これが顕著になるに伴い相互の信頼関係が損なわれていたところ、Ｘによる最終打合せの一方的なキャンセルを契機にその信頼関係が決定的に破壊されたことが窺われる。尋問の実施に当たっては、Ｙらがすべての尋問を担当するのであれ、ＸとＹらが分担するのであれ、ＸとＹらとの間に一定程度の信頼関係が成立していることを要するのは当然であるから、尋問期日の直前であったとはいえ、上記のごときＸとＹらとの間の信頼関係の状況を踏まえてＹらが辞任することとしたのもやむを得ないものというべきである。」

「また、……Ｙらは、別件訴訟につきＸ訴訟代理人を辞任することとした後も、これに伴うＸの不利益を最小限度にとどめるべく速やかに別件担当裁判所に働きかけ、その結果、期日の延期こそされなかったものの、別件担当裁判所は訴訟代理人の辞任という事態を踏まえた速やかな対応を取り、Ｘもこれに応じたものである。」

「これらの事情を総合的に考慮すると、Ｘが最終打合せのキャンセル後間もなくＹらに対して自己の態度を詫び、Ｙらの翻意を求めたことを考慮しても、なおＹらの辞任等は、第２契約上の誠実義務に違反するものとはいえず、また、『やむを得ない事由』（民法651条２項）があったと認められる。」

解　説

1　委任契約の任意解除権と損害賠償責任

　委任は、各当事者がいつでも解除をすることができる（民651条１項）。このような任意解除権が認められる中心的な理由は、委任は当事者の信頼関係を基礎とするので、相手方が信頼できなくなったときは、委任を終了させうることが適当であることである[2]。

　任意解除をした当事者は、相手方に不利な時期に委任を解除した場合等に

は、やむを得ない事由があったときを除き、相手方の損害を賠償しなければならない（民651条2項）[3]。

(1)「相手方に不利な時期」

　　委任者にとっての不利な時期とは、自身又は第三者による事務処理継続が困難な時期であり[4]、具体例としては、訴訟委任の途中で弁護士が辞任する場合が挙げられる[5]。

　　本判決は、Yらの辞任にはやむを得ない事由があったとの判断から請求棄却を導いたため、Yらの辞任がXにとって不利な時期であったかについて判断していない。しかしながら、YらがXの訴訟代理人を辞任したのは、X本人及びC医師に対する尋問期日のわずか3日前であり、Xが他の弁護士に尋問の遂行を委任することは不可能に近いから、Xにとって不利な時期であることは明らかであろう。

(2)「やむを得ない事由」

　　受任者が委任契約を解除するについてのやむを得ない事由の例としては、自身の疾病や委任者の不誠実な行動、また、訴訟遂行をめぐる依頼者との意向の相違として本判決が挙げられる[6][7]。

　　本件については、Yらの辞任が尋問期日のわずか3日前であったことからすると、これによりXが被る不利益が大きいこと、すなわちX自ら尋問を行わざるを得なくなる可能性があったことを考慮してもなおやむを得ないといえる場合でなければ、標記要件を満たさないように思われる。

　　この点について、XとYらとの間の信頼関係の喪失の原因は主にXにあるように見受けられること、その一方、YらはXの態度にもかかわらずXの意向を可能な限り尊重しつつ誠実に受任事務の遂行に当たっていたこと、辞任に伴うXの不利益を最小限度にとどめるべく速やかに別件担当裁判所に働きかけたことから、Yらの辞任にはXの不利益を考慮してもなおやむを得ない事由があったと評価できるものと考えられる[8]。

2 弁護士職務基本規程等との関係

(1) 弁護士職務基本規程43条は、「弁護士は、受任した事件について、依頼者との間に信頼関係が失われ、かつ、その回復が困難なときは、その旨を説明し、辞任その他の事案に応じた適切な措置をとらなければならない。」と規定し、「辞任その他の事案に応じた適切な措置」を採る前に、弁護士に説明義務を課している。その趣旨は、依頼者に事態を理解させ、今後の対処法を検討させる機会を保障することにある[9]。

この点に関して、本判決は、具体的な内容は明らかでないものの、Yらは、「法律家ではないXに対し、辞任の理由につき得心し得るに足りる説明をしたとはいい難い」と判示している[10]。

なお、同条にいう「信頼関係」とは、依頼者の弁護士に対するもの及び弁護士の依頼者に対するものの双方を含む[11]。本件においても、Xが、最終打合せのキャンセル後も信頼関係が決定的に破壊されたことはなかったと主張したのに対し、裁判所が、XはYらに尋問の実施を引き続き求めるなどしており、XのYらに対する信頼は失われていなかったといえることを指摘しつつも、「もっとも、委任における信頼関係は相互的なものである」としたのは、YらのXに対する信頼は失われていたことをいうものであろう。

(2) 辞任により委任関係が終了した場合、同規程43条の説明義務とは別に、民法645条及び同規程44条に基づき、事件処理の状況又はその結果に関し、必要に応じ法的助言を付して、依頼者に説明しなければならないことは当然である。本件について、Yらは、裁判所に辞任届を提出した日に、Xに対して尋問に関する今後の対応等を説明したメールを送付している。

3 記録の作成・保存

本判決においては、XとYらとの間でやりとりされた文書及び電子メールの内容のみならず、直接面談した際のやりとりについても詳細に認定されて

いる。Yらが面談時にメモ等を作成し、証拠提出したかは定かでないが、受任事務遂行中に依頼者との間で意見が対立した本件のように、後に紛争となることが想定される場合には、自身を守るため、普段にもまして詳細に記録を残しておくことが重要といえる。

なお、弁護士賠償責任保険の弁護士特約条項4条[12]は、「被保険者は、業務遂行に関する記録を備えておかなければなりません。」と規定し、正当な理由なく当該義務を怠ったことによって生じた損害については免責とされているので、注意が必要である。

> **Key Point**
> 依頼者との間で事件の処理方針等についての意見が食い違うことは、往々にしてある。そのような場合、必要な説明、調整等を行って事件処理を進めるべきであるが、不幸にして信頼関係が失われてしまった場合には、速やかに辞任等の適切な措置をとるべきである。辞任する際には、依頼者に不利益を与えないよう、適切な説明をする義務がある。また、後の紛争に備えて記録を完備しておくことも重要である。

[注]
(1) 医療訴訟における手技上の過失については、前提事実確定の困難性、注意義務特定の困難性及び一般的知見による立証の困難性が指摘されている（秋吉仁美編著『リーガル・プログレッシブ・シリーズ8　医療訴訟』青林書院（2009年）304頁）。
(2) 中田裕康『契約法〈新版〉』有斐閣（2021年）540頁。同書は、当事者の信頼関係以外の理由として、委任が委任者の利益のための契約であること、委任契約上の債務には本来の履行を求める意味が小さいものが多いことを挙げる。
(3) 平成29年民法（債権関係）改正（平成29年法律44号）は、従来の判例を明文化したものであり、「相手方に不利な時期」及び「やむを得ない事由」の要件の解釈に影響はないものと思われる。
(4) 山本豊編『新注釈民法(14)債権(7)』有斐閣（2018年）330頁
(5) 来栖三郎『契約法』有斐閣（1974年）546頁
(6) 前掲(4)332頁

(7) 類似の事案として、東京地判平成27・5・29判時2273号83頁〔28234504〕がある。
(8) 本判決は誠実義務違反についても言及しているが、これについては、「やむを得ない事由」について本文で述べたことに尽きると思われるので、割愛する。誠実義務については、後掲 事例18 も参照されたい。
(9) 日本弁護士連合会弁護士倫理委員会編著『解説「弁護士職務基本規程」〈第3版〉』日本弁護士連合会（2017年）128頁
(10) 本判決は、XとしてはYらの辞任につき直ちに得心し得る状況にはなかったうえ、本文のとおりYらの説明が不十分であったことを理由として、XがYらによる辞任等を不当なものと理解して本訴を提起したとしても、不当訴訟とはならないとした。なお、元依頼者が弁護士を弁護過誤で訴えた訴訟について、不当訴訟に該当すると判断した裁判例としては、後掲 事例7 がある。
(11) 前掲(9)128頁
(12) 全国弁護士協同組合連合会と契約を締結している損害保険ジャパン株式会社の約款（2024年7月改訂）による。

（松尾　貴雅）

2　訴訟遂行・事件処理における問題

事例7　弁護士の裁量

さいたま地判平成19・9・28平成17年(ワ)829号裁判所HP〔28132344〕

事案の概要

　Xら夫婦は、自宅の新築工事を請け負わせた工務店との間で、追加工事代金及び工事の瑕疵をめぐり紛争となった。Yは、X・工務店の間の3件の建築訴訟（別訴）につき、Xらから訴訟委任を受けた弁護士である。

　別訴でXらの請求は一部認容され、上告不受理決定により確定したが、控訴審判決は、一審判決認容額の半額以下に減額されていた。特に、建物補修費用については、一審が1000万円を認容したのに対し、控訴審は5万3440円と大幅に減じた。

　そこで、Xらは、Yに対し、Yが別訴において適切な証拠を提出しなかったことや建替えの主張に固執し瑕疵修補の主張を行わなかったことにより、控訴審における認容額が低くなったとして、債務不履行に基づき、損害賠償の支払を求めた（本件本訴）。

　これに対し、Yは、Xらに対し、別訴においてYがXらを訴訟代理したことの未払報酬の支払及び別訴後にXらが申し立てた弁護士会への紛議調停及び本件本訴提起が名誉毀損に当たるなどとして、不法行為に基づく慰謝料の支払を求めた（本件反訴）。

判旨

　さいたま地裁は、以下のとおり判示して、Xらの本件本訴請求を棄却し、Yの反訴請求については、未払報酬と慰謝料50万円を認容した。

1　本件本訴請求についての判断

「弁護士は依頼者の意思を尊重して職務を行うべき義務（規程22条）を負っているが、一方で、事件を受任しても自由かつ独立の立場にあり（同20条）、依頼者の意向に漫然と従うのではなく真実を尊重しなければならず、殊更に真実と反する主張・立証等をしてはならないこと（同5条）、訴訟における主張・立証方法は多種多様であることに鑑みれば、弁護士は依頼者の話す事実関係や希望、保有する資料等に一定程度拘束されつつも、法律の専門家として自己の判断で取捨選択した主張・立証を行う裁量権を有していると解される。」

「弁護士は、訴訟において、法律の専門家として適切に主張・立証を行うべき義務を負っているが、現実の訴訟において、どのような主張・立証を行い、どのような訴訟行為を選択すべきかは、原則として弁護士の専門的な知識、経験等に基づく適正な判断によって決すべき事項であり、当該弁護士が行った主張・立証が裁判所に受け入れられなかったとしても、当該主張・立証が弁護士として一般的に要求される水準に比して著しく不適切・不十分であるなどの特段の事情がない限り、注意義務違反とはならないと解するのが相当である。」

2　本件反訴請求についての判断

「Xらは本件本訴請求が事実的、法律的に根拠が極めて弱いことを認識していながら、自分らの納得できない思いをYに向けており、その方法が過分な請求というYに過度な負担を負わせるものであったということができるから、本件本訴の提起は、裁判制度の趣旨目的に照らして著しく相当性を欠くといわざるを得ない。したがって、Xらの本件本訴の提起は、Yに対する不法行為を構成するというべきである。」

解　説

1　弁護士の裁量

　訴訟事件を受任した弁護士は、依頼者の提供する事実関係から法的構成を洗い出し、請求原因や抗弁などを組み立てる。また、その法的主張を証明するため、証拠を収集して、収集した証拠から訴訟に提出すべきものを取捨選択する作業を行う。このように、いかなる法的主張が可能かつ有効であるかを決定し、証拠の取捨選択を行う作業は、訴訟代理権をほぼ独占する法律専門家たる弁護士のまさに腕の見せ所であろう。と同時に、その判断・選択が最善のものであったのか、弁護士であれば誰でも悩みの尽きないところである。

　訴訟事件における弁護士業務の流れの中で、依頼者からの事情聴取を経て、弁護士が受任事務を法的に検討する段階では、「平均的弁護士としての技能水準に照らして、当該事象に対して、およそ考えられるあらゆる面から法的に吟味すべき義務」に従って行動することが要請される[1]。そして、法的検討を終え、次の具体的措置を選択する段階においては、弁護士には一定の裁量性が認められ、その裁量によってとるべき措置を選択して差し支えないとされる。訴訟追行に当たり、攻撃防御方法の提出（事実の主張・証拠の申出）の取捨選択は、弁護士の裁量に属することになる。したがって、弁護士のとった措置が裁量の範囲を逸脱した場合でなければ、弁護士は依頼者に対し、法的な責任を負わない[2]。

　Xらは、別訴における地盤や建物の瑕疵に関する争点につき、Yが、Xらが提出を望んだ見積書を提出しなかったことや有効な反論を行わなかったことなどが、弁護過誤に当たると主張した。これに対して本判決は、弁護士は依頼者の意思を尊重して職務を行うべき義務（規程22条）を負うとする一方、弁護士の自由・独立性（規程20条）や真実義務（規程5条）、弁護士業務の専門性といった根拠を挙げて、弁護士の裁量権を承認し、注意義務違反（裁量権逸脱）の基準につき、「一般的に要求される水準に比して著しく不適

切・不十分であるなどの特段の事情」がなければならないとして、Ｘらの主張を排斥した。

　このように、本判決は、弁護士の裁量を認める理由につき、弁護士職務基本規程を踏まえ多面的な根拠を挙げているところに特色がある。また、注意義務違反の判断基準についても、弁護士に裁量権があることに相応した緩やかな基準によっている[3]。

　もっとも、本判決も指摘するとおり、弁護士は依頼者の意思を尊重し、依頼者の指示・指図に従わなければならないのであり、弁護士の自由・独立性との関係をいかに考えるべきかが問題となる[4]。

　これは、個々の事案や意思決定を要する事項ごとに考えざるを得ない問題であるが、一般的にいえば、民事事件での和解の諾否、刑事事件での罪状認否、黙秘権を放棄するかについての方針、民事・刑事に共通して上訴に関する事項などについては、依頼者の意思を最大限尊重すべきといえる[5]。これに対し、訴訟や交渉における戦略的な判断は、ほぼ弁護士の専権事項とされよう[6]。

　本件で主に問題となったのは、証拠の取捨選択という訴訟における戦略的判断であり、弁護士の裁量に問題がないとした本判決の結論は是認されよう。

２　不当訴訟

　本判決は、本件本訴の違法性につき、訴えの提起が裁判制度の趣旨目的に照らし著しく相当性を欠く場合に不当訴訟として不法行為となるとの判断基準（最判昭和63・1・26民集42巻1号1頁〔27100072〕）に照らし、Ｘらの本件本訴の提起は、Ｙに対する不法行為を構成するとして、慰謝料50万円を認めた[7]。

　元依頼者が弁護士を弁護過誤で訴えた訴訟につき、不当訴訟に当たると判断した裁判例は珍しいと思われる。弁護士が、その職務を適正に遂行し、かつその専門能力を十分に発揮して依頼者の正当な利益の実現を図るために

は、依頼者からの自由と独立が要請される[8]。本判決は、この弁護士の依頼者からの自由と独立を重視し、所期した結果を得られなかった依頼者が安易に弁護士を訴えることによって弁護士の自由と独立が脅かされる事態を危惧したものと思われる。

　ところで、Yは上告を受任するに当たり、Xらに確約書を送付して、Xらが確約することを条件に上告を受任している。確約書には、別訴について「第一審、第二審を通じて、貴殿の訴訟活動について異議を申し立てないことは勿論今後上告或いは上告受理の申立てに関する訴訟活動並びにその結果に対し、それが所期の目的を達することができなかった場合でも、一切異議を申し立てず、その他いかなる請求もしないことを確約し」と記載されていた（本件確約）。

　Xらは、本件確約は、拒否する自由がなかったため無効である又は強迫であり取り消すと主張したが、本判決は、審級代理の原則、民事訴訟制度上、弁護士強制主義が採られていないこと、上告しない選択肢もあったことなどを理由に、本件確約が無効又は強迫により成立したということはできないとしている。

　本件確約は、弁護士が訴訟結果につき不満を持つ依頼者との紛争を回避する手段として参考となる。もっとも、弁護士は、消費者契約法2条2項の事業者（「事業として又は事業のために契約の当事者となる場合における個人」）に当たることから、このような弁護士・依頼者間の合意については、同法8条（免責条項の無効）が適用され、無効となる可能性もあろう。

第1章 依頼者との関係

> **Key Point**
> 受任事件の処理に当たり、弁護士には自由・独立な立場の保持が求められるのであり、そのことを正面から認めた本判決の意義は大きいと思われる。そして、本件本訴が不当訴訟に当たるとした判断も、弁護士の依頼者からの自由・独立の意義を重くみたものであって、高く評価できる。
> しかしながら、弁護士の裁量権の範囲は、専門技能の行使にとどまり、その範囲に属さない事項については、弁護士は依頼者の指示・決定に従う義務を負い、依頼者への報告・説明を尽くす必要があろう[9]。

[注]
(1) 加藤新太郎『弁護士役割論〈新版〉』弘文堂（2000年）152頁
(2) 前掲(1)154頁
(3) 同様の基準によっている裁判例として、さいたま地判平成19・3・28平成16年(ワ)1301号裁判所HP〔28131212〕（後掲 事例8 ）。一方で、日弁連綱紀委員会は、所有建物の減額要因となり財産分与の額に影響する耐震診断報告書を書証として提出しなかったことが問題となった懲戒事案で、「弁護士が本件耐震診断報告書を書証として提出していれば、本件建物の具体的な減損額について釈明を求められ、そこから準備して具体的な減損額を証明できた可能性を完全に否定することはできない」として、依頼者にとって意味ある利益であったと判断した。もっとも、依頼者との間で特定の書類を書証として提出することを合意していたなど特殊な事案であった。日本弁護士連合会弁護士倫理委員会編著『解説 弁護士職務基本規程〈第3版〉』日本弁護士連合会（2017年）52頁
(4) 依頼者との関係における自由と独立については、日本弁護士連合会弁護士倫理に関する委員会編『注釈弁護士倫理〈補訂版〉』有斐閣（1996年）73頁。
(5) 前掲(1)317頁は、「和解のように訴訟終了効のあるようなもの、すなわち、訴訟の帰趨を決するような事項については、原則として、依頼者の意思確認をすべきである」とする。
(6) 小島武司ほか編『テキストブック現代の法曹倫理』法律文化社（2007年）〔樋口範雄〕68頁
(7) 不当訴訟と評価される基準の詳細については、後掲 事例34 。
(8) 前掲(4)28頁
(9) 前掲(4)74頁

（平沼　大輔）

事例8　弁護士業務と期待権侵害

さいたま地判平成19・3・28平成16年㈦1301号裁判所HP〔28131212〕

事案の概要

　Xは、A及びBの長女であるが、平成4年1月、Aが死亡し、B及び子X、C、D、E、F、Gが共同相続人となった。Bは平成7年12月に死亡するが、その生前、Bの資産をめぐりXとFとの間で争う状態となった。

　Xの側では、Aの相続に関するBの相続分の2分の1をXに譲渡するとの相続分譲渡証書（平成4年証書）等が存在したが、Fの側では、Bの資産すべてをFに相続させるとの公正証書遺言（平成4年遺言）、Aの相続に関するBの相続分全部をFに譲渡するとの相続分譲渡証書（平成5年証書）等が存在していた。

　平成7年5月、Xは、弁護士であるYにA、Bの相続問題等を相談し、着手金の一部等として60万円、委任契約にかかる実費として10万円を交付した。

　Yは、同月、Bの財産すべてをBの死後Xに贈与する旨の死因贈与契約書の様式を作成してXに交付し、Xは、Bに署名、指印させた（平成7年死因贈与契約書）。

　同年8月、YはBの訴訟代理人として、Fに対し、平成5年証書の真否確認及びB名義預金が横領されたことによる損害賠償等請求訴訟を提起した（別件訴訟）。

　同年12月、Bが死亡し、XはYとの委任契約を解消した。

　平成8年7月、Yは、X、C、D、Gに対し、別件訴訟の着手金等を請求する訴え（報酬請求訴訟）を提起し、平成9年7月、XがYに50万円を支払うこと等を内容とする訴訟上の和解が成立した。

　平成12年3月、別件訴訟裁判所は、平成4年遺言及び平成5年証書を有効、

平成4年証書及び平成7年死因贈与契約書を無効と判断して、FがBの相続財産を取得する権利があるとする判決を言い渡した（同判断は控訴審でもほぼ維持された。）。

　そこで、Xは、生前Bとの間でAの相続財産を含めBの全財産をXに譲るとの合意が成立しており、XがBの全財産を確実に取得するために、Yとの間で、後日裁判で争われても有効と認められるように公正証書遺言又はこれに代わる的確な書類を作成することを委任したのに、Yは委任の趣旨に反し適切な措置を講じなかったため、Xが取得すべき財産を取得することができなかったとして、Yに対し、主位的に、債務不履行による同財産相当額の損害賠償を、予備的に、期待権侵害及び説明義務違反を理由に精神的損害を被ったとして慰謝料を求める訴訟を提起した。

　これに対し、Yは反訴し、Xの本訴請求は事実無根の不当訴訟であり、Yの名誉ないし名誉感情を著しく毀損されたとして、1000万円の損害賠償を請求した。

判　旨

　さいたま地裁は、XとYとの間で、死後にBの財産全部をXに取得させるために必要な書類の作成の委任契約が締結されたものと認定し、Yの事務処理は著しく不適切で不十分な対応であるとしたが、Bにおいて、全相続財産をXに遺贈又は贈与する意思が存在したことを認定するまでの高度の蓋然性は存在しないとして、Xが別件訴訟で敗訴したことによる損害とYの弁護活動との因果関係を否定した。

　そのうえで、期待権侵害による慰謝料請求につき、「適時に適切な弁護活動を受けることは弁護士に委任した者が誰しも願うことであり、信頼関係を基礎にし、専門的な事務処理を弁護士に委ねる委任契約にあっては、弁護士の事務処理について、委任者としては受任者たる弁護士にある程度の裁量を与えざるを得ないという構造を有しているのであり、そのような弁護士が一般的に期待される弁護士としての事務処理から著しく不適切で不十分な対応

しかしなかったと認められる場合には、損害賠償請求を認めることができると解する（最高裁判所第一小法廷平成17年12月8日判決民集島田仁郎補足意見）。」と判示して、200万円の限度でXの慰謝料請求を認容した。そして、反訴請求は棄却した。

解説

1　本判決のポイント

本判決のポイントは、①受任者である弁護士には事務処理について一定の裁量が認められる旨を確認したこと、②弁護水準（裁量の範囲）につき、判断基準を示したこと、③期待権侵害による慰謝料を認める論拠として、「相当程度の可能性の存在」が認められないとして請求を棄却した医療訴訟の最高裁判決補足意見を引用していること、である。

2　弁護水準（事務の裁量性）

弁護士と依頼者との契約の性質は、一般に委任ないし準委任契約であると解されており、弁護士は依頼者に対し、善管注意義務を負う（民644条）。善管注意義務の内容を事件の受任から終了までの段階に沿ってみると、弁護士はその受任事務を法律的観点から吟味、検討する段階では、「平均的弁護士としての技能水準に照らして、当該事象に対して、およそ考えられるあらゆる面から法的に吟味すべき義務」に従って行動することが要請される[1]。ただ、平均的弁護士としての技能水準（注意義務の判断基準）について論じた文献はほとんどなく、注意義務の判断基準をどう設定するか、詳細な議論はなされていないのが現状のようである[2]。結局、具体的な事実関係との関連で平均的弁護士としての技能水準を満たすものであるか否かを判断することとなろう。

法的検討を終え具体的な措置を選択する段階では、弁護士には一定の裁量性が認められ、その裁量によってとるべき措置を選択して差し支えないとされる[3]。したがって、弁護士のとった措置が裁量の範囲を逸脱した場合でな

ければ、弁護士は依頼者に対し、法的な責任を負わない。もっとも、具体的な措置選択の前段階である法的検討の段階において、平均的弁護士としての技能水準に照らして不十分な検討しか行っておらず、その検討結果に従い不適切な措置を選択した場合、弁護士に裁量の逸脱があると判断されることもあると思われるので、法的検討の段階と具体的な措置選択の段階は必ずしも截然と区別できるものではないと考えられる。

本判決は、「弁護士の事務処理について、委任者としては受任者たる弁護士にある程度の裁量を与えざるを得ないという構造を有している」として、弁護士の事務に裁量性があることを認めている[4]。

3 期待権侵害

本判決は、相続財産を取得できなかったというXの損害については、BにはX全相続財産をXに遺贈又は贈与する意思が存在したことを認める高度の蓋然性がないとして、Yの弁護活動との因果関係を否定しつつ、期待権侵害を認め、慰謝料200万円を認容した。

判旨は、弁護士の裁量を前提として、「一般的に期待される弁護士としての事務処理から著しく不適切で不十分な対応しかしなかったと認められる場合」には、弁護士は損害賠償責任を負うとした。慰謝料請求を認容するうえで、弁護士の執務には裁量があること、それに相応した緩やかな裁量逸脱の判断基準を明らかにしたことに、本判決の意義が認められる。

本判決は判断理由の中で、最判平成17・12・8裁判集民218号1075頁〔28110058〕の島田仁郎裁判官の補足意見を引用している。同最判の事案は、拘置所に勾留中の者が脳梗塞を発症し、外部の医療機関へ転送しなかったことが問題となった医療過誤に関するものであるが、速やかに外部の医療機関へ転送されていたならば重大な後遺症が残らなかった「相当程度の可能性」の存在が証明されたとはいえないとして、国家賠償責任は認められなかった。同補足意見は、適切な医療を受けること自体に対する患者の期待権を問題とする反対意見に対して、過失責任の成立範囲が不当に広がりすぎること

への懸念を示し、「過失責任を問われねばならないほどに著しく不適切不十分なものであったというべきかどうかについて、個々の事案ごとに十分慎重に判断する必要がある。」と述べる。

本判決は、Yの事務処理は著しく不適切で不十分な対応であると認定し、Xの慰謝料請求を認めた。しかし、本判決の認定するX・Y間の委任契約の内容がそもそも不明確であろう。例えば、Bの公正証書遺言を作成するためにはBからYへの遺言作成に関する委任及び公証人による作成行為が必要と考えられるのであり、「Bの財産全部をXに取得させるために必要な書類の作成の委任契約」（本判決）といってみたところで、X・Y間で何を合意していたのか、Yの債務は何か、はっきりしない。

本件事案をみると、YがXから委任を受けた当時、すでにBの遺言能力に問題があったようであり[5]、Bの全財産をXに遺贈等する書面の作成はそもそも不能ないし著しく困難ではなかったかと推測される。XもBの能力に問題があることを十分認識していたはずである[6]。したがって、XがBから全財産を取得できた「相当程度の可能性」は認め難い。

本件は、弁護士として、受任の可否も含め慎重な対応をすべき事案であったといえる。その意味で、Yの弁護士としての裁量の逸脱、受任事務処理の懈怠が問題というより、「依頼者の期待する結果が得られる見込みがない」（規程29条3項）にもかかわらず、Xに対して適切な説明をすることなく受任した点が問題であり、Yの弁護士倫理上の問題[7]とみる方が適切とも思われる。遺贈又は遺言という本人の真意が最も重視される意思表示に係る文書につき、全財産を取得したい推定相続人から弁護士が委任を受けること自体、倫理的な問題をはらむ。

4 慰謝料の額

本判決は、慰謝料200万円を認容しているが、弁護士の事務処理の懈怠が問題となった同種事案と比較して、高額にすぎるきらいがある[8]。上記のとおり、Bの遺言能力には問題があり、そのことはXも当然認識していたうえ

で弁護士YにBの財産全部をXに取得させるために必要な書類の作成を依頼したと思われることからも、高額の慰謝料を認めた判断にはなおさら疑問が残る。

弁護過誤事案における慰謝料額の算定基準については、ある程度確立した基準というものがまだ存在しないようであるが、支払済みの着手金、約束された報酬額を1つの基準とする考え方が参考となる[9]。

なお、事案の概要にあるとおり、YはXらに対し、報酬請求訴訟を提起し、XがYに50万円支払うこと等を内容とする清算条項付きの裁判上の和解が成立している。そこでYは、本件訴訟で問題とされている損害賠償請求は報酬請求訴訟の蒸し返しであり、信義則上許されないと抗弁した。本判決は、Yの抗弁を排斥したが、報酬請求訴訟での和解及びその清算条項（「本件に関し」という限定が付されていた。）の及ぶ範囲についても判断しており、参考となる。

> **Key Point**
> 本判決は、受任者である弁護士には事務処理について一定の裁量があることを承認し、裁量逸脱の判断につき「著しく不適切で不十分な対応」であるか否かという緩やかな基準を採用している。したがって、弁護士が誠実に執務を行っている限り、過度に弁護過誤を恐れる必要はないといえよう。
> 本件事案に関する限りでいえば、弁護過誤を避けるためには、受任事件を吟味することが必要である[10]。弁護士は、良心に従い、依頼者の正当な利益を実現するよう努めなければならない。

［注］
(1) 加藤新太郎『弁護士役割論〈新版〉』弘文堂（2000年）152頁
(2) 坂口公一「判例展望民事法(31)弁護過誤をめぐる裁判例と問題点」判例タイムズ1235号（2007年）68頁
(3) 前掲(1)155頁
(4) 本判決は、弁護士に裁量が認められる理由を、主として業務の「専門性」に求めているようであるが、弁護士の自由・独立（規程2条、20条）や真実義務（同規程5条）なども根拠として重視されるべきである。さいたま地判平成19・9・28平成17年(ワ)829号裁判所HP〔28132344〕（前掲 事例7 ）、日本弁護士連合会弁護士倫理委員会編著『解説「弁護士職務基本規程」〈第3版〉』日本弁護士連合会（2017年）5頁、44頁、10頁。
(5) 本判決の認定事実によれば、XはBの入院先病院関係者に無断で、同病院からBを連れ去ってXの自宅に搬送し、以後、BはXの自宅で看護され入院することもなかった。また、Yは、X宅で布団の中で横臥しているBと面会したが、XがBに対して「Bの物を全部Xが取得することでよいか」「Bの預金についてYにBの代理人として裁判をやってもらい、取得することでよいか」という趣旨の質問をし、これに対してBはいずれについても「はい」と返答するのみであった。
(6) もっというと、Yもそのことがわかっていたからこそ、死因贈与契約書の様式を作成してXに交付するにとどめたのではなかろうか。Bの能力に問題がなければ、遺贈等に関して受任した弁護士は、公証役場で公正証書遺言の作成手続をとるのが普通であろう。
(7) 弁護士職務基本規程21条、29条3項、31条などが問題となろう。
(8) 例えば、福岡高判平成25・10・3判時2210号60頁〔28221136〕（ 事例12 の差戻審）は、債務整理を受任した弁護士の時効待ち方針に関する説明義務違反につき、精神的苦痛に対する慰謝料20万円としている。
　　高額な慰謝料を認めた裁判例として、東京地判平成4・4・28判タ811号156頁〔27814838〕。
(9) 前掲(1)161頁。加藤氏は、「具体的に算定すべき損害額としては、過誤の態様、程度、事柄の性質等に応じて、着手金、報酬額の合計の数倍程度を上限として、通常はそれの2～3倍程度、下限はそれらの額と同額程度とみることはどうであろうか」と示唆する。
(10) 加藤新太郎「弁護過誤を避けるために」判例タイムズ1321号（2010年）17頁

（平沼　大輔）

第1章　依頼者との関係

処理方針の助言・意向確認

東京地判平成27・3・25判時2274号37頁〔28240028〕

事案の概要（ただし、本稿の主題に関連する部分に限る。）

　X_1、X_2及びAは、平成15年5月4日に死亡した亡Bの子らであり、この3名のみが、亡Bの相続人であった。

　Aは、同年7月、亡Bを遺言者とする遺言書の検認を申し立て、検認が実施された。本件遺言書は、亡Bの一切の財産をAに相続させる等の内容であった。

　X_1及びX_2（以下「Xら」という。）は、弁護士Yに対し、本件遺言無効確認請求訴訟の追行を委任し、Yは、Xらの訴訟代理人として、Aを被告として、本件遺言無効確認請求訴訟を提起した。

　第一審裁判所は、筆跡鑑定を実施した。鑑定人Cは、本件遺言書の筆跡はBと認められる旨の鑑定結果を裁判所に提出し、Yは、X_1に報告した。その後、各当事者の本人尋問が実施される等し、弁論が終結した。

　第一審裁判所は、平成18年3月、Xらの請求を棄却する判決を言い渡した。Xらは、Y等を訴訟代理人とし、控訴した。

　控訴審裁判所は、同年6月、控訴審の第1回口頭弁論期日で弁論を終結し、和解を勧告し、和解協議を進めたが、協議は難航し、同年8月、和解協議を打ち切り、同年9月、Xらの控訴を棄却する判決を言い渡した。

　Xらは、平成19年3月、Aを被告として、遺留分減殺請求訴訟[1]を提起した[2]。同訴訟は、事案の性質[3]に鑑み、遺留分相当額の3割を和解金額とする旨の裁判所の和解勧告があり、訴訟上の和解が成立した。

　Xらは、Yを被告として、債務不履行に基づく損害賠償請求訴訟（以下「本訴訟」という。）を提起した。

判　旨（ただし、本稿の主題に関連する部分に限る。）

1　XらとYとの間で、遺留分減殺請求権行使の委任契約が締結されていたとは認められない。

2　ところで、「訴訟事件に関する行為等の法律事務の専門家である弁護士（弁護士法3条1項参照）は、訴訟追行を委任された場合、その依頼者に対し、当該委任契約に基づく善管注意義務として、訴訟の経過を踏まえ、依頼者の要求の範囲、内容等を変更することが依頼者の利益の保護及び実現に資する場合には、依頼者に対し、その旨の助言を行って検討を求め、依頼者の意向を確認する義務を負うものと解すべきである。」。

　本件では、XらのAに対する遺留分減殺請求権が、本件遺言書の検認日から1年後の平成16年7月16日の経過をもって消滅時効が完成すると解される。

　この点、遅くとも同年4月22日には、本件遺言無効確認請求訴訟において本件遺言書の筆跡が亡Bのものである旨のC鑑定結果が明らかとなっており、遺留分減殺請求権の消滅時効期間の満了が迫る中、本件遺言が有効であるとの判決がされる可能性が相当程度生じていたと認められる。

　このような場合、Xらとしては、たとえ本件遺言書の偽造を確信していたとしても、その主張が認められずに本件遺言が有効と判断される場合には、遺留分の取得を希望するのが通常である。

　上記訴訟進行状況を踏まえると、Xらから同訴訟追行を委任された弁護士であるYは、当該委任契約に基づく善管注意義務として、本件遺言が有効と判断された場合にXらの損失を最小限に抑えて利益を確保すべく、Xらに対し、遺留分減殺請求権の行使を助言して検討を求め、Xらの意向を確認する義務があった。

　しかし、Yは、Xらに対し、遺留分減殺請求権を行使するか否かにつき助言して検討を求めてその意向を確認することをせず、遺留分減殺請求権を行使することもなかった。

したがって、Yには、Xらに対する遺留分減殺請求権の行使についての意向確認等に係る善管注意義務違反があった。
3　Yが、Xらに対して遺留分減殺請求権の行使について適切に意向確認等していれば、Xらは、その行使を依頼して遺留分を取得できたといえ、遺留分相当額778万6601円にAから受領した和解金額234万円を控除した残544万6601円及びその遅延損害金が、損害である。
4　弁護士Yが、Xらの遺留分減殺請求権行使について適切に意向確認等しなかった事態に関し、特段法律事務に関する専門的知識を有しない依頼者のXらにおいて、Yの受任時の説明等により遺留分減殺請求権につき一定の理解をしていたことをもって、Xらの過失として考慮するのは相当でなく、過失相殺は認めない。

解　説

1　遺留分減殺請求権の行使に関する助言・意向確認義務

本件の主な争点の1つは、受任していた遺言無効確認請求訴訟の遂行中に、依頼者に対し、遺留分減殺請求権の行使を助言し、検討を求め、意向確認する義務があったか否かである。

まず、本判決は、一般論として、訴訟追行を受任した弁護士は、同委任契約に基づく善管注意義務として、訴訟の経過を踏まえ、依頼者の要求の変更が依頼者の利益の保護や実現に資する場合には、依頼者に対し、その旨の助言、求検討及び意向確認義務があると判示した。

同義務の実質的根拠までは明らかとしていないが、訴訟が進むにつれて当初の見立てが変わることは実務上まれではないところ、弁護士は、法律素人の依頼者と異なり法律事務の専門家であり（弁護3条1項）、依頼者の権利や利益を最大限擁護する職責を担っていることから（規程21条参照）、当初の要求の変更が依頼者の利益の保護や実現に資するのであれば、依頼者に対し、積極的に助言、求検討及び意向確認すべきであり、判示は妥当といえよう。

そのうえで、本判決は、遺言無効確認訴訟を追行していた弁護士Ｙに、当時の訴訟経過を踏まえ、同委任契約に基づく善管注意義務として、依頼者Ｘらに対する遺留分減殺請求権行使の助言、求検討及び意向確認義務を肯定した[4]。

　本判決は、その理由として、当時、遺留分減殺請求権の消滅時効期間満了が迫る中、遺言無効確認訴訟において遺言有効の判決がされる可能性が相当程度生じており、このような場合、Ｘらは、たとえ遺言の偽造を確信していても遺言が有効と判断されれば遺留分の取得を希望するのが通常であり、遺言無効確認訴訟追行の委任を受けている弁護士は、同委任契約に基づく善管注意義務として、遺言有効判決に伴うＸらの損失を最小限に抑えて利益を確保すべきことを判示した。

　加藤新太郎元判事は、弁護士と依頼者との関係について、構造的特色の１つとして、依頼者は、一定の問題状況を抱え、それを打開して欲しいという目的を有し、弁護士は、これに対応しようとし、両者は、一定の目的遂行を共有している関係にあると述べる[5]。本件についていえば、判決が認定した平成15年７月14日の面談内容等を踏まえると、Ｘらは、本件遺言が存在するため、Ｘらが亡Ｂの遺産を取得できないという問題状況を抱え、Ｙに対し、それを打開してほしい、つまり、亡Ｂの遺産を可及的に多く取得したいとの希望を有していたといえ、Ｙも、これを認識していたといえる。すなわち、ＸらとＹは、亡Ｂの遺産の可及的多額の取得という遂行目的を共有していたといえよう。Ｙの受任内容は、遺言は偽造と確信するＸらの説明に従い、遺言無効確認訴訟提起となったが、それでも、当時、遺留分減殺請求の行使については「本件遺言が有効とされた場合における次善の策として」想定され、少なくとも将来の選択肢から排斥されたわけでもなかった。

　このような最終的な遂行目的を念頭に置けば、本判決が判示した、Ｘらとしてはたとえ遺言の偽造を確信していても遺言が有効と判断されれば遺留分の取得を希望するのが通常であるとの経験則の内容も妥当といえる。すなわち、亡Ｂの遺産の可及的多額の取得という遂行目的の下、遺言無効確認とい

う法律的手段の試みが功を奏しない可能性が高まったのであれば、同じ目的を達成し得る次善の策（法律的手段）である遺留分侵害請求の行使を欲することは、Xらの通常の意思に沿うものといえる。

受任範囲外の法律事務について、助言、求検討及び意向確認義務を肯定する方向性は、弁護士の責任範囲を不明瞭、無制限に拡大しかねず、一般論としては、慎重であるべきだが、遺言無効確認請求と遺留分減殺請求権行使とは、前述の遂行目的を実現する手段として共通していること、特に遺言の効力をなきものにする手段として類似していること[6]等に照らせば、少なくとも、遺言無効確認請求訴訟追行の委任を受けている弁護士が、訴訟経過を踏まえ、依頼者の利益擁護のため、遺留分減殺請求権行使の助言、求検討及び意向確認義務を負うことは妥当といえ、実務に携わる弁護士の感覚にも相反せず、弁護士一般の業務水準の内容を構成しているといってよい。

なお、本判決の判示は、あくまでも、遺留分減殺請求権行使の期限が迫る中、遺言無効確認請求訴訟の経過が芳しくなく、同訴訟の見立てが悪化していた状況において過失を認めた事例判断にとどまる。仮に遺言無効確認請求訴訟が提起されていない段階又は同訴訟序盤の段階等で同訴訟の見立てが悪化しているわけではない状況であっても、遺留分減殺請求権の行使期限が迫りつつある場合に、弁護士は、依頼者に対し、遺留分減殺請求権行使を助言し、検討を求め、意向確認すべきか否かは別途問題となる。今後の裁判例の集積を待つしかないが、私見としては、遺留分減殺請求権は「遺留分権利者が、相続の開始及び遺留分を侵害する贈与又は遺贈があったことを知った時」[7]から1年間経過すれば行使できなくなる期間制限付きの権利であること（民1048条）、たとえ同権利を行使しても遺言無効確認請求訴訟の帰趨に法的な不利益を与えるわけではないこと[8]等に鑑みれば、肯定される可能性が高いのではないかと考える[9]。

2 損　害

Yが、Xらに対して遺留分減殺請求権の行使について適切に意向確認等し

ていれば、Xらは、その行使を依頼して遺留分を取得できたとして、遺留分相当額を損害と認めた。

なお、本判決では、Xらに慰謝料も認められているが、これは、前記の遺留分減殺請求権行使の助言、求検討及び意向確認義務違反による損害としてではなく、Xらが別に主張していたYの説明義務違反による損害としてであり、裁判所は、Xらが主張した同説明義務違反による損害のうち、財産的損害は因果関係がない（説明していれば経過が変わり同財産を取得できたとはいえない）として認めなかったが、XらはYが「訴訟代理人として期待される役割を十分に果たさなかったため……精神的苦痛を被った」として、慰謝料（精神的損害）のみを認めたものである。弁護過誤の損害の内容については、①委任目的の不達成と②依頼者として抱くことが相当な期待の侵害の大きく２つがあるといわれているが[10]、この②のみを認めたものである。

3　過失相殺

弁護士Yは、受任時に、X_1に対し、遺言が有効な場合があるから遺留分減殺請求をしなければならないこと等を説明したなどとして、Xらが遺留分減殺請求権の行使を委任することは十分可能であり、Xらにも委任しなかった過失があるとして、過失相殺を主張したが、本判決は、特段法律事務に関する専門的知識を有していないXらにおいて、弁護士Yの説明で遺留分減殺請求権に一定の理解をしていても、それを過失として考慮するのは相当でないと判示した。

遺留分減殺請求権の制度を一般に知っていることと、現実にその請求権を行使しなければならない状況か否かを判断し得ることは別であり、後者の判断には、遺言無効確認訴訟の経過を理解、分析し、法律専門家による評価、説明、助言が必要である。このような点を考慮し、本判決は、Xらに過失を認めるのは酷として過失相殺を認めなかったと考えられる。

Key Point

予備的請求を行うことは、主位的請求に関して弱気な見通しを表明することになりかねない等として躊躇を覚えることもあろうが、遺留分減殺請求権のように権利行使期間が短く、かつ、行使しても法律上の不利益が通常考えられない場合は、法律の専門家であり、依頼者の権利や利益を最大限擁護する立場にある弁護士としては、期間徒過により手遅れとなる前に、予備的請求を行うことについても積極的に検討すべきであり、少なくとも依頼者に対し、不行使の場合のリスクや不利益等を十分に説明、助言し、依頼者の意向を確認すべきである。

[注]
(1) 令和6年6月時点では、遺留分侵害額請求へと改正されているが、本事案は、改正前の事案であるため、遺留分減殺請求権の表現を維持している。なお、遺留分侵害額請求への改正によっても、本判決の意義は変わることがないと思われる。
(2) なお、Yは、平成19年1月中旬、Xらの代理人をすべて辞任し、それ以降は、別の弁護士が委任を受けXを代理している。
(3) 遺留分減殺請求権の消滅時効期間が既に経過していたことが考慮されたようである。
(4) なお、本事例では遺留分減殺請求権行使の受任は否定されており、遺留分減殺請求権行使の助言、求検討及び意向確認義務は、あくまでも遺言無効確認訴訟追行に係る委任契約に基づく善管注意義務として肯定されている。
(5) 加藤新太郎『弁護士役割論〈新版〉』弘文堂（2000年）14頁
(6) 丸山昌一「判批」NBL1070号（2016年）119頁も、「遺言無効確認請求訴訟の委任内容と遺留分減殺請求との間に関連があることから、信義則上の義務として……認めたとも解される」と評する。
(7) この起算点の解釈については、最判昭和57・11・12民集36巻11号2193頁〔27000066〕等を参照。なお、本判決は、本件において同最判のいう特段の事情は認められないとの前提に立っている。
(8) この点、予備的な遺留分減殺請求権の行使により、主たる請求である遺言無効確認請求の見立てについて自信を持っていないと裁判所や相手方に誤解させてしまう等の不利益があると懸念する旨の異論が予想される。確かに、その躊躇、感覚は実務に携わる弁護士として理解できなくない。しかし、裁判所が、予備的な遺留分減殺請求権の行使の事情をもって遺言無効確認請求に対する心証を固めるとは考えにくいし、もしそうならばその点を上訴により正面から批判、反論すべきである。また、その懸念が絶対ないと断言できなかったとしても、そのために遺留分減殺請求権を

行使せず、遺言無効確認請求も認められず、依頼者が何らの財産も得られなければ、かえって依頼者が多大な不利益を被るのであり、本末転倒の感がある。
(9)　前掲(6)も、結論において、私見と同旨と思われる。
(10)　前掲(5)161頁

（石原　博行）

第1章 依頼者との関係

専門外の事件と弁護士の注意義務

広島高判平成29・6・1判時2350号97頁〔28255144〕

事案の概要

　カンボジア船籍の機船A号は、平成24年12月11日、広島湾で、Xが設置した牡蠣筏に衝突してこれらを損壊した（本件事故）。A号の船主、運航者とも海外の会社であった。

　Xは、Y弁護士に対し、本件事故に係る損害賠償請求の相談をしたが、Yは、外国船舶の海難事故は専門外であり、直ちには受任しなかった。その後、Yは、A号が加入していた船主責任保険（P&I保険）の保険会社の代理人B弁護士から受任の連絡を受けたことから、平成25年1月21日頃、委任の範囲を「示談交渉」及び「訴訟」として受任した。

　A号は、本件事故後、鉄くず等を積載し中国に向け航行していたが、同月18日、積み荷の火災を起こして神戸港に緊急入港し、同年3月22日まで停泊した。その後、中国へ向かい、同年7月14日、A号は解撤された。

　Yは、Bと示談交渉を行っていたが、同年6月20日、Bから、A号船主が保険料を支払っていないため、Bが保険会社から解任された旨の連絡を受けた。同年7月3日、XY間の委任契約が合意解約された。

　Xは、YがXの損害回復に必要な措置を講ずべき注意義務に違反したため、A号の所有者等から損害賠償を受けることができなくなったと主張して、Yに対し、委任契約の債務不履行による損害賠償請求訴訟を提起した。

　原審広島地裁は、Xの請求を棄却したため、Xが控訴した。

判 旨

　広島高裁は以下のとおり判示して、原判決を取り消し、Xの請求を一部認容した。

1　注意義務の程度

「Yは、弁護士として、依頼者であるXとの間で、本件委任契約を締結しており、同契約に基づく委任事務の遂行に当たっては、専門家としての善管注意義務（民法644条）を負っていたものである。そして、上記の善管注意義務は、平均的弁護士の技能水準を基準とすべきものである。」

2　保証状の発行要求

「A号は、……いわゆる便宜置籍船であったと考えられ、本件船主はペーパーカンパニーであることがうかがわれる。したがって、本件船主は、A号のほかに見るべき財産を有しておらず、本件事故に関する損害賠償の能力に乏しい可能性が高いというべきである。

　Yは、本件委任契約の締結前から、本件事故に関する具体的な事実関係を検察庁や加害者側のサーベイヤー等に問い合わせていたもので、上記の状況についても一定程度把握していたものと推認される。そうすると、Yには、A号が外国船舶であり、交渉中に国外に出たら執行が容易でなくなること、本件船主にはA号以外に見るべき財産がないことを踏まえて、本件委任契約締結の時点から社会通念上許容される期間内に、責任財産の保全等、加害者側からの支払を確保するための措置を講じるべき善管注意義務があったというべきである。」

「本件事故の加害者側からの支払を確保するための措置として検討されるべきものは、A号が日本の港に入港中の、①A号に対する仮差押えの申立て、②船舶先取特権に基づく差押え及びその前提としての船舶国籍証書の引渡命令の申立て、③保証状の発行の要求である……が、保証状の発行は、差押え等を回避する手法であり、前記のとおり、船舶の衝突事案の場合は、相手船の保険者等の保証状を提供させることが、世界的な慣行になっているところ、本件のような筏に対する船舶の事故においても、差押え等を回避する手法としての合理性において異なるところはないから、Yとしては、まず、保証状の発行の要求を検討し、実行に移すべきであったということができる。

もっとも、保証状の発行は、海難事故に関し慣行として認められているものであるから、これを思い立ち、その交渉をするに当たっては、海事事件についての相当の知識が必要になる。しかし、弁護士として海事事件に係る法律問題について受任した以上は、文献に当たり、あるいは専門的知識のある者に協力を求めるなどして、依頼者に不利益にならないように海事関係の知識を身に付ける必要があるのであって、そのことは、平均的弁護士の技能水準を前提にしても、当然に行うべき事柄である。」

解　説

1　専門外の事件と注意義務の水準

(1)　本判決は、弁護士が法律事務の専門家として負う善管注意義務（民644条）について、平均的弁護士の技能水準を基準として判断すべきことを示した。この判示自体はそれほど異論のないところと思われる。

　もっとも、本件でY弁護士が依頼されたのは、船籍、船主、運航者とも外国の船舶が起こした海難事故に係る損害賠償請求事件であり、専門性の高い事件であった。Yは専門外のため受任をいったん留保しており、Xも海事事件がYの専門外であることを知っていたと考えられる。

　このように弁護士がその専門外の事件を受任した際、その注意義務違反はどのような基準で判断されるのか。通常よりは注意義務の水準が引き下げられるのであろうか。この場合の「平均的弁護士」というのは、海事事件を専門とする弁護士と専門としない弁護士のいずれか。

　この点、本判決は、P＆I保険の保険者の保証状の発行を要求すべきであったとの説示部分で、保証状の発行が海難事故における慣行にすぎず、保証状の要求を思い立ち交渉するには海事事件について相当の知識が必要であると認めつつ、「弁護士として海事事件に係る法律問題について受任した以上は、文献に当たり、あるいは専門的知識のある者に協力を求めるなどして、依頼者に不利益にならないように海事関係の知識を身に付ける必要があるのであって、そのことは、平均的弁護士の技能

水準を前提にしても、当然に行うべき事柄である。」と判示する。

判示からは、「平均的弁護士の技能水準」とは海事事件を専門外とする弁護士のそれを指すと読めるが、海事事件を受任した以上は、文献調査、専門知識のある者に協力を求めるなどして、海事関係の知識を身に付ける必要があるとしており、結局のところ、求められる注意義務の水準は海事事件を専門とする弁護士の技能水準と変わらないようにみえる。

(2) では、弁護士が依頼者に対し、専門外のため専門の弁護士と比較して知識、経験とも乏しいことを説明し、依頼者もこれを了承したうえで、注意義務の水準を引き下げる契約を締結したときは、どうであろうか。

受任者の善管注意義務を軽減する特約は有効と解される[1]が、合意した注意義務の水準の内容を契約書において具体的に特定して表現することはかなり難しいと思われる。かといって、消極的、抽象的に規定した場合[2]、その有効性も含めてどのように扱われるのか、具体的事案に応じた検討が必要と思われる。

2 委任の成立範囲

本判決は、Ａ号が外国船舶であり国外に出たら執行が容易でなく、また、船主にはＡ号以外にみるべき財産がないことを踏まえて、Ｙには、委任契約締結の時点から社会通念上許容される期間内に、責任財産の保全等、「加害者側からの支払を確保するための措置を講じるべき善管注意義務」があったとする。

かかる判示をどう理解すべきかだが、ＸＹ間の委任契約書、委任状で明示されていた委任の範囲が損害賠償請求の示談交渉、訴訟といったいわば「本案」であったため、委任契約の委任事項から、直接、保全等の加害者側からの支払を確保するための措置を講じる義務を導くことは困難であった。そこで、本案についての委任契約の善管注意義務から本案を保全する措置を講じるべき義務が派生するとしたものと理解できる。

しかしながら、本案訴訟手続と民事保全手続、民事執行手続とは別個の事件であり、日弁連の委任契約書ひな形でも「訴訟」、「保全」、「民事執行」をそれぞれ別の事件としている[3]。弁護士報酬もそれぞれ個別に受けるとするのが実務である[4]。

　この点、弁護士が貸金返還請求訴訟を委任され勝訴判決を得たが、回収はできなかった事案に関する福岡地判平成2・11・9判タ751号143頁〔27808317〕は、弁護士には、法律業務の専門家として、訴訟業務以外に強制執行等の現実の回収を図る方策を依頼者に説明し、依頼者が回収に向けていかなる手段を具体的に講じるかを決めるためのアドバイスをすべき義務があるとしたうえで、「しかしながら、弁護士に訴訟を委任したことによって依頼者との関係では当然には保全処分や強制執行までも委任したものと解することはできない。……原則として個別の委任を要する」としている。

　保全、執行という事件は、本案とは違ったノウハウ、スキルを要し、また、受任した弁護士は集中的に業務に取り組む必要があるなどの業務の特性を有しており、別個の事件、委任事項であって、個別の委任を要するとみるべきであろう。

3　因果関係

　本判決は、本件事故の加害者側からの支払を確保するための措置として、①A号に対する仮差押えの申立て、②船舶先取特権に基づく差押え及びその前提としての船舶国籍証書の引渡命令の申立て、③保証状の発行の要求を挙げる。

　保証状は、保険金支払債務が確定する前に、将来の保険金の支払を前提として、被保険者が第三者に対して負う責任について、保険者が支払の保証をするものである。本判決は、費用などの面を考慮すると、Yはまず保証状の発行要求を検討し、実行に移すべきであったとする。そして、保証状を要求していれば、保険責任上の留保のない、無限定、無制限の保証状が発行されていた蓋然性があるという。

しかしながら、保証状が発行された蓋然性があるとは到底考えられず、Yの注意義務違反と損害との因果関係を認めた判断には多大な疑問がある。

保証状の提供の要件として、船主のＰ＆Ｉ保険者に対する保険料の支払が滞っていないことが重要であるとされている[5]ところ、本件では、示談交渉を行っていたＢ弁護士が、船主の保険料未払を理由に解任されている。とすれば、保証状が発行されていた蓋然性は認められない。本判決は、Ａ号が神戸港に停泊していた時点では保険料が支払われていたとしているが、そのように認定する根拠に乏しいといわざるを得ない。

> **Key Point**
> 社会とそれを支える法分野は、ますます複雑さや専門性を増している。弁護士が事件を受任する際には、その事件についてどの程度の専門性を有しているのかを説明し、場合によっては専門の弁護士を探すようアドバイスすることも必要である。
> 委任事項について、本案に関する示談交渉及び訴訟、民事保全、民事執行が別個の事件であり、その受任範囲を委任契約書上明確にする工夫をしておいた方がよい。

[注]
(1) 中田裕康『契約法〈新版〉』有斐閣（2021年）533頁。なお、依頼者が消費者である場合、消費者契約法の不当条項規制（同法8条、10条）により無効となる可能性がある。
(2) 例えば、「海事事件専門の弁護士と同じ水準の注意義務を負うものではない。」といった条項が考えられる。
(3) 本案訴訟と保全訴訟では、訴訟物も別個と考えられているが、保全訴訟において訴訟物という概念を持ち出す必要性には疑問が呈されている。瀬木比呂志『民事保全法〈新訂第2版〉』日本評論社（2020年）153頁以下。
(4) 日本弁護士連合会調査室編『弁護士業務ハンドブック〈15訂版〉』日本弁護士連合会（2012年）63頁。民事訴訟は、一般的、強行的、公権的な紛争解決方式であり、本案判決で第一次的には紛争が解決したといい得るので、本案訴訟と民事執行とを分け、それぞれ弁護士報酬を受けるのを原則としたとする。

(5) 下山田聰明『船主責任相互保険（Ｐ＆Ｉ保険）の歴史とその概要』日本海運集会所（1992年）135頁。本件Ｐ＆Ｉ保険約款も、「保険の終了が、被保険者の保険料不払による解除に基づく場合には、保険開始の時より保険填補を停止し、保険者はいかなる性質の請求についても責任を負わない。」としていた。

（平沼　大輔）

事例11 勤務弁護士と依頼者の法律関係

大阪地判平成18・12・8判タ1249号131頁〔28131972〕

事案の概要

　Aは法律事務所を経営する弁護士であるが、平成10年12月、Xから貸金等の債権の回収に関する法律問題の処理（別件）を受任し、着手金を受け取った。

　平成11年4月、Yは、司法修習を修了し、Aの事務所に勤務した。Yは、Aの指示により、別件の訴状等を起案し、別件につき訴訟（別訴）が提起されると、第1回弁論期日に訴訟代理人として出頭して訴状等を陳述するという訴訟行為を行った。しかし、Yは、Xから直接に依頼を受けたことはなく、訴訟委任状の受任者にはYの氏名も表示されていたが、これは、Aの事務員がXに連絡することなく書き込んだものであった。Yは、第1回口頭弁論期日後Aの事務所を退職し、以後は訴訟代理人として活動しなくなったが、裁判所に辞任届けを提出せず、Xに対して直接、Aの事務所を退職し、以後別訴に関与しなくなる旨を告げることもなかった。

　Aは裁判所の度重なる求めにもかかわらず準備書面等の提出を怠るなどして、別訴につき敗訴判決を受け、同判決はその後確定した。

　そこで、Xは、AとYに対し、A・Yの訴訟追行の怠慢により請求棄却等の判決を受ける損害を被ったとして、別訴の敗訴が確定したことによって失った別訴被告に対する請求額ないし勝訴の機会利益喪失の慰謝料等を求めて訴えを提起した。

　多岐にわたる本件争点のうち、理論的に興味が持たれるのは依頼者Xと勤務弁護士Yとの関係であり、①XとYとの間で訴訟委任契約が締結されたか、②Yの義務違反の内容・有無、が問題となった。

判　旨

　大阪地裁は、A・Yの義務違反と別訴敗訴との間に因果関係が認められないとして、請求を棄却したが、争点①につき、次のとおり判示した。
　「当該弁護士が当該法律事務所を経営する弁護士に雇用される勤務弁護士である場合であっても、顧客に対し、自らは訴訟代理権の授与を受けるにとどまり、委任契約上の受任者とはならないことを明らかにしたなどの特段の事情が存在しない限り、訴訟委任契約上の当事者として訴訟代理行為の委任を受けたものと解すべきである。」
　そして、争点②につき、次のとおり判示した。
　「一般に、訴訟委任契約において、複数の弁護士が受任者となる場合、共同してこれを受任したものと解すべきであり、訴訟委任契約の法的効果として、連帯して当該委任契約による債務を負担するというべきである。もっとも、具体的場面において、すべての訴訟活動について、受任者であるすべての弁護士が共同でこれを行うことまでは要求されないものの、受任者たる弁護士は、自ら訴訟活動を行わない場合においては、訴訟委任契約の法的効果として、依頼者に対し、善良な管理者としての注意義務を負う（民法644条）のであるから、ほかの弁護士の行う訴訟活動につき監視をし、必要があれば、ほかの弁護士の訴訟活動を是正・補完するなどして、適正な訴訟活動が行われるようにすべき義務を負うと解するのが相当である。」

解　説

1　依頼者と勤務弁護士との間の法律関係

　本判決は、依頼者と勤務弁護士との間の法律関係という、これまであまり論じられていない困難な解釈問題について判断し、訴訟代理権を付与された勤務弁護士には法律事務所を退職した後も依頼者に対する債務不履行が成立し得ることを認めた点で、注目される。
　本判決は、依頼者と勤務弁護士との間で、訴訟委任契約を締結する旨の直

接かつ明確な意思表示がない場合でも、実体法上の訴訟委任契約が成立することを認めた。その理由として、「顧客としては、その訴訟代理権を授与した弁護士（すなわち委任状に氏名が記載された弁護士）はすべて訴訟委任契約の当事者であると考えるのが自然である」からとする。

しかしながら、この理由付けに対しては、様々な角度からの反論が予想される。

まず、依頼者の通常の認識としては、事務所を経営する弁護士（経営弁護士）との間で委任契約を締結し、着手金、報酬金等も経営弁護士に交付していると考えるのが自然と思われる。本判決も指摘しているように、弁護士法人においては、弁護士法人が受任者となり、担当弁護士は依頼者とは直接的な契約関係に立たない（弁護30条の6第1項）[1]のが通常であって、これを個人経営の法律事務所に置き換えれば、勤務弁護士とは直接の法律関係にないとみるのが相当である。

そして、訴訟委任状（訴訟代理権の授与を証する書面）については、素人的な認識によっても、弁護士が訴訟代理人として行為するため、訴訟手続上必要な書類（民訴規23条1項）[2]と考えるであろうし、弁護士もそのように説明するのが通常である。現在、弁護士は、事件を受任するに当たり、委任契約書を作成しなければならない（規程30条、弁護士の報酬に関する規程5条2項）。その場合、委任契約書と訴訟委任状の2つの文書が存在し、委任契約書には経営弁護士の氏名のみ記載し、訴訟委任状は勤務弁護士を含めた事務所所属弁護士の連名[3]とするのが、通常の実務と思われる。

また、依頼者Xと勤務弁護士Yとの間にも後れて訴訟委任契約が成立したと考えると、経営弁護士とは有償委任契約、勤務弁護士とは無償委任契約を締結していると考えざるを得ないと思われる[4]が、同一の訴訟事件の委任契約につき、有償と無償の委任契約が並存するのは奇妙であるし、勤務弁護士の利益を不当に害する[5]。

さらに、依頼者の保護という観点からみても、経営弁護士が依頼者に対する契約上の善管注意義務を負い、債務不履行責任を負うものとすれば、十分

と思われる。依頼者としても、勤務弁護士の資力を当てにはしていないのではないだろうか。

　本判決は、依頼者と勤務弁護士の訴訟委任契約の成立時期につき、YからXが報告書を受領した時点と認定しているが、無理な認定をしているとの印象は拭えない。このことからも、実体法上の訴訟委任契約の成立を認めることは困難と思われる。

　このようにしてみると、勤務弁護士は、一般に依頼者と直接の契約関係になく、経営弁護士の履行補助者として事務を遂行する者であり、その故意・過失について経営弁護士が債務不履行責任を負うとするのが妥当と思われる。

　本判決は、XとYの訴訟委任契約成立の有無という問題の立て方をしているが、弁護士・依頼者関係の規律、弁護士の依頼者に対する義務を考えるうえで、必ずしも契約という構成にとらわれる必要はないと思われる[6]。「契約というレッテルを含めて、概念ではなく、弁護士・依頼者関係における具体的な義務の内容を直接に論じる必要がある[7]。」のではないだろうか[8]。

2　監視義務、是正・補完義務

　本判決は、訴訟事件を共同受任した弁護士相互間に、監視義務及び是正・補完義務を認め、その根拠を訴訟委任契約上の善管注意義務に求める。そして、弁護士が訴訟事件を共同受任した場合の関係は、代表取締役相互間の監視、監督義務と同様であるとして、判旨に賛成する見解[9]もある。

　しかしながら、取締役の監視義務については、取締役会の監督権能を通じて取締役は相互に監視可能であることに根拠を求めるのが一般的である。取締役会は業務執行についての監査、監督機関であって、代表取締役の選任・解任の権限を有することが監視義務の基底をなしている[10]。

　そうすると、依頼者に対する弁護士の善管注意義務ないし忠実義務を根拠に、共同受任した弁護士相互間に監視義務及び是正・補完義務まで負わせるには、さらなる慎重な議論が必要であろう。

もっとも、本判決は、退職後の勤務弁護士の責任が過重とならないようにとの配慮のもと、共同受任した弁護士相互間の監視義務及び是正・補完義務という切り口で問題を処理したものと推測される。しかし、本判決が依頼者と勤務弁護士との間に、直接、訴訟委任契約が成立していると認定するのであれば、端的に、勤務弁護士の依頼者に対する直接的な義務としての訴訟活動を問題とすれば足り、共同受任した弁護士相互間の監視義務及び是正・補完義務という間接的な義務を持ち出す必要はなかったと思われる。その場合、準備書面等を提出せず、期日にも出頭しなかったYの善管注意義務違反は否定し得ないこととなるが、やはり、XとYとの間に訴訟委任契約の締結を認定した判断には疑問が残る。

> **Key Point**
> 本件判旨には議論が残るものの、弁護士が、退職時に、裁判所へ辞任届けを提出し、依頼者にも退職する旨連絡して、引継ぎを行うべきことは当然である。円満退職であれば事後に対処もできようが、そうでない場合の身辺整理はなおさらしっかりとしたい。

［注］
(1) 日本弁護士連合会調査室編著『条解弁護士法〈第5版〉』弘文堂（2019年）277頁
(2) 訴訟委任状は訴訟記録に綴じ込んで保存する（平成8年法律109号による改正前民訴52条2項参照）。
(3) 新たに勤務弁護士が法律事務所に入所したときのため、依頼者から捨印をもらい補充するか、復代理に関する条項を置くのが一般的である。
(4) 弁護士と訴訟依頼者との法律関係は、特別の事情がない限り、明示の約定がなくても相当の報酬を支払うべき暗黙の約旨があるものとされる有償委任である（来栖三郎『契約法』有斐閣（1974年）529頁）。
(5) 東京弁護士会の（旧）弁護士報酬会規6条1項は、「弁護士は、各依頼者に対し、弁護士報酬を請求することができる。」と規定し、個々の弁護士が個々の依頼者に対して、弁護士報酬を請求することができるのが原則であることを明らかにしていた（東京弁護士会弁護士業務改革委員会『弁護士報酬会規解説』東京弁護士会（1997年）30頁、208頁）。
　もっとも、同条3項は、「一件の事件等を複数の弁護士が受任したときは、次の

各号の一に該当するときに限り、各弁護士は、依頼者に対し、それぞれ弁護士報酬を請求することができる。一、各弁護士による受任が依頼者の意思に基づくとき。二、複数の弁護士によらなければ依頼の目的を達成することが困難であり、かつその事情を依頼者が認めたとき。」と規定していた。したがって、訴訟委任契約書に勤務弁護士が名前を連ねていても報酬請求はできない場合が多いと思われるが、これは勤務弁護士との関係でも有償委任契約であることを前提に、複数格別計算としないとの特約がなされていると理解できる（同書208頁）。

(6) 東京地判平成30・10・31平成29年(ワ)24393号公刊物未登載〔29052106〕は、弁護士法人の使用人である弁護士が判決を依頼者に報告せず控訴期間を徒過させた事案であるが、弁護士法人については委任契約に基づく債務不履行責任、使用人である弁護士については不法行為責任を認める。

(7) 小島武司ほか編『法曹倫理〈第2版〉』有斐閣（2006年）68頁

(8) アメリカ法では、弁護士・依頼者間を「信認関係」としてとらえる。『テキストブック現代の法曹倫理』法律文化社（2007年）〔樋口範雄〕54頁

(9) 和根崎直樹「本件判批」別冊判例タイムズ22号（2008年）69頁

(10) 田尾桃二「判批」『最高裁判所判例解説民事篇〈昭和48年度〉』法曹会（1977年）3頁

（平沼　大輔）

3　債務整理・破産申立てにおける問題

事例12　債務整理における事件処理方針

最判平成25・4・16民集67巻4号1049頁〔28211361〕

> **事案の概要**

　弁護士Yは、平成17年6月30日、亡Aから、消費者金融業者に合計約250万円の債務があるなどとして、その債務整理について相談を受けた。

　Yは、債務の返済状況等を聴取後、亡Aに対し、過払金が生じている消費者金融業者から過払金を回収したうえ、これを原資として他の債権者に一括払による和解を提案して債務整理をすること、債務整理費用が30万円であり、過払金回収の報酬が回収額の3割であることなどを説明し、Yと亡Aは、同日、債務整理を目的とする委任契約を締結した。

　Yは、利息制限法所定の制限利率に従い、亡Aが債権者に弁済した元利金の充当計算をし、B（当時の商号はC）及びDに対してはまだ元本債務が残っているが、E、F及びGに対しては過払金が発生していることが判明した。

　そこで、Yは、平成18年6月2日までに、E、F及びGから合計159万6793円の過払金を回収した。

　Yは、上記3社から回収した過払金により、B及びDに対する支払原資を確保できたと判断し、平成18年6月12日、B及びDに対し、「ご連絡（和解のご提案）」と題する文書を送付し、元本債務の8割に当たる金額（Bについて30万9000円、Dについて全取引を一連のものとして計算した9万4000円）を一括して支払うという和解案を提示した。上記文書には、「御社がこの和解に応じていただけない場合、預った金は返してしまい、5年の消滅時

効を待ちたいと思います。」、「訴訟等の債権回収行為をしていただいても構いませんが、かかった費用を回収できない可能性を考慮のうえ、ご判断ください。」などと記載されていた。

　Bは上記内容による和解に応じたが、Dはこれに応じなかった。

　Yは、平成18年7月31日頃、亡A方に架電し、亡Aに対し、回収した過払金の額やDに対する残元本債務の額について説明したほか、Dについてはそのまま放置して当該債務に係る債権の消滅時効の完成を待つ方針（以下「時効待ち方針」という。）を採るつもりであり、裁判所やDから連絡があった場合にはYに伝えてくれれば対処すること、回収した過払金に係る預り金を返還するがDとの交渉に際して必要になるかもしれないので保管しておいた方がよいことなどを説明した。また、Yは、その頃、亡Aに対し、「債務整理終了のお知らせ」と記載された文書を送付した。同文書には、Dに対する未払分として29万7840円が残ったが消滅時効の完成を待とうと考えているなどと記載されていた。

　Yは、平成18年8月1日、回収した過払金合計159万6793円から過払金回収の報酬47万9038円及び債務整理費用30万円の合計77万9038円、Bに支払った和解金等を差し引く経理処理を行い、残額の48万7222円から振込費用を控除した残金を亡Aに送金した。

　Yは、平成21年4月24日、亡Aに対し、消費者金融業者の経営が厳しくなったため以前よりも提訴される可能性が高くなっており、12万円程度の資金を用意できればそれを元に一括して支払う内容での和解交渉ができるなどと説明したが、亡Aは、Yが依頼者から債務整理を放置したことを理由とする損害賠償請求訴訟を提起されたとの報道等を受け、Yによる債務整理に不安を抱くようになり、同年6月15日、Yを解任し、その後、別の弁護士に改めて債務整理を委任し、当該弁護士は、亡Aの代理人としてDと交渉し、平成21年12月17日、亡AがDに対して和解金50万円を分割して支払う内容の和解を成立させた。

　亡Aは、平成22年3月16日、Yを被告として、債務整理の方針に係る説

明義務違反を理由に債務不履行に基づき慰謝料等の損害賠償請求訴訟（以下「本訴訟」という。）を提起したが、第一審係属中の平成23年3月20日に死亡し、その妻であるXが本訴訟に係る亡Aの権利を承継した。

原審は、債務整理の方針に関する説明義務違反の有無について、亡Aが、Yから上記内容等の説明を受け、Yの採る債務整理の方針に異議を述べず、その方針を黙示に承諾したと認められることなどからすれば、Yが上記説明義務に違反したとは認められないと判断して、Xの請求を棄却した。

判旨

Yが採った時効待ち方針は、Dが亡Aに対して何らの措置も採らないことを一方的に期待して残債権の消滅時効の完成を待つというものであり、債務整理の最終的な解決が遅延するという不利益があるばかりか、当時の状況に鑑みてDが亡Aに対する残債権の回収を断念し、消滅時効が完成することを期待し得る合理的な根拠があったことはうかがえないのであるから、Dから提訴される可能性を残し、いったん提訴されると法定利率を超える高い利率による遅延損害金も含めた敗訴判決を受ける公算が高いというリスクをも伴うものであった。

また、Yは、亡Aに対し、Dに対する未払分として29万7840円が残ったと通知していたところ、回収した過払金からYの報酬等を控除してもなお48万円を超える残金があったのであるから、これを用いてDに対する残債務を弁済するという一般的に採られている債務整理の方法によって最終的な解決を図ることも現実的な選択肢として十分に考えられたといえる。

このような事情の下においては、債務整理に係る法律事務を受任したYは、委任契約に基づく善管注意義務の一環として、時効待ち方針を採るのであれば、亡Aに対し、時効待ち方針に伴う上記の不利益やリスクを説明するとともに、回収した過払金をもってDに対する債務を弁済するという選択肢があることも説明すべき義務を負っていたというべきである。

しかるに、Yは、平成18年7月31日頃、亡Aに対し、裁判所やDから連絡

があった場合にはＹに伝えてくれれば対処すること、Ｄとの交渉に際して必要になるかもしれないので返還する預り金は保管しておいた方がよいことなどは説明しているものの、時効待ち方針を採ることによる上記の不利益やリスクを亡Ａに理解させるに足りる説明をしたとは認め難く、また、Ｄに対する債務を弁済するという選択肢について説明したことはうかがわれないのであるから、上記の説明義務を尽くしたということはできない。そうである以上、仮に、亡Ａが時効待ち方針を承諾していたとしても、それによって説明義務違反の責任を免れるものではない。

以上によれば、原審の上記判断には、判決に影響を及ぼすことが明らかな法令の違反がある。論旨は理由があり、原判決は破棄を免れない。そこで、損害の点等についてさらに審理を尽くさせるため、本件を原審に差し戻すこととする。

なお、裁判官田原睦夫と裁判官大橋正春による示唆に富んだ補足意見が付されているが、紙面の都合上、解説において本稿の主題に必要な範囲で触れるにとどめる。

解説

1　はじめに

本判決は、事例判例であるが、弁護士の委任契約上の説明義務について、最高裁が初めて具体的判断を示した実務上重要な意義を持つ判決である[1]。

すなわち、本判決は、弁護士の債務整理業務に関し、時効待ち方針の選択に当たっての事例判断であり、判決の射程は厳密に言えばその限りと考えられるが、本判決において最高裁が示した考え方は、任意整理における時効待ち方針の選択場面にとどまらず、債務整理業務、ひいては債務整理以外の弁護士業務における処理方針の選択等の場面においても広く適用し得る一般的法理を含有するものであり、今後の実務に与える影響は小さくない[2]。

加えて、田原裁判官や大橋裁判官が付した詳細な補足意見も、今後の弁護士業務に係る説明義務を含む責任問題の判断に少なくない影響を及ぼすもの

と考えられる[3]。

2 弁護士の依頼者に対する説明義務の法的根拠

弁護士と依頼者の契約は、通常、委任ないし準委任と解される（通説）。

弁護士の依頼者に対する説明義務の法的根拠については、①善管注意義務（民644条）を根拠とする見解[4]、②報告義務を根拠とする見解（民645条）[5]、③自己決定権保障（インフォームドコンセント）を根拠とする見解[6]、④信頼に基づく専門家責任を根拠とする見解[7]などがある[8]。

本判決（法廷意見）は、①説（善管注意義務説）を採用した[9]。

3 弁護士の依頼者に対する説明義務の内容

受任者の善管注意義務の程度は、受任者の職業・地位において一般に要求される水準の注意と解され[10]、具体的に、弁護士の場合には、「平均的弁護士の技能水準」などと解されている[11]。

そこで、弁護士の説明義務について①説を前提とすると、「平均的弁護士の技能水準」といい得る説明の内容とはいかなるものかが問題となる。

この点の検討に資するものとして、弁護士職務基本規程がある。

弁護士職務基本規程は、弁護士という職業の組合（ギルド）ともいい得る弁護士会自身による弁護士の職務遂行のあり方を示したものであり、直接に民事上の弁護士の説明義務の内容・範囲を根拠づけるものでないものの、弁護士の説明義務の内容を画するに当たり参考になる規範である[12]。

まず、弁護士職務基本規程22条1項は、「弁護士は、委任の趣旨に関する依頼者の意思を尊重して職務を行うものとする」と定めている。日本弁護士連合会弁護士倫理委員会編著『解説「弁護士職務基本規程」〈第3版〉』日本弁護士連合会（2017年）（以下「規程解説」という。）51頁によれば、同条は、「依頼者の自己決定権を尊重する規定」とのことである。

そして、弁護士職務基本規程は、同条をバックボーンとして、事件受任の際の依頼者に対する説明（規程29条1項）、事件処理過程における依頼者へ

の報告と依頼者との協議（規程36条）、事件終了後の法的助言と説明（規程44条）を定める。

本件は、事件処理方針に関わる説明であり、主として規程36条の問題といえる。同条は「弁護士は、必要に応じ、依頼者に対して、事件の経過及び事件の帰趨に影響を及ぼす事項を報告し、依頼者と協議しながら事件の処理を進めなければならない」と定め、同条の規程解説は、依頼者が弁護士から単に報告を受けるだけでは適切な判断ができない場合には、弁護士は、依頼者に対し、報告にとどまらず、「その意思決定をなすのに必要かつ十分な説明をしなければならない」とし、「説明」とは、「事実の報告に事情や理由、見通し等の解説を加えたものである」としている。

学説としては、加藤新太郎元判事が、③説に立ったうえで、選択した措置について依頼者に説明して承諾を得る段階では「依頼者が意思決定をするのに必要にして十分な説明をすべき義務」がある[13]、依頼者の抱える問題状況に対応して採ることの考えられる法的手段の選択肢について「弁護士自身が最適であると考える手段の意義のほか、代替手段の利害得失」を説明することが必要であると論じている[14]。

本件の最高裁調査官である谷村武則判事は、法律事務を受任した弁護士は、通常、一定の範囲で、依頼者の同意なく当該弁護士の判断で決めて実行することのできる裁量を有するとしたうえで、「少なくとも、重要な方針を決定してこれを実行するに当たっては、特段の事情のない限り、依頼者がその方針について理解してその当否を判断することができるような説明をすることが求められている」とし、説明対象が依頼者にとり知識の乏しい専門領域であり依頼者の十分な理解のため丁寧な説明が必要として、採るべき方針の内容、同方針の具体的な不利益やリスク、他に考えられる現実的な選択肢を説明することが求められているとする[15]。

本判決（法廷意見）は、時効待ち方針には不利益及びリスクがあるとの事情、また、本件では過払金残額と未払債務額を踏まえると回収過払金で未払債務額を弁済するという一般に採用されている債務整理の方法によって最終

的な解決を図ることも現実的選択肢として十分に考えられた事情を指摘したうえで、「このような事情の下において……時効待ち方針を採るのであれば」、時効待ち方針に伴う上記の不利益やリスク、回収過払金をもって残債務を弁済する選択肢があることの説明義務を負っていたと判示した。

　上記のかぎ括弧でも強調したが、本判決は、「他に一般的方法が存するにもかかわらず、時効待ち方針という一般的でないリスクの高い方針を採るのであれば」という事情の下での事例判断である。この前提が異なれば、説明義務の要否や内容は異なり得る余地を残しており、今後の判例の集積が待たれる。

　ただし、大橋裁判官は、補足意見として、法律事務を受任した弁護士は、特段の事情がない限り、依頼者の権利義務に重大な影響を及ぼす方針を決定、実行する際に、依頼者の承諾が必要であり、その前提として、当該方針の内容、当該方針の具体的な不利益やリスク、他に考えられる現実的な選択肢を説明すべき義務を負うと一般論に近い形で論じており、この点に鑑みても、本判決の考え方は、弁護士の事件処理一般について広く及んでいく可能性を示している。

　いずれにしても、事件処理に臨む弁護士は、事件処理に際して依頼者に対して懇切丁寧な説明を心がける必要性を改めて再認識すべきである。

3　時効待ち方針選択自体の当否

　法廷意見は、時効待ち方針の選択自体の当否について言及していない[16]。

　ただし、田原裁判官は、補足意見で、原則として適切な債務整理の手法とはいえず、債権者が上場企業等一定の債権管理体制を備えている企業の場合には、善管注意義務違反に該当すると指摘する。また、大橋裁判官も、補足意見で、適切性に疑問があると指摘している。

4　差戻審の内容

　差戻審（福岡高判平成25・10・3判時2210号60頁〔28221136〕）は、弁護

士Yが説明義務違反の債務不履行責任を負うことを前提に、慰謝料20万円、弁護士費用2万円を認めた。この差戻審判決に対し、弁護士Yはさらに上告したが、最高裁は上告を棄却した。

> **Key Point**
> 受任業務遂行に当たっては、常日頃から、依頼者との間で十分な意思疎通を図ることが重要である。また、受任業務の分岐点に際しては、依頼者に対し、現在の状況、見通し、今後の選択肢、各選択肢の主な長所短所等、必要かつ十分な説明を丁寧に行い、弁護士として妥当と考える方針も助言し、今後の方針に関して依頼者と十分に協議のうえで方針を決定すべきである。
> 特に、依頼者にとってリスクや不利益が大きいと考えられる方針、一般的でない方針等を助言ないし決定する場合には、リスクや不利益を十二分に説明し、通常以上に慎重になるべきである。

[注]
(1) 谷村武則「本件解説」『最高裁判所判例解説民事篇〈平成25年度〉』法曹会（2016年）225頁
(2) 同旨として、前掲(1)223頁
(3) 実際、補足意見の言い回しを引用ないし参考にしたと思われる本判決後の裁判例に接した。例えば、東京地判平成28・3・31平成27年（ワ）4451号公刊物未登載〔29017714〕は、大橋裁判官の補足意見を引用している。
(4) 前掲(1)216頁
(5) 東京地判平成16・7・9判時1878号103頁〔28100303〕等
(6) 加藤新太郎『弁護士役割論〈新版〉』弘文堂（2000年）16頁・155頁、東京地判平成10・2・5判タ1008号178頁〔28042471〕等
(7) 福岡地判平成2・11・9判タ751号143頁〔27808317〕等
(8) 私見としては、①ないし④説は必ずしも相互排斥的関係にないと考える。民法645条は元来民法644条の具現化であるし、②説の論者も、弁護士・依頼者間への適用に当たっては委任者の請求を待たず報告義務を認める考えが有力で、①説に接近している（ただし、「報告」と「説明」の違いには留意を要する。）。また、①説に立っても、（自己決定権と定義付けるかはさておき）依頼者の意向尊重の重要性、弁護士業務の専門性・裁量性、弁護士・依頼者間の専門知識等情報の非対称性、弁護士

一般の業務水準の内容、実務の実情など、③説や④説の考え方も総合的に勘案して説明義務の内容を画するのが妥当と考えられる。
(9)　なお、田原裁判官は、補足意見において、債務整理（特に過払金返還請求）業務の説明義務につき、①説の採用を明示したうえで、②説や③説は直接関係しないとした。前掲(1)224頁は、医師の説明義務と異なり必ずしも生命身体に直接関わるものでない法律事務の委任ゆえの違いから、必ずしも③説を意識していないのではないかと推察する。
(10)　幾代通＝広中俊雄編集『新版注釈民法(16)債権(7)雇傭・請負・委任・寄託』有斐閣（1989年）〔中川高男〕225頁
(11)　渡部佳寿子「弁護士の依頼者に対する損害賠償責任」判例タイムズ1431号（2017年）42頁
(12)　大橋裁判官の補足意見も、弁護士職務基本規程36条は弁護士・依頼者間の委任契約の解釈適用に当たって当然に参照されるべきものとしている。
(13)　前掲(6)155頁
(14)　前掲(6)16頁
(15)　前掲(1)221-223頁
(16)　前掲(1)225頁

（石原　博行）

第1章 依頼者との関係

破産申立代理人の財産散逸防止義務

東京地判平成26・4・17判時2230号48頁〔28224068〕

事案の概要

1　A社は、平成20年12月1日、B社との間で、民間車検場事業（本件事業）を代金1100万円で譲渡するとの契約を締結した（本件事業譲渡契約）。

　弁護士YはB社の顧問弁護士であったが、同じころ、B社の代表者からA社の代表取締役であるPを紹介された。Yは、平成21年1月19日にPと面会し、同月23日にはA社の自己破産申立てを受任し、同月28日にはA社の債権者宛てに受任通知を発出した。

　B社は、同年1月30日から同年8月3日にかけて、本件事業譲渡契約の代金として、Pの指定したQ名義の銀行預金口座に合計1099万9580円を振り込んだ。Qは、Pの指示により、当該代金について、①PのQに対する債務の弁済として392万0580円をQが受領する、②PのC社に対する債務の弁済としてC社に538万5000円を送金する、③Pの妻が代表者を務めるD社に169万4000円を送金する（後にPが費消）、という処理を行った。

　同年2月6日、Yは、Pからの連絡により、本件事業譲渡契約の相手方がB社であることを知った。しかし、譲渡代金の支払状況について、Pから明確な説明を受けることはできなかった。

　同年12月25日、Yは、A社の破産手続開始申立てを行い、平成22年1月13日、A社は破産手続開始決定を受け、弁護士Xが破産管財人に選任された。

　Xは、Q及びC社に対し、上記①及び②の金員の返還請求訴訟を提起し、その結果、Q及びC社から合計328万円を回収した。

　そして、上記①～③のとおりA社が本件事業譲渡契約の譲渡代金を受領していないこと等について、Xが、Yに対し、財産散逸防止義務違反があ

るとして損害賠償を請求したのが本件である。

> 判　旨

　東京地裁は以下のとおり判示して、平成21年2月6日以降にB社が送金した合計942万円からXの回収した328万円を控除した614万円について、Yの損害賠償責任を認めた。

1　「自己破産の申立てを受任し、その旨を債権者に通知した弁護士は、破産制度の趣旨に照らし、速やかに破産手続開始の申立てを行い、また、債務者の財産の散逸を防止するための措置を講ずる法的義務を負い、これらの義務に違反して破産財団を構成すべき財産を減少・消失させたときは、不法行為を構成するものとして、破産管財人に対し、損害賠償責任を負うものと解される。」

2　Yが平成21年1月28日に受任通知を発したこと、同年2月6日までには本件事業譲渡契約の存在及び相手方（B社）を認識したこと、譲渡代金の支払状況についてPから明確な説明を受けることができなかったこと、YはB社の顧問弁護士であったこと、B社からの紹介によりA社の破産申立てを受任するに至ったこと等の事実から、「Yは、B社に問い合わせれば、本件事業の譲渡代金がA社に支払われていないこと及び平成21年1月30日にはそのうちの157万9580円がQの銀行預金口座に振り込まれたことを知ることができたというべきであ」り、「Qの銀行預金口座への振込みを止めるようYがB社に求めれば、B社がこれを拒否したとは考え難く」、同年2月6日以降のQの口座への振込みは防止できたといえる。

　したがって、「Yは、債務者の財産の散逸を防止するための措置を講ずる義務に違反したものであり、過失があるというべきである。」

3　なお、本件においては、A社名義の複数の預金口座からの預金引出しについても損害賠償請求がなされたが、これらの預金がA社に帰属する財産ではなく破産財団を構成すべき財産ではないことを理由として、Xの請求は棄却された。

解 説

1 本件の控訴審について

本判決に対し、Yは控訴し、Yが加入する弁護士賠償責任保険の保険会社Zが控訴審[1]から補助参加した。控訴審において、Zは、①破産申立代理人たる地位は債務者（破産者）との間の私的な委任契約によって発生するものであり、破産申立代理人は破産法の趣旨を実現すべき公益的立場にないこと、②破産法上、破産申立代理人には、債務者の財産について何の管理権も調査権も認められておらず、何らの義務も定められていないこと、③財産散逸防止義務は破産手続開始決定前から負担する義務であるところ、破産手続開始決定前の時点では破産管財人は存在しておらず、同時点において破産申立代理人が破産管財人に対して財産散逸防止義務を負うと解することはできないこと等を主張した。

控訴審裁判所は、破産手続開始決定前に散逸した財産について破産管財人が管理処分権限を行使することはできない等としてXの請求を棄却する方向の心証を示し、これを受けて、破産管財人Xは本件請求を放棄した。

2 破産申立代理人の財産散逸防止義務

(1) はじめに

破産予定の債務者の財産が破産手続開始決定前に減少した場合に、債務者から破産手続開始申立てを受任した弁護士が（ほとんどの場合は破産手続開始決定後に破産管財人から）債務者の財産を散逸させたことについて損害賠償請求を受けることが近年増加している。これが破産申立代理人の財産散逸防止義務の問題であり、近時、財産散逸防止義務について判断した裁判例が複数現れている。

破産申立代理人の財産散逸防止義務に関しては、義務の発生根拠等について多くの議論が積み重ねられているが、紙幅の都合上、議論の詳細は他の論稿[2]に委ね、本稿では簡単な紹介にとどめることとしたい。

なお、債権者が破産申立代理人に対して財産散逸防止義務違反による損害賠償を請求したケースについては、事例14 を参照されたい。

(2) 義務の発生根拠

財産散逸防止義務の発生根拠について、最高裁判所の判断も示されておらず、以下のとおり様々な見解が提唱されている[3]。

ア 破産制度の趣旨に求める見解

本判決をはじめ、従来の下級審裁判例には、財産散逸防止義務の法的根拠として「破産制度の趣旨」を挙げて、その義務に違反した場合に破産管財人に対して不法行為に基づく損害賠償責任を負うとするものが多い。

しかし、「破産制度の趣旨」が何を意味するのか不明であるし、仮に破産法1条の「債務者の財産等の適正かつ公平な清算を図る」ことを意味するとしても、そこからなぜ破産申立代理人の法的義務が導かれるのか不明であるとする批判がある[4]。また、「明文の規定を超えて、……破産手続の趣旨・目的なり弁護士の公平誠実義務から、一般の民事手続の申立代理人と違って、依頼者である破産者だけではなく、破産債権者（破産財団）に対しても、迅速な申立てを行うことや財産散逸防止措置を講ずる法的な義務を負っていると解することには、議論の飛躍があ」るとの問題点も指摘されている[5]。

イ 委任契約に求める見解

破産申立代理人の財産散逸防止義務は委任契約の受任者が負う善管注意義務の一環であるととらえる見解が有力に提唱されており[6]、善管注意義務以外の法的根拠は見いだし難いとの指摘もみられる[7]。

この見解からは、財産散逸防止義務は委任者である破産者に対する義務であり、破産者の破産申立代理人に対する損害賠償請求権が破産財団所属の財産となったことにより、破産管財人がその権利を行使することができるようになる、と理解することになろう[8]。そうだとすると、破産申立代理人が破産者に対して損害賠償責任を負わない場合

(例えば、破産申立代理人の説明・指導に反して破産者があえて財産を散逸させた場合等）には、破産管財人も損害賠償請求権を行使できないという帰結になり、破産申立代理人が財産散逸防止義務違反を問われる場面が限定されることになると思われる[9]。

　ウ　債権者との信認関係に求める見解

　　債務超過状態にある債務者は、自己の債権を保全し、かつ債権者を平等に取り扱うことが債権者に対する信認義務として課せられており、債務者から委任を受けた破産申立代理人も債権者に対して信認義務を負うとする見解がある[10]。

　　この見解に対しては、上記イの見解の立場から、「債権者との間で委任関係になく、個別の債権額やその内容等を十分に把握するわけではない破産申立代理人が、倒産手続の利害関係人としての総債権者を受益者とする信認義務を直接負うと解することに躊躇を覚える」等の反論が提起されている[11]。

　エ　誠実義務に求める見解

　　弁護士法1条2項に規定される誠実義務は、第三者に対する関係では公益配慮義務・一般的損害発生回避義務として現れると理解したうえ、破産申立代理人の財産散逸防止義務は、公益配慮義務・一般的損害発生回避義務の1つとして位置付けられるという見解がある[12]。

　　この見解に対しては、誠実義務は依頼者に対する委任契約上の善管注意義務が加重されたものとするのが多数説であり、これを根拠に債権者（破産財団）に対する義務を認めるのは、誠実義務が想定している範囲を超えるとの批判がある[13]。

(3)　義務の発生時期

　財産散逸防止義務の発生時期は、破産手続開始申立ての受任時点とする裁判例もあれば、債権者に対して受任通知を送付した時点とする裁判例も存在しており、必ずしも明確な基準時はない[14]。

　本判決は、「自己破産の申立てを受任し、その旨を債権者に通知した

弁護士」が財産散逸防止義務を負うと判示しており、受任通知の送付時を基準としているものと解される。

(4) 今後の課題

　破産管財人が破産申立代理人に対して財産散逸防止義務違反を理由に損害賠償を請求するケースはまれではないと思われる。もっとも、破産申立代理人に損害賠償責任を負わせる法律上の義務を、その法的根拠や外延が不明確なまま認めることは、破産事件の受任に当たって萎縮的効果をもたらすとの懸念も指摘されている[15]。実際、破産者が破産申立代理人に対して自己の財産の一部を秘匿していた場合や、破産者がその財産を自身のために費消した場合など、破産申立代理人の破産者に対する善管注意義務違反が認め難い事案においては、いかなる根拠で破産申立代理人が財産散逸防止義務を負うのか、慎重に議論・検討がなされるべきであろう。財産散逸防止義務違反により破産申立代理人の損害賠償責任が肯定されるべき事案があるとしても、その理論的・説得的な法的根拠が明確に示されることが望まれる。

　他方で、財産散逸防止義務の有無にかかわらず、破産申立代理人は、破産財団に帰属すべき財産を保全して破産管財人に適切に引き継ぐという重要な職責を担うことに変わりはない[16]。破産手続開始申立てを受任した弁護士は、この職責を十分に認識し、迅速・適切に業務を遂行すべきである。

3　他の裁判例

　財産散逸防止義務違反を認めて破産管財人からの損害賠償請求を認容した裁判例として、東京地判平成21・2・13判時2036号43頁〔28151343〕、東京地判平成25・2・6判時2177号72頁〔28211379〕、東京地判平成26・8・22判時2242号96頁〔28230543〕等がある。

　他方、破産申立代理人の財産散逸防止義務違反を否定した裁判例として、神戸地尼崎支判平成26・10・24金融商事1458号46頁〔28230417〕、青

森地判平成27・1・23判時2291号92頁〔28241966〕、東京地判令和4・2・25判時2549号14頁〔29069182〕等がある。

　このうち、東京地裁令和4年判決は、破産申立代理人は「委任契約に基づき、飽くまで債務者の代理人として当該申立てに係る法律事務を遂行するにとどまる」から、債務者の財産が散逸したとしても、「その一事のみをもって、当然に、第一次的な責任を負う当該債務者と共に、当該債務者との間の委任契約上の善管注意義務としての財産散逸防止義務違反の責任を負うと解するのは相当とはいえない。」としたうえ、破産申立代理人が「自ら破産財団を構成すべき財産を散逸させてその結果として当該債務者が破産制度を円滑に利用することのできない結果を招いたものと評価することができるような場合」には、委任契約上の善管注意義務である財産散逸防止義務に反するものとして、債務者に対し債務不履行責任を負うとする余地もあると判示した。さらに、破産申立代理人は、破産管財人と異なり破産法上の調査権限がないこと等も考慮して、財産散逸防止義務違反が成立する具体的な場面として、①債務者に対して破産制度上課せられた義務に関して誤った指導及び助言をしたとき、②債務者から委託を受けて保管していた財産を法的根拠に基づくことなく散逸させたとき、③債務者が明らかに破産法の規定に反するような財産の処分行為（偏頗弁済等）をしようとしていることを認識し又は容易に認識し得たにもかかわらず、漫然とこれを放置したようなときの3つを挙げ、その判断基準として、「事案の内容及び性質、破産手続の具体的状況及びその段階、債務者の説明状況及び協力態度、当該債務者による財産散逸行為に関する申立代理人の認識可能性を踏まえ、これらの要素を客観的・総合的に勘案して個別的かつ具体的に判断すべき」と判示した。

　東京地判令和4年判決（その後控訴）は、従前の下級審裁判例とは異なる注目すべき判断を示しており、このような裁判例を契機に財産散逸防止義務に係る議論がさらに深化していくことを期待したい。

> **Key Point**
>
> 財産散逸防止義務に違反したとして、破産申立代理人が破産管財人から損害賠償請求をされる事例はまれではない。財産散逸防止義務に関してはその法的根拠等について議論があるが、財産散逸防止義務の有無・内容等にかかわらず、破産手続開始申立てを受任した弁護士は、債務者の財産を適切に保全し迅速に申立てを行うべきことを十分に認識して業務遂行すべきである。

[注]

⑴ 東京高等裁判所平成26年(ネ)2961号
⑵ 最近の論稿として、大橋眞弓「自己破産の申立代理人の財産散逸防止義務」明治大学法科大学院論集26号（2023年）119頁等がある。
⑶ 財産散逸防止義務の発生根拠については、岡伸浩「破産申立代理人の財産散逸防止義務をめぐる考察」『信託法理の展開と法主体―会社法・民事訴訟法・倒産法との交錯』有斐閣（2019年）325頁以下に詳しい。
⑷ 前掲⑶343頁
⑸ 伊藤眞ほか『条解破産法〈第3版〉』弘文堂（2020年）160頁
⑹ 代表的なものとして、全国倒産処理弁護士ネットワーク編『破産申立代理人の地位と責任』金融財政事情研究会（2017年）〔伊藤眞〕18頁
⑺ 前掲⑶353頁
⑻ 前掲⑹32頁
⑼ 前掲⑶345頁参照。
⑽ 松下祐記「再生債務者代理人の地位に関する一考察」『民事手続の現代的使命 伊藤眞先生古稀祝賀論文集』有斐閣（2015年）1069頁以下
⑾ 前掲⑶347頁
⑿ 加藤新太郎「破産者代理人の財産散逸防止義務」『民事訴訟補の理論 高橋宏志先生古稀祝賀論文集』有斐閣（2018年）1153頁以下。なお、誠実義務に関する理解については、加藤新太郎・高中正彦「裁判官と弁護士の視点からみた弁護過誤」『現代法律実務の諸問題〈平成27年度研修版〉』第一法規（2016年）835頁、及び加藤新太郎『弁護士役割論〈新版〉』弘文堂（2000年）361頁を参照。
⒀ 全国倒産処理弁護士ネットワーク編『注釈破産法（上）』金融財政事情研究会（2015年）115頁
⒁ 東京地判平成25・2・6判時2177号72頁〔28211379〕は、正式な委任契約が締結される前であっても、委任契約が成立したと認められる時点から財産散逸防止義務が生じる旨の判断を示した。
⒂ 前掲⑶353頁。前掲⒀116頁も同旨と思われる。なお、前掲⑹35頁においても、「破

産者代理人の法的責任についての判断枠組みを明確にすることによって、責任追及の範囲が不当に拡がり、破産手続開始申立ての受任をすることについて弁護士に萎縮効果が生じないようにする」との言及がある。
⒃　前掲⑶354頁

（上原　裕紀）

事例14 破産申立代理人の債権者に対する責任

東京地判平成27・10・15判タ1424号249頁〔29014360〕

事案の概要

1 　弁護士Y₁及びY₂（以下併せて「Yら」という。）は、美術品への投資業務等を営むAから債務整理の相談を受け、打合せを重ねていた。その過程で、Yらは、Aに対し、Aが母親から相続した不動産（本件物件）については売却などせず現状を維持するように指示していた。

　　平成26年2月7日、Yらは、Aから破産手続開始申立て等を受任し、受任通知を送付する等の業務を開始した。

　　同年3月17日、債権者Xの代理人である弁護士BはYらに架電し、その際、Y₂は、破産申立ての時期は5月初頭になる見込みであること、本件物件は破産財団に組み込まれるであろうこと等を説明した。

2 　Aは、同月20日、本件物件をC社に1300万円で売却し、売却代金を自身の口座に入金させたが、これらについてYらには申告しなかった。

　　Yらは、Aに対し、破産申立てのための必要資料を早急に準備するよう求めており、Aは、同年4月21日に預貯金通帳の一部を持参したが、本件物件の売却代金が保管されていた口座の通帳は持参しなかった。

3 　同年5月27日、Yらは、Bから本件物件が売却されている旨を指摘された。そこで、YらがAに確認をとったところ、Aは、司法書士の指示を受けて本件物件を売却したこと、売却代金は司法書士が保管していること等の説明を行ったが、これらの説明は事実に反するものであった。

　　同月28日、YらとAは委任契約を合意解約し、翌日、Yらは、Bに対して辞任した旨を通知した。

4 　そこで、Xは、Yらには換価行為防止義務、売却代金管理義務、破産手続開始申立遂行義務の違反があったとして、Yらに対し、不法行為又は債

務不履行に基づく損害賠償請求の訴えを提起した。

判　旨

裁判所は以下のとおり判示して、Xの請求を全部棄却した。

1　「債務者破産の申立てを受任した弁護士がその旨を債権者に通知するなどした場合、破産制度の趣旨目的に照らし、破産財団を構成すべき財産が不当に減少、散逸することを防止するために必要な方策を講じるとともに、可及的速やかに破産申立てを行うべき法的義務を負うものと解される。」

　「当該弁護士が受任通知の送付により債権者の権利行使を制約しておきながら合理的な理由もなく破産申立てを行わず、その間に債務者の責任財産を不当に減少させて債権の実現を困難ならしめたような場合については、債権者が当該弁護士に対して直接損害賠償請求をすることを否定すべき理由はなく、そのような場合、当該弁護士は個別の債権者との関係においても上記義務を負うことがあるものと解される。」

2　「破産申立てを受任した弁護士としては、……不動産の状況、客観的に処分が容易なものであるか否か、債務者がこれを処分する意思を有している可能性がうかがわれたか否か、当該方策の実効性及びこれにより生じ得る不利益の有無、程度等の要素を総合考慮の上、合理的に必要と認められる範囲で換価を防止するための方策を講じるべき義務を負う。」

　本件については、Aが本件物件を「秘密裏に売却する意思を有している可能性がうかがわれるような状況にはなかったこと」や、「自然人破産事案において受任当初から実印を預けさせることにより債務者に不利益が生じる可能性は否定できないこと」等を考慮すれば、「本件物件を売却しないよう指示することに加えて、実印及び登記識別情報の……交付を指示し、これを預かり管理するべき法的義務を負っていたものとは認められない。」

3　「Aが本件物件を売却する意図を有していることがうかがわれる状況に

はなかったこと」や、Ｙらの複数回の指示にもかかわらずＡは預貯金通帳等を持参せず、「Ａに対してその提出を強制する方策もなかったこと」等からすれば、売却代金を管理すべき義務を負っていたとは認められない。

4 「破産手続費用及び弁護士費用の支払のめどが立たなかったこと、Ａによる必要資料の準備が遅れていたこと」等、本件の事実関係の下において、「Ｙらが５月の連休明け頃までに破産手続開始申立てをすべき義務を負っていたものとは認められない」。また、ＡがＹらの指示に反して本件物件を売却したことが発覚したことにより、「ＡとＹらとの信頼関係は完全に破壊されたものと考えられるから、Ｙらが破産手続開始申立てを行うことなく辞任したのはやむを得」ず、これがＸに対する義務違反とはいえない。

解　説

1　本判決の意義

本判決は、事例13と同様、破産予定の債務者の財産が散逸したことについて、破産申立代理人の損害賠償責任が問われた事案である。通常、破産申立代理人に対する責任追及は、破産手続開始決定後に破産管財人によって行われるところ、本判決の事案においては、破産申立代理人が辞任して破産手続開始申立てがなされなかったことから、一債権者が破産申立代理人に対して損害賠償を請求した。

このように、債権者が主体となって破産申立代理人に対する責任追及を行った事案について判断を示した点に本判決の意義がある。

2　債権者の破産申立代理人に対する損害賠償請求

⑴　本判決は、「破産制度の趣旨目的」を根拠として、破産申立代理人に財産散逸防止義務及び迅速に破産手続開始申立てを行う義務が生じる旨判示した。そのうえで、通常は、破産手続開始決定後に破産管財人が損害賠償を請求するものの、「当該弁護士が受任通知の送付により債権者の権利行使を制約しておきながら合理的な理由もなく破産申立てを行わ

ず、その間に債務者の責任財産を不当に減少させて債権の実現を困難ならしめたような場合については、債権者が当該弁護士に対して直接損害賠償請求をすることを否定すべき理由はな」いとして、債権者が財産散逸防止義務の責任追及の主体となる余地があることを肯定した。

　もっとも、理論的には本判決の判断に対し疑問を呈することができる。

(2)　財産散逸防止義務の法的根拠については、破産制度の趣旨に求める見解、委任契約に求める見解、債務者との信認関係に求める見解、弁護士法1条2項の誠実義務に求める見解等がある[1]。本判決は「破産制度の趣旨目的」を財産散逸防止義務の発生根拠としているが、この判示は、破産管財人を請求主体とする裁判例[2]においてたびたび示されてきた判断と同趣旨のものといえる。

　しかし、破産制度の趣旨を根拠として財産散逸防止義務を肯定する見解に対しては、「破産制度の趣旨」が何を意味するのか不明であり、仮に破産法1条の「債務者の財産等の適正かつ公平な清算を図る」ことを意味するとしても、そこから破産申立代理人の法的義務が導かれる理由が不明である[3]、あるいは、明文の規定を超えて、委任契約の依頼者である破産者だけではなく、破産債権者（破産財団）に対する関係でも財産散逸防止義務を負うとの解釈には議論の飛躍がある[4]、といった強い批判がある[5]。

　学説上、破産申立代理人の財産散逸防止義務は委任契約の受任者が負う善管注意義務の一環であるとする見解が有力に提唱されている[6]。財産散逸防止義務の根拠を委任契約関係に求める見解からは、財産散逸防止義務は委任者である債務者（破産手続開始決定後の破産者）に対する義務であって、破産申立代理人は債権者に対しては財産散逸防止義務を負わないとの結論に至るのが自然であろう[7]。

(3)　また、本判決はＹらの責任を否定したため損害論に立ち入ることはなかったが、一債権者からの損害賠償請求を肯定する場合、一債権者にい

かなる損害が生じたといえるのかという問題もある。

　本件において、Xは、本件物件の売却代金相当額（1300万円）及び弁護士費用（130万円）が損害である旨主張したが、Yらは、売却代金全額について損害が認められることはない等と反論していた。実際、破産申立予定の債務者の財産が散逸することは、将来の破産財団の減少、すなわち債権者全体の利益に対する侵害であって、散逸した財産の全額を一債権者の損害とみることには問題があるだろう[8]。

(4)　その他にも、債権者が破産申立代理人に対して損害賠償を請求した後、破産手続開始申立てが行われて破産管財人が就任した場合（とりわけ、破産管財人が別途破産申立代理人に対する損害賠償請求をした場合）に、債権者による損害賠償請求を維持することができるのか等の問題もある[9]。

　債権者の破産申立代理人に対する直接の損害賠償請求については、解消されるべき理論的な課題が多く残っているといえる。

3　関連裁判例

　債権者の破産申立代理人に対する損害賠償請求権に関する裁判例として、徳島地判令和3・8・18金融商事1634号20頁〔28300391〕がある。

　当該裁判例の事案は、破産申立代理人が破産会社の在庫商品をその納入業者らに返品する等の行為を行ったことについて、破産会社の責任財産を減少させたもので財産散逸防止義務違反に当たるとして、破産管財人が破産申立代理人に対して損害賠償を請求した、というものである。破産管財人が原告となってはいるが、本件において破産管財人は、破産申立代理人の財産散逸防止義務違反行為は破産会社の総債権者に対する不法行為を構成し、総債権者は破産申立代理人に対する損害賠償請求権を有する旨を主張しつつ、①当該請求権が破産財団に属するため、又は、②破産管財人が総債権者の任意的訴訟担当であるため、破産管財人が当該請求権を行使することができる旨の法律構成を展開した。

裁判所は、①債権者らの破産申立代理人に対する請求権を破産会社が取得したことを基礎付ける主張はなく、破産手続開始決定に伴って当該請求権が当然に破産財団に移転したともいえないから、当該請求権は破産財団に属するとは認められない、②破産管財人に対して、破産債権者らから当該請求権の行使に係る授権があったとはいえないから、破産管財人が当該請求権を行使し得る権限を有しているとはいえないなどとして、①については請求を棄却し、②については不適法であるとして訴えを却下した。

　破産管財人の請求は排斥されたが、当該裁判例に対しては、財産散逸防止義務に関する従来の議論に一石が投じられたとみることもできるとの指摘もなされている[10]。さらなる理論的検討が深化・蓄積されることが期待される。

> **Key Point**
> 多くの理論的な問題を含むものの、本判決は、財産散逸防止義務違反を理由として一般債権者が破産申立代理人に対して損害賠償請求をする余地のあることを肯定した。破産手続開始申立てを受任した弁護士は、破産手続の目的実現に協力するという公益的な職責を担う立場にあることを自覚し、適切・迅速な対応を心がける必要がある。

[注]
(1) 財産散逸防止義務の発生根拠に関する議論は 事例13 の解説を参照。
(2) 東京地判平成25・2・6判時2177号72頁〔28211379〕、東京地判平成26・4・17判時2230号48頁〔28224068〕、神戸地判尼崎支判平成26・10・24金融商事1458号46頁〔28230417〕、青森地判平成27・1・23判時2291号92頁〔28241966〕等
(3) 岡伸浩「破産申立代理人の財産散逸防止義務をめぐる考察」『信託法理の展開と法主体―会社法・民事訴訟法・倒産法との交錯』有斐閣（2019年）343頁
(4) 伊藤眞ほか『条解破産法〈第3版〉』弘文堂（2020年）160頁
(5) 加藤新太郎「破産者代理人の財産散逸防止義務」『民事訴訟補の理論　高橋宏志先生古稀祝賀論文集』有斐閣（2018年）1170頁においては、本件に関して、「破産制度の趣旨との関係で議論するよりも、受任通知の送付という先行行為に基づく条理上の注意義務を措定した方がよいかもしれない」との指摘がなされている。
(6) 全国倒産処理弁護士ネットワーク編『破産申立代理人の地位と責任』金融財政事

情研究会（2017年）〔伊藤眞〕24頁では、「破産者に対する破産者代理人の財産散逸防止義務の根拠となるのは、その違反を債務不履行とするか、不法行為とするかはともかく、両者の間の委任関係又は委任者たる破産者の利益以外にはない」とされている。また、前掲(3)353頁においても、受任者の善管注意義務以外には財産散逸防止義務の根拠は見いだし難い旨が指摘されている。

(7)　渡邉英貴「本件判批」『新・判例解説Watch 法学セミナー増刊 速報判例解説vol.20』日本評論社（2017年）250頁

(8)　前掲(7)250頁は、「申立代理人の財産散逸防止義務違反は、債権者全体（破産財団）に関するものであり、それを個別の一般債権者の損害に分解することは妥当ではない。また、個別の一般債権者の損害に分解した場合、どのように損害額の算定をするかという問題が生じうる」と指摘している。確かに、複数の債権者がそれぞれ売却代金満額の損害賠償を請求したケースを想定すると、もしＹらの責任が肯定される場合に各債権者の損害をどのように算定するのかという困難な問題に直面する。

(9)　前掲(7)250頁参照

(10)　八木敬二「判批」『新・判例解説Watch 法学セミナー増刊 速報判例解説vol.31』日本評論社（2022年）238頁。なお、浅野雄太「判批」法政研究〔九州大学〕89巻2号（2022年）193頁以下においても、研究の深化の契機となり得る裁判例といえる旨が示されている。

（上原　裕紀）

4　和解における問題

事例15　和解権限の範囲

最判平成12・3・24民集54巻3号1126頁〔28050618〕

事案の概要

1　Yは、所有する保養所施設（本件保養所）について、Xが代表者を務めていたA社との間で、現実の管理運営にはYが当たり、A社が諸経費を負担して、A社において本件保養所を第三者に利用させることを目的とする契約（本件契約）を締結した。

A社は、B基金と本件保養所の利用契約を締結したが、間もなくYとA社の間で紛争を生じ、Yは、A社に対し本件契約の更新を拒絶して、B基金との間で直接、本件保養所の利用契約（直接契約）を締結した。そのため、A社は、B基金から、保養所利用契約の更新を拒絶された。

A社は、本件契約上A社が負担すべき諸経費をYが水増し請求したとして、Yに対し、本件契約に基づき損害賠償を請求する訴訟を提起し、他方、Yは、諸経費の一部が未払であるとして、A社に対し、本件契約に基づき、その支払を請求する訴訟を提起し、両事件は併合された（併せて「前訴事件」という。）。A社は、前訴事件につき、弁護士Cに和解権限も含め訴訟代理を委任した。

前訴事件の口頭弁論期日において、C及びYの訴訟代理人が出頭し、①A社・Yの請求権の存在を認めたうえ、これらが対当額において相殺され、同額において消滅したことを確認すること、②A社・Yは、別件督促事件に係る債権を除くその余の権利を放棄し、双方の間に何らの権利義務がないことを確認すること（本件放棄清算条項）などを内容とする和解

（本件和解）が成立したが、A社の代表者であったXは、前述和解期日に出頭しなかった。

　A社は、その後、Yが直接契約をしたことが本件契約についての債務不履行ないし不法行為に当たり、Yに対して損害賠償請求権（本件請求権）を有するとして、これをXに譲渡し、XはYに対し、本件請求権に基づき、その支払を求める訴訟を提起した。これに対し、Yは、Xの請求は本件放棄清算条項に抵触すると抗弁した。

2　第一審は、A社がYに対して損害賠償請求権を取得するとしても、それは本件和解において放棄されて消滅したとして、請求を棄却した。

　これに対し、原審は、本件請求権は前訴事件において請求されていた権利とは別個の権利であり、A社がCに本件請求権を放棄する旨の和解をする権限を与えていたとは認められないから、本件請求権については、本件放棄清算条項は無効であるとして、第一審判決を取り消し、本件を第一審に差し戻した。

　そこで、Yは、A社の訴訟代理人であるCは本件請求権についても和解権限を有していたとして、上告した。

判　旨

　最高裁は、以下のとおり判示して、破棄自判（控訴棄却）した。

　「本件請求権と前訴における各請求権とは、いずれも、本件保養所の利用に関して同一当事者間に生じた一連の紛争に起因するものということができる。そうすると、C弁護士は、A社から、前訴事件について訴訟上の和解をすることについて委任されていたのであるから、本件請求権について和解をすることについて具体的に委任を受けていなかったとしても、前訴事件において本件請求権を含めて和解をする権限を有していたものと解するのが相当である。」

解　説

　本判決は、弁護士が依頼者から弁護過誤を理由に責任追及された事案ではないが、訴訟代理人に付与された和解権限の範囲という弁護士にとって重要な問題について判示することから、紹介する。

1　訴訟代理権の範囲

　民事訴訟法は、訴訟代理権の範囲について、訴訟手続の進行の円滑化の要請と、訴訟代理人は通常弁護士であり当事者の信頼を裏切るおそれが少ないことを考慮して、包括的・画一的なものとして法定し、これに制限を加えられないこととしている（民訴55条1、3項）。もっとも、訴訟上の和解については、本人にとって重大な結果を生じるばかりでなく、終局判決に至らずに訴訟を終了させる点で、勝訴判決を目的とする訴訟追行上の行為とはいえないことから、特別授権事項とされている[1]（民訴55条2項2号）。

　ここで、「訴訟代理権は、制限することができない。」とする民事訴訟法55条3項が、和解を特別授権事項とする同条2項にも適用されるのか問題となるが、適用肯定説が通説である[2]。

2　和解権限の範囲

　民事訴訟法上、特別授権によって与えられた和解権限の具体的な範囲については明文の規定を欠くため、和解権限の法定範囲はどこまで及ぶかといった点が争われてきた。訴訟物に関して和解権限があるのは当然といえるので、訴訟物以外の法律関係のどこまでを訴訟代理人の和解権限の範囲内とするかの問題である[3]。

　学説は、厳格（制限）説、無制限説、中間説の3つに大別される[4]。中間説が通説とされ、その中にもいろいろなニュアンスの説があるが、おおむね、訴訟代理人の和解権限は、訴訟物たる権利関係に限定されるものではないが、取引観念等により一定の制約を受けるとして、代理権限を認める必要

性[5]と本人の権利保護とを調和させようとする[6]。中間説を大きく分類すると、実体法上の基準により訴訟代理人の代理し得る権利の範囲に限界を画し、これを超えて和解がされた場合に和解は無効であるとする説（権利制限説）と、訴訟上の和解に必要かつ合理的という訴訟上の基準により限界を画し、その権限行使が和解にとって必要又は合理的な範囲を超えた場合に和解は無効であるとする説（目的制限説）とに分けられる[7]。目的制限説の1つと目される紛争解決目的説[8]は、訴訟代理人の和解権限の範囲を画する基準として、①当該事項が互譲による紛争解決のため必要であり、有用であるか、②当該事項が委任者である当事者にとって紛争解決の手段として予期・予測の範囲内か、という基準を提唱しており、参考となる。

3　本判決の位置付け

　本判決は、「同一当事者間に生じた一連の紛争に起因する」範囲内で、訴訟物以外の権利関係についても、訴訟代理人は和解権限を有すると判示した。この判断基準は、中間説のうち目的制限説に近いと評価されている[9]。

　訴訟代理人の和解権限の範囲に関するリーディング・ケースは、最判昭和38・2・21民集17巻1号182頁〔27002052〕である[10]が、本判決は先例・通説と比較して、より広い範囲で訴訟代理人の和解権限を認めたものとの評価がある[11]。

　本判決以外に中間説に立つと解される裁判例としては、東京地判昭和42・3・14判タ208号181頁〔27411094〕、東京地判昭和55・9・30判タ435号124頁〔27405377〕、東京地判平成2・7・30金融商事872号27頁〔27811710〕などがあるが、中間説の立場から訴訟上の和解が無効であると判示した裁判例は見当たらない[12]。さらにいえば、訴訟代理人の和解権限が問題となった事案で権限を否定したものは、公刊された裁判例では本件原判決以外に見当たらないようであり[13]、実務的には、訴訟代理人の権限の範囲外のため和解が無効となるケースはほとんどないといってよいであろう[14]。

4 弁護士の依頼者に対する責任

　上述のとおり、弁護士が成立させた訴訟上の和解が権限外とされ無効となることはほとんど想定できないといえるが、弁護士と依頼者の対内的関係において、弁護士と依頼者が合意した和解権限を超えた場合や、依頼者の意思確認が不十分な場合に、依頼者が弁護士に対して損害賠償や懲戒を請求できるかは別個の問題である。

　実務において、依頼者の和解の意思確認が不十分なケースはままあると思われるが、弁護士の責任に関しては、弁護士業務の裁量性を重視する考えと、当事者の自己決定の保障（インフォームド・コンセント）を重視する考えとがある[15]。前者は、弁護士は、和解をすることについて依頼者の意思確認をする必要はなく、それをしなくても直ちに損害賠償や懲戒の問題にするのは早計であるとするが、依頼者の自己決定権が重視される現在の状況を考えると、理論的にはともかく、和解について依頼者の意思確認は必須であろう。

　弁護士が、依頼者と合意した和解権限を超え、又は依頼者の意思を確認しなかったとしても、直ちに債務不履行として損害賠償責任を負うとはいえず、損害の発生、因果関係についての検討が必要である。和解の内容が客観的にみて相当であれば、少なくとも依頼者に財産的損害は発生していないといえるのではないだろうか[16]。相当でない和解のケース[17]でも、一方で依頼者は紛争の早期解決という利益を得ていることから、損害額の算定は一般に困難であろう。また、因果関係についても、和解が客観的にみて合理的な場合、弁護士の意思確認があれば依頼者は違った選択をしていたとは考えにくく、因果関係を認め難い[18]。

　このように弁護士の損害賠償責任については、因果関係論と損害論が高い障壁となる。

Key Point
和解に際して、依頼者の自己決定権を重視し、弁護士が和解の内容を説明して依頼者の同意を得ることは、弁護士として当然の職責である。そのためには、事前に和解案を作成し依頼者に検討の機会を与えること、和解の期日に依頼者を同行すること、携帯電話等での最終確認を厭わないことなどを励行されたい。
我が国裁判所の判断傾向からすると、財産的損害がなくとも、和解の意思確認の不履行を理由に、依頼者の慰謝料請求を認める可能性は十分にあるので、注意が必要である[19]。

[注]
(1) 兼子一ほか『条解民事訴訟法〈第2版〉』弘文堂（2011年）〔新堂幸司・高橋宏志・高田裕成〕293頁
(2) 加藤新太郎『弁護士役割論〈新版〉』弘文堂（2000年）308頁
(3) 正確には、①訴訟物以外のいかなる法律関係についてまで和解権限の範囲内かという「横の方向での広がり」の問題と、②訴訟物たる法律関係についてどこまで互譲が許されるかという「縦の方向での深さ」の問題に区別される。竹下守夫「判批」法学協会雑誌82巻1号（1966年）141頁
(4) 学説の紹介、分析については、前掲(2)301頁
(5) 終局的解決手段である和解の法的安定、和解のタイミングを逸してしまうのは当事者の利益に反することなど。
(6) 長沢幸男「本件解説」『最高裁判所判例解説民事篇〈平成12年度〉上』法曹会（2003年）335頁
(7) 前掲(6)338頁
(8) 前掲(2)310頁
(9) もっとも、本判決は事例判決と位置付けられている。
(10) 貸金請求事件における被告訴訟代理人の和解の権限には、和解の1条項として、当該貸金債権の担保のため被告所有の不動産について原告に対し抵当権設定契約をなす権限も包含されるとした事案。
(11) 堤龍弥「本件判批」私法判例リマークス22号〈上〉（2001年）113頁
(12) 前掲(6)341頁
(13) 垣内秀介「本件判批」ジュリスト1202号（2001年）122頁
(14) 前掲(2)311頁
(15) 前掲(2)316頁。日本弁護士連合会弁護士倫理委員会編著『解説「弁護士職務基本規程」〈第3版〉』日本弁護士連合会（2017年）45頁は、裁判上の和解のように訴訟

が終了して当事者の権利義務が確定する重要な事項については、依頼者の自己決定権が優越すると解するのが相当としつつ、個別具体的な同意がない場合であっても、推定的承諾が認められる場合には、懲戒や損害賠償責任を負うことは少ないであろうとする。

(16) 慰謝料請求の可否が問題となるが、アメリカの医療訴訟では、インフォームド・コンセント違反を主張するだけでは通常勝訴できないといわれる。樋口範雄『続・医療と法を考える:終末期医療ガイドライン』有斐閣(2008年)185頁

(17) もっとも、和解の成立には裁判所も関与する以上、和解の内容が相当でないとされることはまれであろう。

(18) 小島武司ほか編『法曹倫理〈第2版〉』有斐閣(2006年)72頁

(19) 本判決の評釈として、前掲のほか、八田卓也・月刊法学教室242号(2000年)158頁、川嶋四郎・法学セミナー46巻2号(2001年)101頁、畑郁夫・民商法雑誌123巻4・5号(2001年)294頁、加藤新太郎・NBL707号(2001年)71頁、遠藤東路・判例タイムズ臨時増刊1065号(2001年)242頁などがある。

(平沼　大輔)

事例16 和解条項と課税

東京地判平成17・6・24判タ1194号167頁〔28110132〕

事案の概要

Xは本件土地上に居宅を有していたが、本件土地の所有権登記名義はXの義理の甥の妻であるAが有していた。Aは、相続税の支払に充てるため、本件土地を売却することを前提に、Xに対し、建物収去土地明渡し訴訟（別訴）を提起した。そこでXは、税理士資格を有する弁護士Yを訴訟代理人として応訴した。

別訴は、Xが本件土地をAから買い取ることなどを内容とする裁判上の和解が成立し、Xは、本件土地の一部を第三者へ売却し、Aへの売買代金の支払に充てた。和解に当たって、Xは、本件土地の残部に建物を新築するための建築資金等が手元に残ることを希望していた。

Yは、和解成立によるときには、分離課税の長期譲渡所得[1]の適用及び居住用財産の譲渡所得の特別控除[2]の適用があると考え、その旨Xに説明し、その説明内容を記載したメモを作成して、Xは同メモに基づいて自ら確定申告をした。

Xの申告を受けた税務署は、本件土地の売買による譲渡所得は長期譲渡所得に当たらず、譲渡所得の特別控除の適用もないとして、Xに対し、更正処分等をした。そこでXは、同処分を不服として取消訴訟を提起し、裁判所は更正処分等の一部を取り消す判決をしたが、結局、Xの納税額は当初の確定申告額を500万円以上超過した。

そこでXはYに対し、Yが判断を誤りXに多額の税金が課税される内容の和解を成立させたなどとして、支払うべき税額とXの確定申告額との差額等の損害を受けたと主張して損害賠償を求めた。

本件の争点は、①Yは税理士として税務相談について委任を受けたか、②

弁護士としての委任契約上の善管注意義務違反があったか、である。

判　旨

東京地裁は、以下のとおり判示して、本件請求を棄却した。

1　税理士としての税務相談についての委任契約の成否

「Yは、本件和解の過程において、訴訟代理人として、Xの希望を実現するためには、どの程度の税負担を前提とすればよいのかについて、Yの税理士としての知識をいかして計算して、その結果をXに対し説明し、その上で和解に至ったものということができる。そうであれば、上記税額の説明等は、基本事件の訴訟活動に付随してなされたということができるのであって、改めて税務に関して相談する業務をXから委任されたといった性質のものであると評価することはできない。」

2　弁護士としての委任契約上の善管注意義務違反の有無

「善管注意義務の内容として、和解を成立させる際には、当該紛争を処理するのに必要な限度で、課税問題について適切に判断し、自ら適切に判断することができない場合には税理士等に相談する等して、委任者に対し適切な判断をすることができるように情報を提供すべき義務を負担しているというべきである。」「本件についてみると、……Yは税理士としての資格を有し、税理士登録をしているのであるから、専門家としての意見を聴取したものと評価できるのであり、その意味において、専門家に相談するなどすべき義務を履行しているということになり、Yに善管注意義務違反はない。」

「本件譲渡土地の譲渡所得が分離課税の長期譲渡所得に当たらず、短期譲渡所得に当たるとしても、その取得費の認定によっては短期譲渡所得であっても損失が計上されることもあるのであって、事実認定及び見解の相違によって、譲渡所得の額に差が生じ、そのため納付すべき税金の額に差が生じることになることからすると、本件譲渡土地の譲渡所得について、これが分

離課税の長期譲渡所得には当たらず、また居住用財産の譲渡所得の特別控除の適用がないと判断されたとしても、これをもって直ちにYがXに対しメモを作成して交付した行為が違法であると評価することもできない。」

解説

1 弁護士と税理士業務

「弁護士は税法に疎く、税理士は法律に疎い。」といわれるとおり、弁護士がその職務を行ううえで、税法の問題は弁護過誤につながりやすい。最高裁は、破産管財人の報酬につき、所得税の源泉徴収義務があるとして、源泉徴収しなかった管財人の誤りを認めた（最判平成23・1・14民集65巻1号1頁〔28170098〕[3]）。

そこでまず、弁護士と税理士業務の関係について、簡単にみておくこととする。

弁護士法3条2項は、「弁護士は、当然、……税理士の事務を行うことができる。」と規定する。これは、弁護士の職務範囲（一般の法律事務）の中に、税理士の事務が含まれていることを注意的に規定した趣旨とされ、弁護士は、税理士としての登録手続をとることなく、弁護士という資格のままで、当然に税理士の事務を行うことができる[4]。

もっとも、同条は、あくまで弁護士に税理士の事務を行う権限があることを規定したにとどまり、弁護士と依頼者との委任の範囲に、税理士業務が当然に含まれることを定めたものではない。

2 委任の範囲

本判決は、Yが税理士として税務相談[5]について委任を受けたか否かについては、Yは税理士としての資格を有するものの、税額等の説明は別訴の訴訟活動に付随してなされたものであると認定して、委任契約の成立を否定した。

委任の範囲に関する本判決の判断は是認される[6]が、本判決も指摘するよ

うに、弁護士は、善管注意義務の内容として、紛争を処理するのに必要な限度で、課税問題についても委任者に対し適切な判断をすることができるように情報を提供し、アドバイスすべき義務を負担している。

したがって、税務相談が受任範囲ではないとはいえ、和解を成立させる際に、課税問題について全く考慮しないことは許されず、注意が必要である。

3　弁護士としての善管注意義務違反

本判決は、上記のとおり、弁護士に課税問題につき委任者に対し適切な判断をすることができるように情報を提供すべき義務があることを認めたうえで、Yにはその義務違反がないと判断した。その理由は、Yと税務署の判断の相違は、事実認定及び見解の相違によることもあり、YがXにした課税に関する説明は、なお弁護士の裁量の範囲内にあると判断したものと思われる。

もっとも、別訴の和解において、本件土地の売買に係る税額は、和解金額（A・Y間の売買代金額）を決定するうえで非常に重要な要素であり、Yとしては、課税についての自己の見解とは異なる税務署の判断があり得ることも想定し、より慎重な検討が必要であったとも思われる。

4　和解と税法上の問題

訴訟上の和解は、納税者の権利関係につき、証拠調べを尽くしてその請求原因となる事実を証明してなされるとは限らず、むしろ、その事実が不明なまま当事者間の合意により権利関係が確認され、又は創設されることが多い。課税庁は、「実質課税の原則」のもと、実質的な権利関係に基づき課税をするが、この実質的な権利関係をめぐり、納税者と課税庁の見解が対立し、困難な事例が多いとされる[7]。

本件で、Xが当初の確定申告額につき更正処分を受けた原因は、和解の表現が実態を反映していなかったためであり、別訴の和解条項に不備があったためと考えることができる[8]。

A・X間の本件土地の売買代金額は相場の7割程度であり、和解の経緯も踏まえて和解条項を実質的に解釈すると、相場価格との差額部分の実質は立退き料であり、AからXへ立退き料を支払う和解とみることができる。しかしながら、和解条項を形式的にみた場合に、そのような和解の趣旨を読み取ることはできず、和解金等の表現が使用されていなかったこともあり、予期しない課税問題を招いたものといえる。

　このように、実質はAがXに立退き料を支払うという別訴の和解の趣旨を和解条項に表現せず、単純にA・X間の土地の売買契約として処理をしたYの判断に、トラブルの原因があったと評価できよう。

5　弁護士賠償責任保険の免責

　弁護士賠償責任保険の弁護士特約条項[9]では、税務代理や税務書類の作成、税務相談といった税理士業務に起因する賠償責任については、免責とされ保険金が支払われない。そこで、税理士業務についても保険で担保するには、税理士業務担保追加条項を付帯する必要があるので、注意されたい[10]。

> **Key Point**
> 取引社会においては、課税関係が法的な形式を決定するといって過言ではないが、弁護士の多くはいまだに税金について意識が希薄であるといわざるを得ない。職務上、最低限必要な税務の知識を身に付けることが過誤を避ける最も有効な手段であるが、予防的な観点からは、委任契約書に税務が委任の範囲外であることを明記するのも一考であろう。

[注]
(1) 東京弁護士会編著『新訂第八版　法律家のための税法〔民法編〕』第一法規（2022年）194頁
(2) 前掲(1)200頁
(3) この事案では、①破産管財人自らの報酬、②配当した元従業員らの退職手当等の

源泉徴収義務が問題となった。最高裁は、弁護士である破産管財人は、所得税法204条1項2号の規定に基づき、自らの報酬の支払の際にその報酬について所得税を徴収し、これを国に納付する義務を負うとする一方、破産債権である所得税法199条所定の退職手当等の債権に対する配当の際にその退職手当等について所得税を徴収し、これを国に納付する義務を負うものではないとした。
(4)　日本弁護士連合会調査室編著『条解弁護士法〈第5版〉』弘文堂（2019年）28頁。税理士業務は弁護士法3条1項の「一般の法律事務」に該当すると解されるので、「当然。……税理士の事務を行うことができる。」と規定された。しかしながら、税理士法51条1項は「弁護士は、所属弁護士会を経て、国税局長に通知することにより、その国税局の管轄区域内において、随時、税理士業務を行うことができる。」と規定し、弁護士法にはない制約を加えている（いわゆる「通知税理士」）。
(5)　税務相談とは、税務官公署に対する申告等、税務官公署に対してする主張若しくは陳述又は申告書等の作成に関し、租税の課税標準等の計算に関する事項について相談に応ずることをいう（税理士法2条1項3号）。
(6)　弁護士の受任範囲に関する裁判例として、福岡地判平成2・11・9判タ751号143頁〔27808317〕（前掲 事例2 ）。
(7)　前掲(1)261頁
(8)　別訴の和解条項の内容や経緯については、Xが起こした所得税更正処分等取消請求事件（東京地判平成15・12・12判時1850号51頁〔28091067〕）に詳しいので参照されたい。
(9)　全国弁護士協同組合連合会と契約を締結している損害保険ジャパン株式会社の約款（2024年7月改訂）による。
(10)　もっとも、保険募集では、特定業務の不担保割引という運用がされており、原則として税理士業務も担保されている。また、弁護士法3条1項の業務の目的を達成するために税務相談を行う場合は、免責から除外されている。

（平沼　大輔）

事例17　非弁提携・和解意思の確認

東京地判平成16・7・9判時1878号103頁〔28100303〕

事案の概要

　Xは、5社の貸金業者らからの借入の返済に窮するようになったため、多重債務の清算を専門とする貸金業者であるA社との間で、債務引受契約（本件債務引受契約）を締結した。同契約の内容は、①XはA社に対し、貸金業者らが主張する債権額に9割を乗じた額に利息を付した額を分割で支払い、②A社は、Xが弁護士に依頼して、借入債務を法律上支払義務のある限度まで圧縮することを条件に、Xの借入債務を引き受け、弁護士からの連絡により、A社はX名義で貸金業者らに借入債務を支払うというものであり、③貸金業者らに対する債務整理が全部完了した場合には、実際に支払った額を前提とした清算が予定されていた。

　A社は、Xに弁護士Yを紹介し、XとYとの間で、Xの債務整理に関する委任契約を締結した。Yの報酬は、A社から支払われ、Xに対する貸付けとされた。

　Yは貸金業者らと交渉して和解契約を締結し、その旨A社に報告したので、A社は貸金業者らに対し、和解金107万1045円を支払った。一方でXはA社に対し、約3年半の間に、309万8000円を支払った。

　そこで、Xは、A社の行為は報酬を受けて債務整理を業として行う非弁行為であり、Yはそのことを知ってA社の手足として行動し、また、Xに債務整理の状況を報告しなかったとして、Yに対し、不法行為ないし債務不履行に基づく損害賠償を請求した。なお、Yは、本件に関して業務停止6か月の懲戒処分を受けている。

第1章　依頼者との関係

判　旨

東京地裁は、大要、次のとおり判示し、Xの請求をほぼ認容した。

1　債務整理の主体について

「A社からYに対しXの債務整理につき指示はなく、また、Yは、A社から相談を受けなかったこと、債務整理はX代理人であるY名で行われたことが認められることからすれば、債務整理はあくまでもY自身が行ったものであり、その他本件全証拠によっても、A社が主体的に債務整理を行い、Yがその手足であったと認めることはできない。」

2　弁護士としての善管注意義務違反

「Yは、Xを代理して、貸金業者との間で和解契約を締結するに際し、過払金の不当利得返還請求権を放棄する場合を除き、個々にXの事前の了承を得ていない……すべての貸金業者との和解が成立し委任事務が終了したときにも、Xに対し直接その旨の報告をしたと認めることはできない。したがって、Yには、受任者としての委任事務処理状況の報告義務、顛末報告義務を怠った債務不履行があるものといわざるを得ない。」

「Yは、A社に対して和解金額等を報告し、その後、Xから貸金を回収する立場であるA社からXに対して報告がされているので、Xは和解状況を確認できる立場であったと主張するが、Yは、XとA社との間の本件債務引受契約とは別個にXから債務整理を受任したのであって、まして、貸主と委任者である借主の利益は、対立することもあり得るのであるから、受任した弁護士としては、事務処理の状況及びその結果を委任者に対して直接報告すべきであることは当然であって、委任が委任者と受任者との間の信頼関係に基礎をおくものであることをも考慮すれば、A社に対する報告によって受任者であるYがXに対する報告すべき義務が免除されると解されることは到底困難である」。

解 説

1 依頼者の和解意思の確認

弁護士は、委任契約に基づき、依頼者に対して善管注意義務（民644条）を負い、また、弁護士法1条2項は、「弁護士は、……誠実にその職務を行」うと規定しており、依頼者の最善の利益のために誠心誠意執務を行い、誠実に法律事務を処理することが義務付けられている（忠実義務・誠実義務）と解される[1]。

そして、弁護士は、善管注意義務に由来する義務の1つとして、受任事務処理状況の報告義務、顛末報告義務を負う（民645条）[2]。委任者は、受任者が果たして善良なる管理者の注意をもって事務処理を行っているか否かなど、事務処理の現況や顛末報告を知って、将来のため適宜の処置をとる必要があるからである（適切な自己決定の機会の保障）[3]。

弁護士職務基本規程も、「弁護士は、委任の趣旨に関する依頼者の意思を尊重して職務を行うものとする。」（規程22条1項）とし、事件の処理を進めるうえで「事件の経過及び事件の帰趨に影響を及ぼす事項」の報告及び協議（規程36条）、事件の終了時には「必要に応じ法的助言を付し」た処理結果の説明（規程44条）を義務付けている。

また弁護士の執務を各段階に分けると、①事情聴取・資料収集・事実調査、②法的検討、③具体的措置の選択、④説明と承諾、⑤職務執行と依頼者との連絡、⑥委任事務の終了などの段階に分けることができる[4]。

本件では、Yは、貸金業者との間で和解契約を締結する際に、2社を除き、個々にXの事前の了承を得ていないが、これは④・⑤の段階での報告及び協議義務（民645条、規程36条）に違反し、また、すべての貸金業者との和解が成立し委任事務が終了したときにも、Xに対する報告を行っておらず、⑥の段階での顛末報告義務・処理結果の説明義務（民645条、規程44条）に違反する。

2　損害との因果関係

　では、Yに報告義務違反があったとして、損害との因果関係はどうであろうか。

　この点、Yは、A社に対して和解金額等を報告し、その後、A社からXに対して報告がされているので、Xは和解状況を確認できる立場であったと主張した。しかし、本判決は、XとA社との間に利害対立もあり得るとして、債務整理を受任した弁護士は、事務処理の状況及びその結果を委任者に対して直接報告すべきであることは当然であるとし、Yの主張を排斥した。そして、Xは、Yから債務整理の結果について報告を受けていなかったため、A社に309万8000円を送金しているとし、A社への送金額と実際に要した貸金業者らとの和解額及びYの報酬との差額が、Xの被った損害となると認定している。

　しかしながら、YからA社に対し債務整理が全部完了した旨報告し、A社からXに対しても報告がされていたのであれば、Yの報告義務違反と損害との因果関係があるとは必ずしもいえないのではないだろうか[5]。本来、A社は、本件債務引受契約の清算条項に従って計算した限度額しか受領できなかったところを、契約に反してXの送金を受領し続けていたもののようである。

　そうすると、仮に、Yが、貸金業者らとの和解の事務処理の状況及びその結果をXに対して直接報告していたとしても、XがA社に対し、送金を継続していた可能性がないとはいえず、また、A社もXの送金を受領し続けたであろうことが認められる[6]。

　このようにしてみると、Yの報告義務違反とXの損害との間に因果関係があったといえるのかについては、疑問が残る。

3　非弁提携

　本判決は、債務整理の主体はYであり、A社ではないと認定している[7]。

　もっとも、Xは、本件債務引受契約締結直後に、A社の担当者に連れられ

て、Yの法律事務所を訪れ、Yと委任契約を締結している。したがって、非弁護士であるA社が弁護士であるYに事件の周旋を行った事実は明らかと思われる[8]。Yは、非弁護士との提携の禁止（弁護27条[9]、規程11条）に違反し、A社は、非弁護士の法律事務の取扱い等の禁止（弁護72条）に違反する可能性が高い[10]。

　ここで、弁護士法27条、72条違反の行為の私法上の効力については、27条に関しては有効説[11]が、72条については依頼者と弁護士でない者との委任契約は無効とする説[12]が一般的と思われる。本件で、A社はYに継続・反復して多重債務者を紹介しており公益に反する程度が著しいと評価可能と思われ、また、A社の事業は、事件を周旋した弁護士の債務整理事務の成否に大きく依存している点も考え合わせると、本件債務引受契約及びX・Y間の委任契約のいずれも無効と判断し[13]、不法行為及び不当利得によりXを救済する解決もあり得たのではないかと思われる。

> **Key Point**
>
> 弁護士は、依頼者の意思（自己決定権）を尊重し、依頼者の指示・指図に従って事件を処理しなければならないのであり、特に和解の諾否については、必ず、依頼者の了承を得て処理し、顛末を報告しなければならない。
>
> 非弁提携[14]については、Yの業務形態は言語道断であり、業務停止6か月の懲戒処分は相当であろう。

［注］
(1) 加藤新太郎『弁護士役割論〈新版〉』弘文堂（2000年）349頁
(2) 鹿児島地名瀬支判平成21・10・30判タ1314号81頁〔28160139〕は、弁護士は、辞任通知を債権者に送付するに当たっては、事前に、事件処理の状況及びその結果はもとより、辞任による不利益を依頼者に十分に説明する必要があるとして、債務不履行責任を認めた。
(3) 幾代通ほか編集『新版注釈民法(16)債権(7)』有斐閣（1989年）〔明石三郎〕237頁。もっとも、本条の目的は委任の状況や経緯、結果について報告を課すことにより、受任

者の適正な事務処理を促進することにあり、委任者の意思決定とは直接的には結びつかないとの見解もある。山本豊編『新註釈民法⒁債権(7)』有斐閣（2018年）［一木孝之］273頁

⑷　前掲⑴150頁

⑸　A社からXへの報告の内容・程度について、判示事実からは必ずしも明らかではないが、A社はXに対し、数回にわたりXの送金額及び貸金業者からの借入債務の返済額についての報告書を送付しており、これに対し、Xは、妻に内緒で本件債務引受契約を締結しているので、報告書は送付しなくてよいと述べた事実などが認められている。

⑹　YにはXに対しA社への送金を停止するようアドバイスすべき義務があるとも考えられるが、本判決の認定事実からは、そこまで高度の義務をYが負うものとは言い難い。

⑺　これに対し、懲戒処分をした単位弁護士会の理由要旨では、「被懲戒者は、実質的にはA社から懲戒請求者を含む多重債務者の債務について業者との交渉の依頼を受け、A社の非弁活動に必要不可欠な業務を担当し、もってA社の非弁活動を成立させていた」と認定されており、弁護士会は、A社が債務整理の主体であり、Yをその手足と見ているようである。日本弁護士連合会「公告」自由と正義55巻6号（2004年）119頁

⑻　前掲⑺120頁。YはA社の紹介で多重債務者の債務整理を合計約140件行っていた。

⑼　弁護士法27条に違反した場合、2年以下の懲役又は300万円以下の罰金に処せられる。

⑽　前掲⑺119頁。Yの懲戒処分の理由要旨は、A社は弁護士法72条に違反する非弁活動を業とする者であると認定するが、Yについては弁護士法27条に違反するとしていない。

⑾　日本弁護士連合会調査室編著『条解弁護士法〈第5版〉』弘文堂（2019年）248頁

⑿　前掲⑾664頁、最判昭和38・6・13民集17巻5号744頁〔27002019〕

⒀　ただし、Yが貸金業者らとした代理行為及び和解契約の効力は無効とならないと判断されるが、その法律構成をいかに考えるべきかは問題である。

⒁　東京を中心として、いわゆる整理屋と結託する非弁提携弁護士が問題化しており、弁護士会では対策本部などを設置して取締りに当たっている。高中正彦『弁護士法概説〈第5版〉』三省堂（2020年）139頁

（平沼　大輔）

事例18 和解成立後の紛争再燃防止義務

東京地判平成4・1・31判タ781号272頁〔27811330〕

事案の概要

　Aは外科病院を経営し、その娘Bの夫Xが、実質上、病院の経営、診療に当たっていたが、病院の経営が著しく困難となるほど多額の借金を抱えていたため、A、B、Xは、弁護士Yに病院の債務の整理等を委任した。

　Yは、債権者甲・乙と債務の整理につき交渉し、和解契約を成立させたが、Xに和解の結果を口頭で知らせただけで、内容の詳細な説明はしなかった。和解契約の内容は、大要、次のとおりであった。

①甲との和解…Xらは甲に対し、750万円の債務を支払い、引換えに甲は抵当権の抹消手続等をする。

②乙との和解…Xらは乙に対し、借入元金3000万円及び損害金1500万円の債務を確認し、Yが重畳的債務引受けをする。乙はYに対し、元金の支払と引換えに、上記債権全額及び抵当権を譲渡する。

　Xらは甲に対して750万円を弁済したが、Yは抵当権の抹消手続を行わず、自己の報酬を担保するため、Y名義に抵当権移転の付記登記をなした。また、Xらは乙に対して元金3000万円を支払ったが、XらとYの関係が悪化し、Yは一方的に辞任した。

　その後の経緯は複雑であるが、あらまし、Yは、債権者甲・乙に働きかけて、Xらに対する抵当権の競売手続や訴訟提起をさせた。甲との関係では、抵当権を甲に回復させたうえ、甲はXらの債権者丙から債権を譲り受けて、Xらに対し、訴訟を提起した。乙との関係では、Yは上記和解を解除して抵当権を乙に回復させたうえ、乙はXらに対し、貸金返還請求訴訟を提起した（その後、乙はYに同債権を事実上譲渡した。）。

　そこで、X及びA・Bの相続人らはYに対し、応訴等による損害（弁護士

費用）、債権者の提訴後和解により支払を余儀なくされた金員の損害、慰謝料の賠償を求め、訴えを提起した。Ｘらは、Ｙが、Ｘらの代理人として甲・乙との間の債権債務の紛争に関与した際に知り得た知識を甲・乙に提供したことは、弁護士法25条に違反するもので、故意による不法行為にも当たると主張した。

判　旨

　東京地裁は、甲との関係で次のとおり判示し、Ｙに慰謝料の支払を命じ、弁護士費用についても認めた（乙との関係でも同旨を判示して、慰謝料、弁護士費用、和解金相当額の損害を認めた。）。

　「Ｙは、Ｘらから甲との間に存する債権の存否に関する紛争について依頼を受けこれを承諾し、同人との間で同人の債権につき合計750万円を支払って第一抵当権を全て抹消する旨の和解契約を成立させ、甲にその抵当権を主張させる機会を失わしめたにもかかわらず、これを抹消せず、自己の報酬請求権を担保するため、自己にこれを移転させた。……Ｙは、ＸらがＹの要求に応じないことに立腹し、同人らを困惑させるため、Ｙが主導的に……事件の申立、提起をさせ、かつ、報告書を作成するなどしてＸらから受任した際に得た知識を甲のために提供し、甲に積極的に協力したものといわなければならない。Ｙは、弁護士として依頼者の利益のために誠実に行動すべき義務及び弁護士法25条１号にいう『弁護士は、相手方の協議を受けて賛助し、又はその依頼を承諾した事件については、その職務を行ってはならない。』義務があるにもかかわらずこれを怠ったものであり、かつ民法709条によりＸらに対し慰謝料を支払うべき義務がある。」

解　説

　本件は、弁護士が、依頼者とのトラブルに端を発し、依頼者を困惑させるため、事件の相手方に協力して訴訟を提起させるなど紛争を再燃させたものであり、当時、新聞報道がされるなど、社会的に耳目を集めた事件である。

1 弁護士の誠実義務

　弁護士は、誠実にその職務を行わなければならない（弁護1条2項、規程5条）のであり、これを弁護士の誠実義務という。弁護士と依頼者とでは専門的知識に関し歴然とした差があるため、依頼者は弁護士を全面的に信頼し、弁護士はその信頼・期待に誠実に応えなければならない。そこには、弁護士の依頼者に対する誠実執務ルールというべきものが認められ、他の国でも共通するルールとなっている[1]。

　もっとも、誠実義務の性質については、これを実体法規範とみるか、単なる倫理規範とみるか、説が分かれる[2]。通説的見解は、誠実義務は弁護士の民事責任の根拠となる法規範であるとする。思うに、弁護士・依頼者関係は、英米法上の「信認関係」を基礎とするものであり、弁護士は依頼者の最善の利益のために誠心誠意執務を行うべき義務（忠実義務）を負い、その義務に違反して依頼者に損害を被らせたときは、賠償を求められると考えるべきであろう。本判決は、弁護士法1条2項違反の点については触れていないが、同条にいう誠実義務は、弁護士の忠実義務について実定法上の根拠を定めたものと解される[3]。

　本件でYは、Xらから受任した事件の相手方である甲・乙を主導して、抵当権実行の競売申立てや訴訟提起をさせたものであり、このような行為が忠実義務（「弁護士として依頼者の利益のために誠実に行動すべき義務」）に違反することは明らかである。

　弁護過誤の裁判例において、Yの行ったような故意的な義務違反の先例はほとんど見当たらないが、受任事件を利用して弁護士が利得を図ろうとした本件同様のケースとしては、弁護士が訴訟終了後、係争土地を受任事件の相手方から譲り受ける行為を、弁護士法28条に違反し無効であるとした東京高判昭和49・7・18下級民集25巻5=8号586頁〔27817562〕がある。

　なお、本件の背景には、弁護士報酬の支払等をめぐるトラブルがあったようであり、事実、YはAに対し、弁護士報酬を請求する反訴を提起している（東京地判平成4・2・25判時1444号99頁〔27814520〕）。同判決は、弁護士

報酬の協議が整わない場合、所属弁護士会の（旧）報酬会規を参考とするとしたうえで、Yの注意義務違反及び背信的行為を考慮して報酬を減額している。

2 弁護士法・弁護士職務基本規程

　Yは、依頼者であったXらを困惑させる目的で、故意に、紛争を再燃させているが、一般に弁護士がここまで弁護士倫理に反する行為を行うことはほとんど想定できない。その意味でY個人の資質によるところが大きく、この事案をそのまま教訓として一般化することはできないが、ここで、Yの行為が弁護士法及び弁護士職務基本規程のいかなる条項に抵触するものかを整理する[4]。

　まず、本判決も認めるとおり、Yの行為は、弁護士法25条1号及び弁護士職務基本規程27条1号（「相手方の協議を受けて賛助し、又はその依頼を承諾した事件」についての職務行為の禁止）に抵触する利益相反行為に該当する。本号の「相手方」とは、民事、刑事を問わず、同一案件における事実関係において利害対立の状態にある当事者をいい[5]、本件ではXらを指す。そしてXらと甲・乙間の借入金に関する事件は、Xらの「依頼を承諾した事件」に当たる[6]。もっとも、本判決がYのいかなる行為を弁護士としての職務行為とみているのかは、はっきりしない。

　次に、Yは、甲・乙を相手方とする債務整理に関与した際に知り得た知識を甲・乙に提供しており、弁護士法23条及び弁護士職務基本規程23条の守秘義務に違反するおそれがある。

　また、Yは、係争中の乙のXらに対する債権を譲り受けており、弁護士法28条及び弁護士職務基本規程17条の係争権利（目的物）の譲受けの禁止にも違反しよう。

　さらに、Yは、乙との和解契約の中で、Xらの債務につき重畳的債務引受けをしているが、これは弁護士職務基本規程25条の依頼者の債務についての保証に該当し、同条にも違反すると思われる（この「保証」には、同様の経

済的作用を有するその他の法律関係を含む。）[7]。

ほかにもYはXに対し、甲・乙との和解の経過、内容をほとんど報告しておらず、弁護士職務基本規程22条1項（依頼者の意思の尊重）、同規程36条（事件処理の報告及び協議）、同規程44条（処理結果の説明）にも違反しよう。

なお、Yは、乙のXらに対する貸金返還請求訴訟の弁護士費用等をすべて負担しており、弁護士職務基本規程54条（相手方に対する利益の供与）との抵触が問題となるが、同条の「受任している事件」には過去に受任して処理を終えた事件は含まれない[8]。

3　保険免責

Yは、紛争を再燃させ、故意にXらに損害を加えたものであり、弁護士賠償責任保険上、被保険者の故意によって生じた賠償責任に該当するものとして、保険会社は免責され、保険金の支払はされないと考えられる（保険17条1、2項）。

> **Key Point**
> 既に指摘したように、Yの所為は通常の弁護士にとって想定し難いものであり、直接参考となるものではないが、弁護士報酬の支払をめぐるトラブルが発端のようであり、受任時の報酬に関する説明や委任契約書の作成を徹底することが弁護士にとって重要であることを示す。

[注]
(1) 加藤新太郎『弁護士役割論〈新版〉』弘文堂（2000年）348頁
(2) 前掲(1)353頁
(3) 前掲(1)364頁
(4) Yの所為が弁護士職務基本規程第1章基本倫理などの一般的行動指針に反することは、当然である。
(5) 日本弁護士連合会弁護士倫理委員会編著『解説「弁護士職務基本規程」第3版』日本弁護士連合会（2017年）79頁
(6) 事件の同一性は、訴訟物が同じ事件だけでなく、紛争関係においてその基礎を同

じくする事件を含む（青森地判昭和40・10・9判タ187号185頁〔27817459〕）。
⑺　前掲⑸72頁
⑻　前掲⑸156頁

（平沼　大輔）

5　期間徒過

事例19　控訴期間の徒過

東京地判平成21・1・23判タ1301号226頁〔28152613〕

事案の概要

　Aは、Bから1987万円の貸金返還請求訴訟（原訴訟）を提起され、訴訟代理を弁護士であるXに委任していたところ、一審で敗訴した（全部認容）。Xは、Aから控訴を依頼されたが、控訴期間を徒過した。Xは、Bに対して、Aに代わって1600万円を支払うとの示談を行い、同額をBに対して支払った。

　Xは、損害保険会社Yとの間で弁護士賠償責任保険を締結しており、保険金1600万円の支払を求めてYを訴えた。

判　旨

　裁判所は、以下のように判示し、Xの請求を棄却した。

　「本件訴訟において、控訴期間徒過の不作為とXによる1600万円の支払とが相当因果関係を有するというためには、Xは、Xの控訴期間徒過の不作為によりAが1600万円の損害を被ったこと、すなわち、Aが原判決に対して適法に控訴を行っていれば、原訴訟の控訴審において原判決が取り消され、1600万円を下回る支払を命じる判決が得られたことを是認し得る高度の蓋然性を証明する必要があり、その判定は、通常人が疑いを差し挟まない程度に真実性の確信を持ち得るものであることを必要とすると解するのが相当である。」

　「Aが原判決に対して適法に控訴を行っていれば、原訴訟の控訴審におい

て原判決が取り消され、1600万円を下回る支払を命じる判決が得られたことを是認し得る高度の蓋然性を認めることはできず、控訴期間徒過の不作為とXによる1600万円の支払とが相当因果関係を有するということはできない。」

解　説

1　本件訴訟の構造（保険金訴訟）

　本件は、保険金請求訴訟であるが、その実質は、弁護過誤訴訟であろう。弁護過誤とその損害との相当因果関係の立証の程度について述べた判決であり、実務の参考になるため、取り上げた。

　Xが締結していた保険契約は、保険会社と直接契約する形式の弁護士賠償責任保険である。

　Xは、Aの代わりにBに対して示談金を支払ったうえ、示談金1600万円の保険金請求を行った。Xの示談に先立ち、Yは50万円を上限とした示談を了承する旨の回答をしていた。弁護士賠償責任保険では、賠償金額の決定に際しては、保険者の承認を必要としており、Xの示談はいわゆる未承認示談である。弁護過誤を起こした弁護士が、自らへの懲戒請求を回避するなどの目的で、保険適用の有無を確かめることなく早期に示談を行うことがある。未承認示談が行われた場合、保険者は、事前の同意がないことから損害賠償責任がないと認めた部分を控除して塡補額を決定できるとされている。被保険者が、賠償責任保険で塡補されることを期待して、安易に第三者との間で適正な損害額を上回る損害賠償額を示談で決定することにより保険者が不利益を受けることを防止するためである[1]。本件でも、Yは、事前に承認した50万円について保険の適用を認め、1600万円の支払を求めるXとの間で紛争に発展した。

2　敗訴判決を受けた訴訟代理人の義務

　上訴手続が特別委任事項とされていること（民訴55条2項3号）から、訴訟代理権は委任を受けた審級限りとする審級代理の原則が採られていると解

されている。そこで、第一審又は控訴審の訴訟委任を受けた弁護士が（一部でも）敗訴した判決を受けたとき、どこまで対応するかが問題となる。2週間内に対応しなければ上訴権が消滅してしまうのであるから（民訴285、313条）、上訴期間を確認して説明し、依頼者の上訴の意思と上訴審の委任の有無を確認したうえで手続を説明して、いたずらに上訴期間を徒過して上訴権を消滅させないよう、注意するべきである。代理権が審級限りだとしても、ここまで対応することは委任の趣旨に含まれると考えられるし、仮に判決書を依頼者に渡した時点で委任が終了したと解しても、依頼者に上訴権の消滅という不利益を被らせるおそれがある以上、急迫の事情（民654条）があると考えられる。

　この点について、訴訟委任を受けた弁護士は、委任者に不利益な第一審判決がなされ、その送達を受けたときは控訴期間を確認し、これを受任者に通知して控訴期限を徒過しないよう注意を促すとともに、控訴手続の委任を受けた場合は自らもこの点に細心の注意を払うべき義務を負うと判示した裁判例もある（横浜地判昭和60・1・23判タ552号187頁〔27490879〕）。本件では、Xは、控訴の委任を受けていたというのであるから、控訴の手続をとらずに控訴期間を徒過させた以上、注意義務違反は免れず、本件訴訟でもこの点は争われなかったようである。

　裁判所等の送達を受領した日は、不変期間をカウントするために重要であるので、判決書の表紙に日付の入る受領印を押印するなど、期限管理は怠らないようにしたい。東京地判昭和49・12・19下級民集25巻9=12号1065頁〔27404291〕は、控訴審で代理人が交代した事案で、第一審代理人弁護士の事務員が控訴審の受任弁護士からの問い合わせに対し、第一審判決の送達日を誤って回答したため控訴期間を徒過した場合に、第一審受任弁護士について当該事務員の使用者責任を認めた[2]。送達日が不明であった場合には、裁判所に問い合わせるなどして、明確にすることを怠らないようにしたい。また、期間満了間近になってあわてることのないように、上訴審の委任状を早期に取り付けておくことも必要である。

3 弁護過誤と損害の因果関係

本件で、Xは、「控訴期間徒過の不作為と損害との相当因果関係の立証については、Xは、原訴訟の控訴審において原判決が取り消され、1600万円を下回る支払を命じる判決が得られる可能性があったことを立証すれば足りる」と主張した。その理論的根拠は判旨からは明確でない。控訴期間の徒過という弁護過誤は、相当多いのであるから、弁護士賠償責任保険加入者の期待を保護すべく、立証責任を軽減するべきということのようである。

不変期間や時効期間の徒過など、法定期限を徒過して権利を消滅させてしまう態様の弁護過誤は、少なくとも弁護士賠償責任保険の事故報告の中では、最も多い類型の事故である。しかし、そのことと、立証責任の軽減とは結びつかない。

弁護過誤における弁護士の責任発生の根拠が債務不履行ないし不法行為である以上、弁護過誤訴訟における立証責任も、債務不履行ないし不法行為のそれに従う。本件訴訟は、保険金訴訟の形式を採っているが、実質は弁護過誤訴訟であり、因果関係の立証責任も通常の債務不履行ないし不法行為のそれに従うことに変わりはない。

因果関係の立証責任については、「訴訟上の因果関係の立証は、一点の疑義も許されない自然科学的証明ではなく、経験則に照らして全証拠を総合検討し、特定の事実が特定の結果発生を招来した関係を是認しうる高度の蓋然性を証明することであり、その判定は、通常人が疑を差し挟まない程度に真実性の確信を持ちうるものであることを必要とし、かつ、それで足りる」とされる（最判昭和50・10・24民集29巻9号1417頁〔27000352〕ルンバール事件）。

本件判決も、上記判例に従い、高度の蓋然性の証明を要求し、その基準として、通常人が疑を差し挟まない程度の真実性の確信を必要とすると判示した。

4 リターンマッチ訴訟

本件訴訟は、原訴訟における争点を再び検討するリターンマッチ訴訟となった。

Xは、原訴訟において、第一審では呼べなかった2人の証人を控訴審で尋問できれば、Aの主張が認められたはずであったと主張した。そこで、本件訴訟で証人尋問が行われた。なお、本件判決は、2人のうち1名については、証人尋問の申出自体を時機に後れたものとして却下した。また、本件訴訟において行われた証人尋問の結果を斟酌しても、原判決が控訴審において取り消された高度の蓋然性は認められないとし、当該証人が原訴訟控訴審において、証人として出頭した蓋然性も認められないとした。

　本件判決は、AB間の実体的権利関係の有無を安易に判断することなく、Xの過誤により開かれなかった原訴訟の控訴審における判断を細心の注意を払って示しており、訴訟内訴訟の問題点を意識した高度な判決と評価できる。

5　慰謝料

　本件では、Yは当初、50万円を上限として弁護士賠償責任保険を適用すると回答していたようである。回答の趣旨が判旨からは明確ではないが、おそらくAが原訴訟の控訴審における審判を受ける機会を喪失したことに対する慰謝料名目であったと考えられる。

　控訴期間や上告期間などの不変期間を徒過した弁護過誤訴訟においては、原審判断変更の蓋然性の有無が審理されることになる。原審判決が上訴審において取り消され、判断が変更された高度の蓋然性があると認められれば、元依頼者には経済的損失が生じていることになり、当該経済的損失を損害と認める判決となる。しかし、そのように判断した裁判例は、公刊されたものでは見当たらない。

　逆転の見込みがなかったとしても、上訴審の審判を受ける機会を喪失させたことによる精神的苦痛に対する慰謝料を認めた裁判例が過去に多数ある[3]。裁判を受ける権利を侵害されたものであり、自らの主張が実体的根拠の薄いものであっても、精神的損害の発生を否定することは難しいと思われる。しかし、そもそも請求権の根拠が弱いケースについてこの種の弁護過誤が発生しやすく、濫上訴は許されるべきでないという立場からは、高額の慰

謝料を認めるべきではないとの指摘もなされる[(4)]。

本件訴訟は、ＸがＢに対して直接支払った1600万円についての保険適用の有無が争われた事案であり、弁護過誤における被害者の慰謝料請求が問題にならなかったため、全部棄却という判断であった。仮に、本件が、Ａの債権者代位による保険金請求訴訟やＡＸ間の弁護過誤訴訟という形式を採ったものであれば、Ａの慰謝料請求権も問題になる余地があり、少なくともその限りにおいて異なった判断がなされた可能性はあると思われる。

> **Key Point**
> 期限徒過を防止するために最も重要なことは、期限を明確にして、誰にもわかるように記録に記載しておくことである。判決書の表紙に日付の入った受領印を押印するなどし、さらに手帳にも期限を記載しておきたい。
> 弁護過誤の示談等をするに際して、依頼者の請求額がそのまま弁護過誤の損害額となることはほとんどない。性急な示談は、保険でも塡補されないことから慎重に事後処理に当たりたい。

［注］
(1) 山野嘉朗「賠償責任保険の意義と種類」『現代裁判法大系25生命保険・損害保険』新日本法規出版（1998年）396頁
(2) 控訴審代理人弁護士は、受任後第一審裁判所に問い合わせたが、送達報告書未着で送達日不明との回答を得て第一審代理人弁護士の法律事務所に問い合わせた事案であった。
(3) 民事事件に関するものとして、東京地判昭和46・6・29判時645号89頁〔27403694〕、東京地判昭和49・12・19下級民集25巻9＝12号1065頁〔27404291〕、東京地判平成6・11・21判タ881号190頁〔27827738〕、千葉地判平成9・2・24判タ960号192頁〔28030487〕、大阪地判平成11・2・15判時1688号148頁〔28042817〕等。刑事事件に関するものとして、東京地判平成22・5・12判タ1331号134頁〔28163280〕。
(4) 小島武司『弁護士：その新たな可能性〈新装補訂版〉』学陽書房（1994年）232頁

（尾高　健太郎／石原　博行）

事例20 損害賠償請求権の時効

さいたま地判平成19・6・29平成18年(ワ)192号裁判所HP〔28131896〕

事案の概要

　学童保育所指導員Xは、平成5年2月1日、保育所の生徒Aと接触、転倒した（第1事故）。Xは、同月6日、B医院にて頸椎捻挫（加療2週間）と診断された（第2事故）が、平成7年7月29日、大学病院にて外傷性硬膜外血腫後遺症と診断された。

　Xは、第1事故について、平成6年11月2日、弁護士であるYに対して10万円を、同月14日に20万円を支払った。

　またXは、平成8年1月25日、Yに対して10万円を支払った。同日付の領収書は2通あり、1通は件名「医療過誤事件（証拠保全）」の報酬10万円、もう1通は件名「医療事件」の実費10万円で、その備考欄に「証拠保全の申立費用として」と記載のあるものであった。また、件名「医療事件」、着手金40万円の平成10年1月29日付け領収証が存在する。

　Xは、平成14年1月10日、症状固定の診断を受けた（後遺障害12級）。Yは、平成16年2月6日、解任され、同年3月5日、Xから受領した合計40万円を返還した。

　Xは、A及びBに対する損害賠償請求権が時効消滅したとして、Yに対して債務不履行による損害賠償請求訴訟を提起した。

判　旨

　裁判所は、以下のとおりXY間の委任契約の内容について判断したうえで、Yに債務不履行が認められないとして、Xの請求を棄却した。

1　各委任契約の内容について

Xは、第1事故について、平成6年11月2日、Yに対して、「Xの症状が完治又は固定した段階で、損害賠償や保険金等の請求をするとともに、労災保険給付等のXが受けられる補償について相談・助言を行う」ことを委任した（委任契約a）。

またXは、平成8年1月25日、Yに対して「仮にB医院の責任が認められそうであるとYが判断したときなど必要があるとYが認めたときに、適切な時期・対象等をYが決定し、証拠保全を申し立てる」ことを委任した（委任契約b）。

2　各委任契約に基づくYの弁護活動に過誤があったか

委任契約aについて、「Xの症状が固定しないと話はまとまりそうもなかったこと、Yは解任されるまでXの症状が固定したことを知らなかったこと、XからYの事務所へは定期的に民間療法のパンフレットや領収証等が送られてきていたことなどの事情に照らすと」「委任契約a締結後、Yが解任されるまでの間に、YがAら加害者側の者と交渉すべきであったとまではいえ」ず、「Xに対する助言としては十分すべきことをなしていたというべきである」。

委任契約bについて、「本件各事件の解決として、B医院への医療過誤責任の追及は難しく、Aら加害者側への責任追及も容易ではないが、Xの症状が完治又は固定すれば、その状態を前提としてAら加害者側と新たな交渉の余地があると考え、証拠保全をしなかったとしてもXに不利益が生じないことを見越し、Xの症状が完治又は固定するまでの間Xと接することの煩わしさを回避するために十分な説明をせずに本件委任契約bを締結したと認められる」。しかし、「説明を十分にせずに本件委任契約bを締結するというYの行為に違法性があるとまではいえず、Yの債務不履行の成否に影響をもたらすものではないと解するのが相当である」。

解 説

1 消滅時効の完成と弁護過誤

　時効期間、除斥期間の徒過など、法定期限を徒過して権利を消滅させてしまう態様の弁護過誤は、少なくとも弁護士賠償責任保険の事故報告の中では最も多い類型の事故である。

　消滅時効期間等の経過によって権利を消滅させた弁護士に責任が認められるには、①権利が存在したこと、②時効期間の経過によりその権利が消滅したこと、③弁護士がその権利の行使を依頼されていたことが必要である。この要件に従い、消滅時効の弁護過誤が問題となって争われる事案には、①そもそも相手方に注意義務違反が認められないなど、権利の存否が問題になるケース、②時効の起算点などについて争いがあり、時効期間の経過の存否が問題になるケース、③委任の範囲や有無に争いがあり、当該権利の行使を委任されていたかが問題になるケースがある。

　本件では、上記③委任の範囲、有無が主に論じられ、Yは直ちに請求権を行使することを委任されたことが認められないとして判決ではその責任が否定された。もっとも、事案の内容を検討してみると、そもそも相手方とされたA及びB医院に損害賠償責任が認められるか疑問が強く感じられる。Xの治療が長引いて症状固定まで長期間が経過しており、消滅時効が本当に完成したのかについても疑問が生じる。そして、判決では、Yは症状固定を待って損害賠償請求を行う委任だったと認定されているように、直ちに請求権を行使することを委任されていなかったようであり、上記の①～③のいずれの点を取り上げてもYの責任について消極的な判断になり得たようである。

2 時効消滅の弁護過誤発生の背景

　権利を時効消滅させてしまう類型の弁護過誤の中には、漫然と時間を経過させた結果として権利を消滅させてしまったという、原因が不明の事故も多く見られる。このような事務処理のあり方は迅速処理義務（規程35条）に反

する[1]一方で、この種の事故は、請求権の根拠の弱い事件に多いことが指摘されている[2]。時効を中断させる典型的な手段は訴え提起であるが、根拠が弱く、請求が認められる見込みが薄いようなケースで、弁護士が請求をためらって相当な期間が経過してしまうことがある。時効期間を強く認識していなければその場合に請求権を時効消滅させてしまう傾向があるようである[3]。

　本件でも、Yは「Xは代理監督者の地位にある」ことから、Aの両親に対する責任追及はできないと考えており、また「Xの症状と本件各事件との因果関係」及び「B医院に医療過誤責任があるかどうか」などについて疑問を抱いていた。すなわち、Yの認識では請求権の根拠が薄弱であり、上記指摘が当てはまる。

　次に、この類型の弁護過誤の中には、委任の範囲が明確ではないものが多いことも指摘できる。本判決は、X及びYの供述の信用性を子細に検討し、a及びbの各委任契約の内容及び範囲を確定した。判決の認定によれば、Yは、損害賠償の請求そのものについてはXの症状が固定してから着手することとし、当面はその周辺事項ともいうべき助言や相談を受任したにすぎなかった。

　弁護士は、事件を受任する際、事件処理の方法について適切な説明をしなければならない（規程29条1項）[4]。Xは、損害賠償請求及びそのための証拠保全を委任したつもりでいたことから、Yは受任時に適切な説明を怠った可能性がある。本判決は、この説明が不十分であった点について違法性はないと認定したが、少なくとも説明不足が紛争を招いたことは否定できないように思われる。本件では、弁護士が直ちに損害賠償請求に着手する委任を受けたことは否定されたが、消滅時効の弁護過誤で、本件同様に委任の内容について依頼者と弁護士との認識が食い違った裁判例[5]がある。当該裁判例では、弁護士は損害賠償請求を行う委任を受けていたと認定し、「訴えの提起等の時効中断のための措置を講ずるべきであった」として弁護士の責任が認められている。

165

権利行使をする側から受任する弁護士は、このような紛争を防止するためにも受任に際して委任の内容を明確にしておくべきである。受任時には委任契約書を必ず作成されたい。そもそも委任契約書の作成義務（規程30条）は、受任範囲等に関するトラブルを防止する趣旨で設けられたものである。

委任内容を最初に明確にするようにすれば、そもそも調査のみを行う委任なのか、調査を前提に請求を行う委任なのかなどについて、依頼者と弁護士との間でコンセンサスができる。調査の結果、請求の根拠が弱く、相手方に対して請求を行うことが困難であれば、依頼者にその旨を告げ、それでも請求を行うか、それとも委任を終了するかを報告、協議するべきである。なお、見込みの少ない事件をあるように装って受任することは禁止されている（規程29条3項）。

最後に、本件のように症状固定までに長期間が経過しているような事案では、消滅時効の起算点が不明確になるおそれがあることも指摘できる。依頼者は治療を継続しているが、症状としては軽微であり、とても長期の治療を必要とする外傷とは考えられないようなケースがその典型である。治療が長期化するような合理的理由が見当たらないのに症状固定しないようなケースでは、場合によっては加害者や保険会社と交渉して時効中断のための手続をとっておくことも必要であろう。

3　損害論

本判決は債務不履行なしとの結論であったが、仮に消滅時効期間徒過に弁護過誤がある場合の損害の一般論について以下付記したい。

一見して消滅時効期間を徒過しているようにみえても、事実経過等に鑑み消滅時効の起算点がもっと遅れた時期であると主張できないか、時効の完成猶予や更新が成立していないか、相手方の消滅時効援用前であれば駄目元で損害賠償請求を行うことができないか、相手方の消滅時効援用があっても信義則に反していないか、法改正により消滅時効期間が変更されていないか、経過措置により消滅時効期間に特別の手当がされていないかなどを検討する

ことにより、救済し得る事案が時折存在する。

　しかし、上記の検討を尽くしても当該損害賠償請求権の消滅時効が避けられない（悪しき結果が生じていると判断される）場合には、仮に弁護過誤がなく消滅時効期間内に損害賠償請求権を行使していれば依頼者が得られたであろう金額が、通常、弁護過誤による損害となる。

　ただし、権利行使期間の徒過は、曲がりなりにも一度審理を受けている上訴期間徒過型の弁護過誤と異なり、全く前訴の審理を経ていないため、前訴を弁護過誤訴訟において反復する形になる「訴訟内訴訟」又は「相手方当事者のいないリターンマッチ」[6]の弊害は、より一層大きく、損害賠償請求権の金額算定は困難を伴う場合が少なくない[7]。権利行使期間における債務者の資力が乏しかったなどの事情が存在している場合には、依頼者が得られたであろう金額の算定はさらに困難となろう。

　また、弁護過誤がなく消滅時効期間内に損害賠償請求権を行使し債権回収していれば、依頼者は、契約で予定した弁護士報酬を弁護士に支払わなければならないことから、弁護士報酬相当額を損害から控除すべきである。

> **Key Point**
> 事件を受任する際には、委任の内容及び範囲を明確にし、受任した以上は迅速に処理する必要がある。請求者となる場合には、消滅時効期間を確認して、時効期間経過前には中断の必要性を検討するべきである。特に請求が困難であると認識した場合には、早めに依頼者に説明して、方針を協議する必要がある。

[注]
(1)　訴訟提起の遅延を理由に慰謝料請求が認容された事案もある（東京地判平成21・3・25判タ1307号174頁〔28153735〕）。
(2)　小島武司『弁護士：その新たな可能性〈新装補訂版〉』学陽書房（1994年）232頁
(3)　東京地判平成16・10・27判タ1211号113頁〔28101275〕も、弁護士が法医学の教授作成の鑑定書を安易に信じて、請求をためらった結果、損害賠償請求権を消滅時

効にかけてしまった事案である。
⑷　ただし、本件は同規程制定前の事案である。
⑸　前掲⑶
⑹　加藤新太郎「弁護士の責任」川井健=塩崎勤編『新・裁判実務大系8　専門家責任訴訟法』青林書院（2004年）63頁
⑺　平沼直人「弁護過誤訴訟における理論的・実務的問題」『小島武司先生古稀祝賀民事司法の法理と政策上巻』商事法務（2008年）729-730頁

（尾高　健太郎／石原　博行）

事例21　遺留分侵害額請求権の時効消滅

高松高判平成12・12・14判時1769号76頁〔28070389〕

事案の概要

　被相続人は、財産の全部を包括して法定相続人の一部（A_1～A_3）に各相続分を指定して相続させる旨の公正証書遺言（本件遺言）をして、昭和63年9月10日、死亡した。A_1～A_3は、被相続人の死後、遺産分割協議を行った。

　弁護士であるYは、被相続人の非嫡出子Xから相続問題の処理を受任し、Xの代理人としてA_1～A_3を相手取り、遺産分割調停（本件調停）を申し立てた。本件調停は、平成6年6月24日から平成7年9月29日まで行われ、Yは、調停委員からXが500万円の支払を受ける調停案を提案されたが断り、不調に終わった。Yは、調停の過程で本件遺言の存在及びその内容を知った。

　Yは、平成8年3月21日、Xの代理人としてA_1～A_3を被告として、被相続人所有の不動産について、A_1～A_3らが有する所有権移転登記の更正登記手続を求める訴訟を提起した。Yは、A_1～A_3に対し、平成9年5月29日、遺留分減殺請求権行使の意思表示を行ったが、A_1～A_3は、消滅時効を援用し、裁判所も遅くとも本件調停の最終期日には、遺留分減殺請求の意思表示が可能だったとして、Xの遺留分減殺請求権の時効消滅を認めて請求を棄却した。

　そこで、Xが、Yが遺留分減殺請求権行使の意思表示を適切にしなかったことが債務不履行に当たるとして訴えた。

判　旨

　原審（高松地判平成12・7・14判時1769号79頁〔28070390〕）は次のように判示し、本判決もその立場を踏襲した。

「本件遺言による相続分の指定がXの遺留分を侵害することは明らかであ

るところ」、「相続問題の処理につきXから委任を受けた弁護士であるYとしては、本件遺言の内容を知ったなら、遅くともXの遺留分減殺請求権の消滅時効が完成する前に、」「遺留分減殺請求権行使の意思表示をすべきは、当然である」。

「Yは、法定相続分による分割を求めた本件調停以来のXの主張には遺留分減殺請求権行使の意思表示が含まれている」旨主張するが、Yは、「Xが法定相続分による遺産分割を受けられるとの見解を固持し、仮定的にせよ、Xを代理して、遺留分減殺請求権行使の意思表示をする意思はなかったものと認められる。」「遺留分減殺請求権の消滅時効が完成したことが明らかな時点まで右遺留分減殺請求権行使の意思表示をしなかったのは」「債務の不履行」に当たる。

解説

1 遺留分制度と弁護過誤

遺留分侵害額請求権は、遺留分権利者が、相続の開始及び遺留分を侵害する贈与又は遺贈があったことを知った時から1年間行使しないときは、時効によって消滅する（民1048条）[1]。弁護士であれば、当然に知っているべき知識であるが、その消滅時効期間を徒過して弁護過誤に陥る事案は非常に多い。その原因は、①時効までの期間が1年と非常に短く複雑な相続関係の調査を行っているうちに時間が経ってしまうこと、又は②遺留分をめぐる法的問題について弁護士自身が誤解していることに求められる。

①の原因の場合、弁護士職務基本規程35条（迅速処理義務）に反する可能性もあり、同情の余地はあまりない。

他方、②の原因は、やや深刻である。ほかの時効制度の場合と違って、本件のような遺留分制度の場合には、法的誤解から時効消滅を招くケースが多々見受けられる。本件は、②の問題である。

2　弁護士の注意義務

　Yは、法定相続人であるXを欠いた遺産分割協議は無効であること、A_1〜A_3は遺産分割協議を行った時点で本件遺言による遺贈の利益を放棄したこと、したがって法定相続分に基づき均分相続がなされるべきである旨主張した。しかし、そもそも遺産分割協議が無効であれば、本件遺言に従って相続されるべきことになるため、やはり遺言による遺留分侵害の問題は残る。

　またYは、法定相続分による分割を求めている以上、その主張には遺留分減殺請求権の行使が含まれているとも主張した。確かに、遺留分権利者が、遺贈の効力を争うことなく遺産分割協議の申入れをしたときに、その申入れに遺留分減殺の意思表示を認めた判例（最判平成10・6・11民集52巻4号1034頁〔28031248〕）もある。しかし、遺産分割請求と遺留分減殺請求は、要件、効果を異にする。遺産分割協議の申入れに遺留分減殺請求の意思表示が含まれる場合というのは、遺産全部が包括遺贈されたような、遺留分権利者が遺産の分配を求める法律上の根拠が、遺留分減殺によるしかない場合である[2]。したがって、Yが遺産分割請求を行っていても、その前提となるA_1〜A_3らの遺産分割協議及び遺言の効力を争っている以上、Xが遺産の分配を求める法律上の根拠は遺留分減殺以外にも存在すると主張したことになるだけで、遺留分減殺の意思表示を含むものと解することはできない。

　このように、Yが遺留分減殺請求権を行使しなかった理由は、その前提となる相続制度及び遺留分制度についての誤解にある。この点についてYは、前訴判決の判断は、ほかの法律家が異を唱える余地がないほど唯一無二のものではないから、より早い時期に遺留分減殺請求権行使の意思表示をしなかったことに過失はないとも主張したが、認められなかった。Yのかかる主張を詳細に検討するとすれば、いわゆる弁護水準論についてのものであろう。弁護水準について触れた裁判例はまだ少なく、事例の集積を待ちたいが[3]、本件で弁護水準論が中心に論じられたとしても、結論が違った可能性は低いと考えられる。

相続問題の処理を受任した場合、遺留分侵害の可能性があれば、遺留分侵害額請求権を行使する義務が弁護士の負う善管注意義務に含まれることに争いはないものと思われる[4]。遺留分侵害額請求権は、裁判外の意思表示による行使が可能なのであるから、遺留分侵害の問題がありそうならば、早い時点で行使することができたはずである。少なくとも依頼者に説明を行い、遺留分侵害額請求権を行使するかについて、同意を得るべきであったと考えられる[5]。

なお、遺留分侵害額請求権の消滅時効については、遺留分権利者が遺留分を侵害する遺贈・贈与の無効を訴訟上主張しても、遺産のほとんど全部が遺贈・贈与されていることを遺留分権利者が認識している場合には、「無効の主張について、一応、事実上及び法律上の根拠があって、遺留分権利者が右無効を信じているため遺留分減殺請求権を行使しなかつたことがもつとも首肯しうる特段の事情が認められない限り、右贈与が減殺することのできるものであることを知つていたものと推認するのが相当というべきである」とされる（最判昭和57・11・12民集36巻11号2193頁〔27000066〕）。しかも「弁護士が代理人として就いていたのであるから、控訴人において本件遺言の無効を信じているため遺留分減殺請求権を行使しなかったことがもっとも首肯し得る特段の事情は認められない」とする裁判例（東京高判平成12・7・13家裁月報53巻8号64頁〔28060096〕）も存在する。

結局、弁護士が、たとえ遺言ないし遺贈・贈与の有効性を争うことができると自分で判断したとしても、結論においてその有効性を覆すことができなければ、遺留分侵害額請求権の消滅時効を争う余地がほとんどないことになる。注意されたい。

3 損　害

本件判決は、Yが損害額を自白したこともあって、Xの主張どおり損害を500万円と認めた。

本来、遺留分減殺請求権を適切に行使すれば得られたはずの財産上の利益

が損害と認められるべきであろう。そして、Yが本件訴訟においてXの法定相続分は1億円を超過すると主張していることからすると、Xの損害は、500万円にとどまらなかったはずである。にもかかわらず損害の主張が500万円にとどまったことは、訴訟内訴訟の問題によるものと思われる。すなわち、訴訟内訴訟は、本来の訴訟当事者の一方が離脱してしまった状態で、他方当事者が元代理人弁護士に対する訴訟の中で、本来の訴訟がどのような帰趨をたどったかを再現しようとするものである[6]が、登場しない一方当事者が有する証拠資料は弁護過誤訴訟において提出されず、立証に困難を来すことになる。

本件訴訟でも、遺産の範囲及び内容について資料を有するA_1〜A_3が登場しないため、明らかに認められる損害の範囲に限定し、500万円の損害が主張され、認定されたものと思われる。

> **Key Point**
> 遺産分割などの相続問題を受任した場合、早期に遺留分の侵害の可否を調査するべきである。遺留分侵害の可能性があれば遺留分侵害額請求権行使の意思表示を行う必要がある。遺留分侵害額請求権を行使しない場合、依頼者に説明を行い、同意を得ておくべきである。

[注]
(1) 遺留分減殺請求権は、平成30年民法等（相続法）改正（平成30年法律72号）により遺留分侵害額請求権と名称が変更され、効果についても見直されたが、期間制限について変更はなく、本判決の趣旨は現行法においても妥当する。本判決及び改正前の事案についての説明に際しては改正前の用語を用いることがある。
(2) 『最高裁判所判例解説民事篇〈平成10年度〉上』法曹会（2001年）548=551頁
(3) さいたま地判平成19・9・28平成17年（ワ）829号裁判所HP〔28132344〕が参考になる。ほかに、弁護士の事務処理につき広い裁量を認めた裁判例として岡山地判平成10・7・6平成7年（ワ）272号公刊物未登載〔28233194〕が参考になる。
(4) 埼玉弁護士会編『遺留分の法律と実務〈第三次改訂版〉相続・遺言における遺留分侵害額請求の機能』ぎょうせい（2023年）50頁にも、贈与や遺言の存在や効力が争われている場合、「念のために、別途、配達証明付内容証明郵便で遺留分侵害額

請求・減殺請求の意思表示をしておくべきである」とある。
(5) 全国弁護士協同組合連合会編『弁護士賠償責任保険の解説と事例【第6集】』(2020年) 72頁
(6) 平沼直人「弁護過誤訴訟における理論的・実務的問題」『小島武司先生古稀祝賀 民事司法の法理と政策　上巻』商事法務 (2008年) 728頁

（尾高　健太郎／松尾　貴雅）

6　報酬をめぐる問題

事例22　報酬決定時の説明義務違反

東京地判平成2・3・2判時1364号60頁〔27807518〕

事案の概要

弁護士であるXは、Yより、その所有する3筆の不動産につき、賃借人であるA会社ないしその関連会社であるB会社に対する、賃料増額請求訴訟を受任し、順次訴訟提起した。

これらの賃料増額請求事件は併合審理され、弁論23回、証拠調べ15回、和解協議22回を経て、すべてについて和解が成立し、X弁護士の業務はすべて終了した。

その後、X弁護士が報酬を請求したところ、Yが計算方法に異議を述べて報酬金額について争いが生じたため、X弁護士がYに対し、未払報酬金を請求したのが本件訴訟である。

XY間で報酬算定方法を含めた支払に関する合意があったか否か、報酬算定について合意がなかった場合、相当報酬額をどのように算定すべきかが争点となった。

判旨

次のように判示し、X弁護士の報酬請求を一部認容した。

本件でXY間に明確な報酬合意があったとは認められない。「してみると、本件各訴訟委任契約には明示的には謝金支払約定が存しなかったことになるが、弁護士と訴訟依頼者との間の訴訟委任契約は、特別の事情のないかぎり、右明示の約定がなくても相当の謝金を支払うべき旨の暗黙の合意がある有償

委任契約と解すべきである。」

そして「この場合の謝金額は、訴額、依頼者の得た経済的利益、事件の性質及び難易、紛争解決に要した労力及び弁護士報酬規定等諸般の事情を斟酌して算定すべきである」。

本件和解によりYの得た金銭、交換により得た土地所有権、返還を受けた土地賃借権などからYの経済的利益を算定し、これに当時の東京弁護士会弁護士報酬規定を適用すると、865万6544円となる。

これを前提として検討するに、「Yが本件和解により得た経済的利益の価額、これを基準とした弁護士報酬規定による標準謝金額、本件賃料増額請求事件の訴訟物である賃料増額による経済的利益と訴訟物の対象外である本件交換、返還による経済的利益の比率、右事件の対象土地が多数あるうえに、賃貸条件も区々に分かれ、鑑定も数回実施されていることもあってその解決に長期間を要していること及びYは本件和解において当初から区画整理事業の施行には反対するとともに、A社において約定どおり原状に回復したうえ、賃貸土地を返還すべきである旨主張していたところ、Xに説得されたこともあって区画整理事業に対する協力条項の挿入及び現状有姿返還に応じたけれども、結局、本件和解成立後に数回の地権者会議を通しての自らの努力により従前の主張どおり区画整理事業を施行することなく、原状回復のうえでの賃貸土地の返還の目的を達したこと等諸般の事情を斟酌すると、謝金額は800万円と算定するのが相当である」とした。

解説

1 報酬の合意がない場合の報酬請求権

民法の委任契約は無償が原則とされ、受任者は報酬支払の特約がなければ報酬を請求することができない（民648条）。委任（弁護士業、医業が想定されていた。）は高級な知的労務の提供であり、対価になじまないというローマ法に由来する規定であるが、およそ今日の社会的実態にそぐわないことは否定し難い。

弁護士報酬につき合意がなかった場合でも、弁護士は依頼者に対し、相当な報酬を請求し得ることは、最判昭和37・2・1民集16巻2号157頁〔27002202〕も認めるところであり、「慣習に基づくか、あるいは暗黙の合意があると解するかの根拠はともかくとして、報酬を請求できることについて異論がないといってよい」[1]。

　本判決も、「弁護士と訴訟依頼者との間の訴訟委任契約は、特別の事情のないかぎり、右明示の約定がなくても相当の謝金を支払うべき旨の暗黙の合意がある有償委任契約と解すべき」として、報酬支払の特約がなくとも、「暗黙の合意」を根拠に、弁護士は原則として報酬請求権を有することを明示している。

2　相当報酬額の算定

　本判決は報酬額につき明確な合意がない場合の相当報酬額は、「訴額、依頼者の得た経済的利益、事件の性質及び難易、紛争解決に要した労力及び弁護士報酬規定等諸般の事情を斟酌して算定すべき」[2]とする。

　そのうえで、本判決は委任から和解に至る経緯、和解後の現実の明渡し等を受けるまでの経緯を詳細に認定し、「諸般の事情」を事案に即して具体的に列挙して結論を導いているものの、各事情が報酬を増額させる事情であるか、減額させる事情であるかの区分すら明確にしておらず、結論として弁護士報酬規定から導かれた標準報酬額（865万6544円）を若干減額した800万円という結論を導いている。

　本件に限らず、弁護士の相当報酬額が問題となるケースでは、依頼者の得た経済的利益をもとに、弁護士報酬規定を適用し、標準報酬額を算出したうえで、その数額に事案ごとの調整を加える手法が採られているといえる。

　例えば東京地判平成17・6・28判タ1214号243頁〔28111813〕は、競売申立債権者と交渉して競売を取り下げさせる等の委任事務を処理した事例であるが、標準報酬額1638万円に対し、依頼者への説明が必ずしも十分でなかった点を斟酌して約4割減額した980万円を相当報酬と認定している。また、東

京地判平成17・7・8判タ1252号275頁〔28132439〕は、第一審の途中から控訴審までを担当し、依頼者を勝訴させた事例であるが、標準報酬額約811万円に対し、着手金が低額（100万円）であったこと等を考慮して約1割増額した892万円を相当報酬と認定している。

3 「報酬等基準規程」廃止の影響

　平成16年4月、かねてより弁護士の価格競争を制限するとして独占禁止法違反の疑いがあると指摘されてきた「報酬等基準規程」が廃止され、弁護士は依頼者との合意により自由に報酬の取決めをすることができることとなった。

　この「報酬等基準規程」に替えて日本弁護士連合会は、平成16年2月、「弁護士の報酬に関する規程」を制定した。これによれば、「弁護士は、法律事務を受任するに際し、弁護士等の報酬及びその他の費用について説明しなければならない」（同規程5条1項）とされ、また「弁護士等は、法律事務を受任したときは、弁護士等の報酬に関する事項を含む委任契約書を作成しなければならない」（同規程5条2項本文）うえ、依頼者から申出があった場合は「その法律事務の内容に応じた報酬見積書の作成及び交付に努める」こととされる（同規程4条）。

　このように、弁護士報酬の合理化・透明化は、個々の弁護士の依頼者に対する明確な説明をもって確保されるべきこととなったのであるが、具体的報酬額の一般的な基準は失われることとなった。

　東京地判平成19・8・24判タ1288号100頁〔28150382〕は、上記「報酬等基準規程」廃止後に、相当な弁護士報酬額が問題となった事例である。同判決は、「算定にあたり、日弁連の報酬等基準規程及び各単位弁護士会の報酬会規は既に廃止されたので（公知の事実）、これを考慮事情の1つとすることはできない」が、「各弁護士が自己の報酬基準を定めるにあたって日弁連の旧弁護士報酬規程などに準拠したことが認められ、また、証拠によれば、X弁護士報酬基準もこれらと同様の内容を定めているものと認められるのであ

るから、X弁護士報酬基準をはじめとする、多くの弁護士が採用している報酬基準の内容は考慮事情の１つとなる」として、旧弁護士報酬規程を適用した260万円を標準報酬額と認定している。そのうえで、「上記のような説明義務及び契約書作成義務が弁護士に課せられたことに鑑みれば、弁護士がこれを遵守していない場合には、その点も考慮事情の１つになるというべきである」として、同事案で報酬基準の呈示や説明がなく、契約書も作成されなかった点を考慮し、標準額の６割である156万円を相当報酬と認定したのである。

　このように、「報酬等基準規程」廃止後も、事実上多くの弁護士がその内容を踏襲した報酬基準を用いていることから、裁判所において相当報酬を算定するに当たり、同規程が事実上参照される点に変化はないものと思われる。しかしながら、上記「弁護士の報酬に関する規程」により弁護士の報酬に関する説明義務等が明文化されたことにかんがみれば、今後は報酬額の明確な合意がないこと自体が、報酬の減額事由として考慮されることとなろう。この点はまさに、前掲平成19年東京地判〔28150382〕が「依頼者との間で明確な合意もせず、その報酬算定の基準についても依頼者に十分了知をさせていないのであるから、裁判上請求できる金額は、依頼者に不測の費用負担をかけてはならないという観点から控えめなものとせざるを得ない」と付言するとおりである。

> **Key Point**
> 報酬につき明確な合意がなかった場合でも、弁護士は依頼者に対し、相当報酬を請求することができる。その場合の報酬額の算定は、旧報酬等基準規程により算定される金額を基準に、個別事情により調整されるという手法が採用される場合が多い。もっとも弁護士の報酬に関する説明義務及び委任契約書作成義務が明文化された今日においては、報酬につき明確な合意がないこと自体が報酬減額要素として考慮されるであろう。

[注]
(1) 飯村佳夫ほか『弁護士倫理〈第2版〉』慈学社出版(2014年)113頁
(2) 前掲昭和37年最判〔27002202〕は、「弁護士の報酬額につき当事者間に別段の定めのなかつた場合において、裁判所がその額を認定するには、事件の難易、訴願及び労力の程度だけからこれに応ずる額を定むべきではなく、当事者間の諸般の状況を審査し、当事者の意思を推定して相当報酬額を定むべきである」とするが、「当事者間の諸般の事情」にあえて触れているのは、依頼者側より、当該弁護士との間には従前より顧問契約があり、顧問料が支払われていた点を、報酬を低減せしめる事情として考慮すべき旨の主張が出されていたことに由来すると思われる。本件ではそのような事情が主張されていないため、本判決は「当事者間の諸般の事情」を考慮要素として挙げていないが、そのような事情があるケースで考慮要素とすることを否定する趣旨ではないと思われる。

(渡辺　周／松尾　貴雅)

第1章 依頼者との関係

報酬が暴利に当たるとされた例

大阪地判平成10・2・27判時1660号86頁〔28040621〕

事案の概要

　Xは、Aの兄の子（すなわち甥）であり、Aの法定相続人であった。

　Aは平成8年1月死亡したが、生前、妻であるBにすべての財産を相続させる旨の公正証書遺言を作成していた。

　Xは本件公正証書遺言を確認したが、割り印が合わないことや、公正証書遺言に署名されている署名がAの字体と異なるのではないかと考え、本件公正証書遺言が偽造されたものではないかとの疑いを抱き、Y弁護士に本件公正証書遺言の真否について相談した（なお、このときY弁護士は不在であり、実際に対応したのはY弁護士の事務職員Cである。）。

　Y弁護士はCを通じてXの依頼を受け、XはYに対し、調査費用5万円を支払った。委任事項は本件公正証書の真否の調査、及びBとXの遺産相続についての交渉等とされた。

　その後、Y弁護士はXの戸籍謄本や住民票を取り寄せたものの、本件公正証書遺言の真否については積極的な調査確認を行わなかった。

　同時に、Y弁護士はBに対し受任通知を送付し、Bに来所を要請した。BがY弁護士の事務所に来所した際、Y弁護士は不在であり、Cが対応した。Cはその後もBと交渉を重ね、最終的にBがXに対し700万円を支払うことで和解が成立し、BはCを通じY弁護士に対し700万円を交付した。

　この間、Bとの交渉経過についてXは何も知らされていなかったが、Bから700万円を取得した旨の説明を受け、Y弁護士の事務所に赴いた。

　そこでY弁護士はXに対し、本件報酬は着手金、報酬金合わせて300万円であること、残額400万円を10日以内に返金することを説明し、Xはこれに同意した。なお、このときY弁護士はXに対し、報酬算定の根拠等を説明し

181

なかった。

　ところが、Y弁護士は約束の期日を過ぎても400万円を返還しなかったため、不審に思ったXが他の弁護士に相談するなどして、最終的に報酬合意は公序良俗に反し無効であるなどとして、受領金全額の返還等を求めたのが本件訴訟である。

　　判　旨

　次のように判示し、300万円の報酬合意を無効とし、相当報酬を算定のうえ、Xの請求を一部認容した。
　「大阪弁護士会では、大阪弁護士会報酬規定が制定・施行されているところ、大阪弁護士会所属の弁護士が当然に右弁護士報酬規定に拘束されるものではないが、右規定は、大阪弁護士会が、各時点における弁護士の業務内容、経営実態、弁護士報酬に関する社会通念等諸般の事情を考慮して、弁護士の報酬として相当な金額を規定しているものであることからすると、右規定の内容は、報酬契約が公序良俗に違反するか否かの重要な判断要素の1つになるというべき」であり、「右規定に、当該事件の難易度、依頼者にもたらす経済的利益及び弁護士が事件処理のために現実に要した時間・費用・労力の程度等諸般の事情を考量して、弁護士との報酬契約が有効かどうかの判断をすべきである」。
　「大阪弁護士会報酬規定によれば、経済的利益の価格が700万円の場合、訴訟事件における着手金及び報酬金合計は127万円とされ」、事案の難易による最大30％の調整規定を適用したとしても、「最高でも165万1000円であるにもかかわらず、本件合意は300万円であり、右金額を大きく上回っている」。これに加え、Bとの交渉はBが早期解決を望んでいたことから、受任通知送付からわずか9日間で解決していること、「Y事務所の行った調査は戸籍謄本及び住民票の調査にとどまっている」こと、Bとの交渉は実際にはY弁護士でなく事務員Cが行っており、Cの交渉内容も事務所でBと短時間交渉したこと、電話でBと金額について交渉したこと、最終的な合意と手付金を受け

取るためにＢ宅を訪れたことにとどまることを勘案すると、「本件合意は、暴利行為として全部無効であるというべきである」。

そのうえで、本件の相当報酬を60万円と算定し、Ｙ弁護士に対し、受領金700万円との差額640万円の返還を命じた。

解 説

1 暴利行為

民法90条の一類型である暴利行為のリーディングケースとされる大判昭和9・5・1民集13巻875頁〔27510035〕によれば、「①相手方の窮迫・軽率・無経験に乗じて、②過大の利益を獲得する行為」は公序良俗に反し、無効となる。

暴利行為による公序良俗違反は、1960年代までは主に高金利、高額の違約金、債権額に比し過大な不動産への仮登記担保などのケースに適用されてきたが、1970年代以降は、例えば非公認市場における金地金の先物取引に関する最判昭和61・5・29裁判集民148号1頁〔27800401〕など、いわゆる消費者契約の領域に適用されるようになっている[1]。

2 利益の過大性の判断

本判決は上記判旨のとおり、本件合意報酬300万円は弁護士報酬規定の最高額を大きく上回っていることに加え、Ｂとの交渉はＢが早期解決を望んでいたことから、受任通知送付からわずか9日間で解決していること、「Ｙ事務所の行った調査は戸籍謄本及び住民票の調査にとどまっている」こと、Ｂとの交渉は実際にはＹ弁護士でなく事務員Ｃが行っており、Ｃの交渉内容も事務所でＢと短時間交渉したこと、電話でＢと金額について交渉したこと、最終的な合意と手付金を受け取るためにＢ宅を訪れたことにとどまること等を勘案して「本件合意は、暴利行為として全部無効であるというべき」との結論を導いている。利益の過大性（上記要件②）の判断においては、弁護士報酬規定による算定額との比較が「重要な判断要素の1つ」であるとしたう

えで、そのほか主に事件について弁護士の費やした労力に関する事実を考慮する、という構成である。

同じく合意された弁護士報酬が公序良俗により無効であると判断された東京地判平成20・6・19判タ1314号256頁〔28160495〕は、弁護士の不動産売却に関する事務処理の報酬が問題となった事例であるが、やはり東京弁護士会制定の弁護士報酬会規に照らし、基準となる「経済的利益」の算定が不合理であることを中心的な理由[2]として暴利行為に当たるとの結論が出されている[3]。

このように、弁護士報酬の過大性（上記要件②）の判断においては、弁護士報酬規定による算定額との比較が極めて重要な要素となっていたというべきである。

3 相手方の急迫・軽率・無経験に乗じたか否か

一方、本判決は暴利行為のいま1つの要件（上記要件①相手方の急迫・軽率・無経験に乗じること）については、積極的な判断を示していない。関連すると思われる認定は、Xに弁護士の知り合いがいなかった点、及びXがY弁護士あるいはCから「弁護士着手金、報酬金及び諸経費に関してなぜ300万円となるのかの特段の説明を受けることはなかった」という点の2点以外には見当たらない。

前掲平成20年東京地判でも、依頼者は形式的には法人であったが、上記要件①に関する判断は特に示されていない。

法律専門家たる弁護士と（特に個人の）依頼者との間にはもともと弁護士報酬の相当性に関する大きな知識格差及び交渉力の格差があるのであり、弁護士が依頼者に対し過大な報酬を請求する時点で、「相手方の無経験に乗じる」請求であることが推認されるといった考えが背景に存するものと思われるが、いずれにしても弁護士報酬の暴利行為性が問題となる場面において、上記要件①は実質的に機能していないといえる。

4 「報酬等基準規程」廃止の影響

このように、暴利行為の①、②の要件のうち、弁護士報酬に関する問題については、実質的に要件①は機能しておらず、②の過大性が中心的な問題となるが、そこで重要な考慮要素とされてきた弁護士会制定の報酬基準（報酬等基準規程など）は、平成16年をもって廃止された。

もちろん、報酬等基準規程廃止後に弁護士報酬の相当額が問題となった東京地判平成19・8・24判タ1288号100頁〔28150382〕[4]でも示されているとおり、廃止後も、事実上多くの弁護士がその内容を踏襲した報酬基準を用いている[5]ことから、弁護士報酬の事実上の相場を示す資料として、旧報酬等基準規程は今後も1つの考慮要素として機能することが予想される。

しかしながら、日本弁護士連合会は新たに「弁護士の報酬に関する規程」を制定し、弁護士報酬の合理性・透明性確保の手法として、弁護士会が具体的報酬基準を示すという手法から、各弁護士に「報酬の仕組み、種類、金額、算定方法、支払時期、途中で委任関係が終了した場合の清算方法等といった情報について、開示の実施、事務所への据え置き、十分な事前説明、見積の提供といった、利用者が報酬について納得して合意をなしうるような前提条件の整備・履行」を求める[6]手法へと転換を図ったことにかんがみれば、今後、合意された報酬が暴利に当たるか否かの判断においては、単なる金額の多寡以上に、合意に至るプロセスこそが重視されるべきである。

5 関連裁判例

委任契約における、みなし成功報酬特約（受任弁護士の責めによらない解任等の場合には、受任弁護士は依頼者に対し所定の成功報酬全額を請求できる旨の条項）が、消費者契約法9条1項1号により全部無効と判断されたものとして、横浜地判平成21・7・10判時2074号97頁〔28161670〕がある[7]。

Key Point

弁護士報酬につき、具体的金額の合意がある場合であっても、当該金額の算定根拠等について説明がなされておらず、またその数額が旧報酬等基準規程による報酬額を大きく上回るような場合には、報酬合意は暴利行為として民法90条により無効となり得る。当該報酬が支払済みである場合、弁護士は悪意の不当利得受益者として受領済み報酬に利息を付して返還する必要がある。

[注]
(1) 谷口知平ほか編『新版注釈民法(3)総則(1)』有斐閣（2003年）106頁以下参照
(2) その他の理由としては、報酬算定の具体的根拠を説明しなかったこと、事件処理中、弁護士の親族を不当に利したと疑われる行動が見られたことが挙げられている。
(3) 同裁判例では報酬が既払であったため、弁護士は悪意の受益者として、過剰部分につき報酬受領時からの利息を付して返還することが命じられた。
(4) 同裁判例の内容については前掲 事例22 を参照されたい。
(5) 弁護士の報酬に関する規程3条1項「弁護士等は、弁護士等の報酬に関する基準を作成し、事務所に備え置かなければならない。」参照
(6) 小島武司ほか編『法曹倫理〈第2版〉』有斐閣（2006年）128頁
(7) 同裁判例の内容、解説については本書初版151頁以下を参照されたい。

（渡辺　周／松尾　貴雅）

第1章　依頼者との関係

7　刑事事件における問題

被告人の意向に反する弁論

東京地判昭和38・11・28下級民集14巻11号2336頁〔27421193〕

> **事案の概要**

　Xは、4人を殺害したとの事実で起訴され、第一審で死刑の言渡しを受けた。Xは、控訴を申し立て、高裁段階でYが国選弁護人に選任された。Yは、受任後、7回にわたって当該刑事事件の第一審の訴訟記録9冊を順次閲覧し、これに基づいて控訴理由の有無を調査したが、正当な控訴理由がないと判断して、「Xの行為は戦慄を覚えるもの」であって控訴の理由はないとの趣旨の控訴趣意書を提出した。なお、Yは、前記記録の閲覧以外に特段の調査もせず、また、被告人であるXに接見して事情を聴くこともないまま、当該控訴趣意書を作成し、しかも、当該控訴趣意書を提出することについて、Xの同意や了解を得なかった。

　高裁での公判期日でも、Yは当該控訴趣意書に基づいて控訴の趣旨を陳述しただけであり、当該刑事事件は、控訴棄却、さらに上告棄却となりXの死刑が確定した。

　Xは、Yに対し、控訴理由について記録外の資料を調査せず、Xから事情及び不服理由を聴取することもなかったのは弁護人としての義務に反する、また、控訴理由がないとの結論に達した場合には、被告人に告知して善処を求め、かつこれを援助すべきであったなどとして、弁護人の義務違反を理由に慰謝料100万円の損害賠償を求める民事訴訟を提起した。

判　旨

本判決は、以下のとおり、慰謝料３万円の損害賠償責任を肯定した。

1　控訴審段階で弁護人が選任された場合、刑事控訴審が事後審の性格を有することから、「弁護人は第一次的には訴訟記録について法定の控訴理由の有無を調査すべく、かかる調査が控訴審における弁護人の弁護活動、したがつてまたその義務の中核をなすものということができる」。しかし、「この義務はいわば弁護人としての調査義務の最小限をなすものであつて、……弁護人の調査活動の範囲も、場合によつては当然訴訟記録外に及ぶべきことが予想される」。「殊に、訴訟記録について綿密な調査を行つてもなお適当な控訴理由を発見することができなかつた場合には、」弁護人としては、当然に、訴訟記録及び原裁判所において取り調べた証拠に現れている事実以外の事実（刑訴382条の２第１、２項）等の「例外的事実または事情の有無を考慮すべく、訴訟記録上かかる事実または事情発見の手がかりとなるようなものが全く存在しない場合には、少なくとも被告人自身につきこれらの点の調査を実施することが弁護人の義務として要求せられるものといわなければならない」。

2　「以上のような調査を尽してもなお適当な控訴理由を発見することができなかつた場合……弁護人としては、被告人に対し卒直にその旨を告げ、被告人の言い分を十分に聴取し、その不服とするところがいかに被告人に有利に解しても全くなんらの控訴理由をも構成しえざるものである場合には、その旨を指摘し、被告人がなお不服を維持するというのであれば、弁護人としては、被告人の名においてする控訴趣意書の作成について必要な技術的援助を惜しまないが、それ以上被告人の期待するごとき協力をすることができないことを告げて被告人の善処を求むべき義務あるものと解するのが至当である。」

3　本件の事実関係からすれば、「Yは国選弁護人としてなすべき上記のような義務を尽さなかつたもの」であり、「YはXに対し、これがためその

こうむつた損害の賠償をなすべき一種の債務不履行または不法行為による責任をまぬかれない」。
4 Xが被った精神的損害のうち、「Yが十分な弁護活動をしなかつたことに対する不満」については、「具体的な結果と離れてこれのみをもって直ちに慰藉料の支払義務を認めるに足るほどの損害と認めることはできない」。

　他方、「自己の有する不服を控訴審裁判所に提出してその判断を受ける機会を喪失したことによる損害」に関しては、「YがXになんらの告知をしないで控訴理由なき旨の実質上控訴権の放棄に等しい控訴趣意書の提出をし、Xをして当然しかるべき内容の控訴趣意書の提出がなされるものとの期待のもとにみずからの控訴趣意書を提出する機会を失うにいたらしめたことは、結局その義務不履行によつてXの上記意味における控訴権を侵害したもの」であり、本件の各事情のもとでは、慰謝料額は「金3万円をもつて相当とすべきものと考える」。

解　説

1　弁護人の弁護義務・調査義務

(1)　本判決は、控訴審段階についての事案ではあるが、弁護人の弁護義務・調査義務について詳細に論じている。

　本件において、Yは、原審の記録に照らして控訴理由を調査すればそれ以上の調査義務はない、訴訟記録を調査した結果、被告人の権利利益に対する不当な侵害が存在しなかった以上、控訴理由がない旨の控訴趣意書の提出によっても弁護権の行使はなされたなどと主張したが、本判決は、前記のとおり、控訴理由の有無について、訴訟記録を調査すべきは当然であり、訴訟記録について綿密な調査を行ってもなお適当な控訴理由を発見することができなかった場合には、少なくとも被告人自身につき調査を実施することが弁護人の義務として要求されていると判示した。

弁護士職務基本規程46条は、「弁護士は、被疑者及び被告人の防御権が保障されていることにかんがみ、その権利及び利益を擁護するため、最善の弁護活動に努める。」と規定している。被告人の弁護の任に当たる以上、ともかくも被告人と面会し、事情の聴取や意向確認等を行うべきことは、それが弁護人の義務か否かは別論にしても、いうまでもない。訴訟記録を閲覧しただけで控訴理由がないと判断するなどというのは、明らかに刑事弁護人としての職務懈怠であり、弁護人として失格であるとの非難がなされる⑴のも当然であろう⑵。

⑵　本判決は、弁護人としての調査義務を欠いたとしてYの損害賠償責任を肯定しているが、調査義務を尽くした場合について弁護人がとるべき措置についても詳しく述べている（前記判旨2）。そこで指摘されていることは、被告人への説明と被告人の利益の保持とまとめることができよう。当該部分の判示は、控訴審に限らず、刑事弁護人としての義務を考察するうえでも大いに参考になる。

⑶　本事例において、Yは国選弁護人として選任されたものであるが、国選弁護人については、私選の場合と異なり、被告人との関係で委任契約の成立を認めることは困難であるし、また、国選弁護人の選任は公法上の行為であって、国との関係で民法上の委任の規定の適用はないとされている（最判昭和29・8・24民集8巻8号1549頁〔27003138〕)⑶。そこで、弁護人の弁護義務はいかにして根拠付けられるであろうか。

　　この点、弁護人の被告人に対する義務は、職業倫理に基づき、弁護人たる地位そのものから生じると考えることができる⑷。こうした見解の根底には、国選弁護人が憲法上要請された制度である（憲37条3項後段）との思想があるといえよう。本判決においても、「国選弁護人は、憲法第37条第3項後段、刑事訴訟法第36条以下の規定により、……被告人のために国が付する弁護人であ」るとして、憲法上の根拠に触れつつ、国選弁護人は「私選弁護人のように被告人と直接の委任契約関係には立たないけれども、あたかも後者と同様善良な管理者の注意義務をもって弁

護活動を行なうべき法律上の義務を被告人に対する関係において負担するものであ」るとして、弁護義務を肯定した。その根拠は判決文上明示されてはいないが、前記の理解と軌を一にするものといえよう。本判決はまた、「弁護人として尽すべき義務の内容および範囲は国選であると私選であるとによつてなんら異なるものではない。」とも述べているところである[5]。

(4) 本件では控訴理由はない旨の控訴趣意書が提出及び陳述されているが、これは被告人にとって不利益な弁護活動であり、かつ被告人の意向にも反している。本件では、弁護義務に違反したとして民事の損害賠償責任が問題とされたが、被告人の意に反した不利益な弁護活動については、懲戒処分の対象にもなり得るものと思われる[6]。

なお、弁護人が被疑者や被告人にとって有利な主張立証を行うことは、基本的には被疑者や被告人の意思にかかわらず許されるとも考えられるが、被告人に有利な弁論であっても、被告人の明示の意思に反する場合には、当該弁論が許されないこともあることは覚えておきたい[7]。このような事例では、いかに弁護活動を行うか困難を生じることにもなり得るが、いずれにしても、被告人との対話を重ね、その意向を十分に確認するなどの対応が必要であることに変わりはない。

2 損　害

本判決は、前掲判旨4のとおり、控訴趣意書提出の機会喪失（本判決はこれを実質的な控訴権侵害とみているようである。）による精神的損害を認め、本件の諸事情にかんがみて慰謝料3万円を認容した。現在の金銭価値でいえば20〜30万円程度の金額に相当するものと思われる。

依頼者の上訴の機会喪失については、上訴審での逆転可能性が極めて乏しい場合でも、機会喪失そのものに対する精神的損害を認める考え方が有力であり、数十万円程度の慰謝料を肯定する例がみられる[8]。本判決が認めた慰謝料も、上訴の機会喪失に対する慰謝料の金額として妥当な範囲内の金額と

いえるのではないだろうか。

> **Key Point**
> 本判決は刑事弁護人の義務を論じたものであるが、義務とはあくまでも最低水準を画するものであるはずである。弁護人は、「最善の弁護活動」を行うことが求められており、少なくとも被告人と接見しての事情聴取や意向確認は欠くべからざる対応であることを肝に銘じておきたい。

[注]

(1) 塚原英治ほか編著『プロブレムブック法曹の倫理と責任（下）〈補訂版〉』現代人文社（2005年）30頁

(2) 控訴審の国選弁護人が、被告人は有罪であると考えていると主張するに等しい控訴趣意書を作成・提出した行為に対し、弁護士会が懲戒処分を行った事案として、東京高判平成26・5・21判時2239号57頁〔28230144〕がある（裁決取消請求事件）。

(3) 長野益三「弁護過誤による弁護士の不法行為責任」『裁判実務大系16不法行為訴訟法(2)』青林書院（1987年）357頁

(4) 後藤昭「刑事弁護における依頼者と弁護士」『日本の刑事裁判：21世紀への展望 大塚喜一弁護士在職30周年祝賀記念論文集』現代人文社（1998年）134頁

(5) 東京地判平成11・1・26判タ1041号220頁〔28052548〕も、国選弁護人は私選弁護人と同様の善管注意義務を被告人に対して負担すると判示した。そのうえで、同裁判例は、弁護人は「被告人の言い分を十分に聴取し、その意図するところを十分に汲みとらなくてはならない」としつつも、弁護人に幅広い裁量があることを認め、弁護活動が著しく裁量権を逸脱したと認められる場合に限って違法と評価される旨を判示した。

(6) 田宮裕「刑事弁護人の訴訟上の義務」『刑事訴訟法判例百選〈第3版〉』別冊ジュリスト51号（1976年）27頁

(7) 控訴審における量刑不当の主張が、被告人の意思に反するものであり不適法であると判断した例として、東京高判昭60・6・20高裁刑集38巻2号99頁〔27930762〕。

(8) ①東京地判昭和46・6・29判時645号89頁〔27403694〕（控訴期間徒過・慰謝料20万円）、②東京地判昭和49・12・19下級民集25巻9＝12号1065頁〔27404291〕（控訴期間徒過・慰謝料50万円）、③東京地判平成6・11・21判タ881号190頁〔27827738〕（上告理由書の提出期間徒過・慰謝料50万円）、④東京地判平成22・5・12判タ1331号134頁〔28163280〕（控訴期間徒過・慰謝料10万円（ただし、弁護士賠償責任保険の保険金請求における慰謝料相当額））などがある。

（上原　裕紀）

第1章　依頼者との関係

事例25　被告人の意向に反する証拠の同意

大阪地判平成17・10・14判時1930号122頁〔28111559〕

事案の概要

　Xは、平成10年4月、A（当時14歳）に対するわいせつ誘拐、強制わいせつの容疑で起訴された。その後、同年8月、Bに対するわいせつ誘拐、強制わいせつでも追起訴され、両事件は併合審理された（以下「本件刑事事件」という。）。弁護士であるYは、同年6月、本件刑事事件につきXとの間で弁護人選任契約（以下「本件契約」という。）を締結し、私選弁護人として就任した。

　Xは、A及びBに係る公訴事実についていずれも認め、同年11月には、Yを通じて、Aの法定代理人であるAの両親との間で、前記事件に係る示談契約（100万円）を締結した。

　本件刑事事件につき、第一審では懲役3年の判決が言い渡されたが、控訴審では、第一審判決後にBとの間で示談が成立したことを考慮して、懲役2年6月の実刑判決が言い渡された。同判決は確定し、Xは平成13年1月まで服役した。

　Xは、同年5月、A及びその母を被告として、実刑判決を受けたのは同人らが虚偽の事実を申告したからである等と主張して、不法行為に基づく損害賠償請求及び前記示談契約が錯誤又は強迫取消しにより無効であることの確認等を請求する民事訴訟を提起した。A及びその母の訴訟代理人をN弁護士が務めて訴訟が追行されたところ、平成14年3月、請求棄却の判決が言い渡された。

　その後、Xが、Yに対し、本件刑事事件の記録をXに開示ないし交付しなかったこと、N弁護士にXの秘密を漏洩したこと等を理由に、本件契約上の債務不履行ないし不法行為に基づく損害賠償請求の訴えを提起したのが本件

であるが、その中で、Xは、責任原因として、Yが本件刑事事件の公判において、偽造の可能性の高い検察官請求証拠につき、故意又は過失により争うことなく同意した旨を主張した。

判　旨

　Xが偽造の可能性が高いとして挙げる実況見分調書等について、「各証拠が偽造ないし変造されたものであり、又は偽造ないし変造された客観的可能性があると認めるに足りる的確な証拠はない」。また、「YがXに対し本件刑事事件の記録の全部又は一部の閲覧等を妨げたため公訴事実を争う機会を逸したとのX主張事実を認めるに足りる的確な証拠はない」。
　したがって、「Yが検察官請求証拠につき証拠とすることに同意したことがXに対する本件契約上の債務不履行ないし不法行為に当たる旨のXの主張は、……採用することができない」。

解　説

1　弁護人による証拠意見の陳述

　刑事弁護の過程で、弁護人の弁護方針と被告人の意向が合致しない状況が生じることがある。このような場合、弁護人の方針を重視する立場もあり得るが、日本の刑事訴訟法では、弁護人の固有の権限ないし独立代理権とされる事項は限定的であり、また、弁護人の固有権や独立代理権がある場合であっても、被告人もそれと並んで権利を持っているとされる[1]。本判決では、弁護人が検察官請求証拠に同意したことの違法性が問題とされているが、伝聞証拠に対する同意・不同意につき、法律は弁護人の権利としては定めていない[2]。そのため、弁護人と被告人の意見が異なった場合には、原則として被告人の意見が優先するというのが通説的見解である[3]。
　もっとも、実務においては、実際の訴訟活動を行うのは弁護人であり、被告人が証拠意見を述べるようなことはほとんどない。そのため、弁護人が同意の意見を述べた際に被告人がこれと異なる言動を示さない限り、同意の効

力が肯定されるのが一般的である[4]。

したがって、弁護人としては、基本的に自己の考える弁護方針に従って証拠意見を述べることで問題はないと思われるが、被告人との対話等を通じて、自己の弁護方針と異なる被告人の意思が示された場合には、被告人の意思を十分に確認することが必要である。

2 証拠意見が弁護人と被告人とで異なる場合の対応
(1) 被告人が不同意の意見を示した場合

検察官請求証拠を不同意とすることは、通常、被告人の利益になるものと考えられ、前記の原則どおり、被告人の意見が優先されるべきである。

もし仮に、弁護人が、当該証拠について同意することが被告人の利益になると考えていた場合であっても（ただし、そのような場面は極めて限定的だと思われる。）、直ちに当該証拠に同意することは問題である。そのような場合、まず弁護人は、被告人に対し、証拠を不同意にすることの意味や事実上の効果等を十分に説明すべきであり、それでもなお被告人の了解を得られないのであれば、被告人の意思に反して当該証拠に同意することは許されないというべきである。弁護人は被告人に対して誠実義務を負っており（弁護1条2項）、上記のように被告人の意に反して証拠に同意することは、誠実義務違反を構成すると考えざるを得ない[5]。

本事例においては、Yは、Xの意向を受けて検察官請求の各証拠に同意した旨主張している。また、本判決が、Xが公判段階において一貫して公訴事実を認めていたこと、及び、第一審の公判中にAと、第一審判決後にBと、それぞれ示談が成立していることを認定したことからしても、そもそも本件刑事事件の公判当時、Xが検察官請求証拠を不同意にしたい意思を有していたのかという点に大いに疑問がある。本判決自体は、偽造の可能性が高い検察官請求証拠について故意又は過失により争

うことなく同意したか否かが争点とされ、これに対し、偽造ないし変造の事実（及びその客観的可能性）を否定することにより、Xの主張を斥けている[6]。

なお、Xは、YがXに公訴事実を認めさせようとしたためXに証拠類を見せなかったなどと主張しており、これに関連して、本件では、弁護人が謄写した刑事事件記録の所有権の帰属、及び、当該記録を被疑者ないし被告人に閲覧又は交付する義務の有無といった点が争点になっている。本判決は、前者につき、「弁護人がその資格及び権限に基づいて謄写した刑事事件の訴訟に関する書類及び証拠物は、当該弁護人の所有に帰する」とし、また、後者について、閲覧又は交付の義務がないことを示した[7]。

(2) 被告人が同意の意見を示した場合

他方、被告人が何らかの理由から証拠に同意することを希望しているが、弁護人としては、被告人の利益のため検察官請求証拠を不同意とすべきと考える場合がある。例えば、保釈を得たいがために被告人が公訴事実を認め、証拠に全部同意しようとするような場合が考えられるが、このような場合に弁護人が証拠を不同意とすることは許されるのだろうか。

この問題は、弁護人の役割とは何かという根源的な議論につながる問題であり、その詳細は他の優れた論稿[8]にゆだねるが、以下簡潔に触れておきたい。

ア　弁護人の性格〜代理人性と司法機関性〜

弁護人の性格ないし機能については、代理人性と司法機関性の２極があることが指摘されている。

前者は、弁護人が被告人の代理人の立場に立つことを強調する考え方であり、依頼者である被告人の希望に沿うことが同人にとっての利益なのであって、被告人の意向に反する活動は許されないという結論に親和的である。他方、後者は、弁護人が当事者から独立した司法機

関であり、いわば被告人の保護者的な立場に立つことを強調する考え方であって、被告人の主観的利益ではなく客観的な被告人の権利・利益を擁護することが弁護人の任務であると理解する。この考え方によると、被告人の希望が同人の客観的利益に反するときには、弁護人には依頼者の意向に反する活動が許されることになる。

　これら2つの性格のどちらを重視するかによって、弁護人の役割にまつわる様々な問題の結論が変わってくることになる。

イ　弁護人が被告人の意に反して証拠を不同意にできるか

　この問いに対しても、弁護人の性格をいかに解するかによって答えが分かれてくるところであろうと考えられるが、実務上は、被疑者ないし被告人の明示の意思に反する弁護活動はできないと考えるべきであるように思われる[9]。

　そうだとすると、弁護人は、自己の見解を被告人に伝え、被告人が翻意するよう説得することは許されるが、被告人が証拠同意による不利益を理解し、それでもなお当該不利益を受け入れるというのであれば、弁護人は被告人の意向を尊重し、その意向に沿った弁護活動をすべきであろう。

> **Key Point**
> 被告人の希望する弁護活動が被告人の利益に合致しているのであれば、被告人の希望に沿った弁護活動をすべきことは当然である。他方、被告人の希望が被告人の利益に必ずしも合致しないと弁護人が考える場合には、被告人に事情を説明し説得を試みることは許されるが、最終的には、被告人の明示の意思に反する弁護活動は原則としてできないと考えるべきであろう。

［注］

(1) 後藤昭「刑事弁護人の役割」『現代法律実務の諸問題〈平成11年度版〉』第一法規出版（2000年）663頁

(2) 刑事訴訟法326条1項は、「検察官及び被告人が証拠とすることに同意した書面又は供述は、……」と規定しており、同意の主体は被告人とされている。

(3) 後藤昭「刑事弁護における依頼者と弁護士」『日本の刑事裁判：21世紀への展望』現代人文社（1998年）128頁

(4) 松尾浩也監修『条解刑事訴訟法〈第5版増補版〉』弘文堂（2024年）969頁

(5) 弁護人の誠実義務については、浦功「弁護人の義務論」『実務体系 現代の刑事弁護 1　弁護人の役割』第一法規（2013年）13頁、小坂井久「弁護人の誠実義務（特集　刑事弁護の論理と倫理）」季刊刑事弁護22号（2000年）44頁等の論稿を参照。

(6) したがって、被告人の意思に反する証拠意見を述べたことが違法かどうかという点について直接判断したものではない。

(7) これらの論点については、大工強「判批」判例タイムズ臨時増刊1245号（2007年）93頁を参照。なお、本判決がこれらの論点の結論を導くにおいては、訴訟に関する書類及び証拠物を閲覧・謄写する権限が弁護人のみに認められた権限であること（刑訴40条1項本文）を重くみているようである。

(8) 前掲(1)、(3)及び(5)の各論文のほか、笠井治「依頼者の意思と専門家裁量」『実務体系 現代の刑事弁護 1　弁護人の役割』第一法規（2013年）33頁、村岡啓一「刑事弁護人の役割・再考」『現代法律実務の諸問題〈平成13年度版〉』第一法規出版（2002年）493頁等がある。

(9) 前掲(5)小坂井46頁では、弁護人・被告人間の基本となる信頼関係自体に問題が生じるからであるとの理由が指摘されている。

（上原　裕紀）

第1章 依頼者との関係

被害者との示談交渉の不履行

東京地判平成22・12・17判時2112号47頁〔28173711〕

事案の概要

　Xは、平成20年6月7日、被害者3名（A、B、C）に対する傷害及び暴行被疑事件（以下「本件被疑事件」という。）により、逮捕、勾留された。Y（弁護士）は、同月9日、当番弁護士としてXと接見し、Xとの間で、着手金は15万7500円、報酬金は罰金のとき31万5000円とする約束のもとに、XがYに本件被疑事件の弁護を委任する契約（以下「本件契約」という。）を締結した。

　Xは、Yに対し、同月11日、被害者らとの間で示談をする意思がある旨を伝え、同月18日、処分保留のまま釈放された。

　Yは、同月27日、被害者3名に対し、X作成の謝罪文とY作成の示談申入書を郵送したところ、A及びBに対する郵便はYに返送されたが、Yはその後A及びBと示談交渉をしなかった。また、Cに対する郵便は届いたものの、その後示談交渉は滞っていた。

　Xは、同年8月下旬頃、本件担当検察官より、Yから本件被疑事件の示談交渉の経過について全く報告を受けていない旨述べられ、また、同年9月5日、被害者Aより、Xから治療費や慰謝料の支払の申出がないばかりか謝罪すらないことについて抗議する書面を受け取った。

　Xは、同月6日頃、Yに連絡をとったが、Yからは、本件契約は6月末日をもって終了した、Yに示談交渉を依頼するには別途費用が必要であるとの説明を受けた。

　そこで、Xは、同年9月22日頃、別の弁護士（本件訴訟のX訴訟代理人）に示談交渉を委任し、同弁護士による示談交渉の結果、被害者3名との間で示談契約が成立した。その旨の報告を受けた本件担当検察官は、同年11月5

日、本件被疑事件について、Xを不起訴処分とした。

XがYに対し、A及びBとの間で示談交渉を行わず、また、示談交渉の経過について本件担当検察官に報告しなかったことが債務不履行に当たるとして損害賠償を求めたのが本件訴訟である。

判　旨

裁判所は以下のとおり判示して、Xの請求を一部認容した。

1　責任について

「弁護士は、基本的人権を擁護し、社会正義を実現するとの使命に基づき、誠実にその職務を行わなければならず（弁護1条2項）、殊に、刑事弁護においては、被疑者の防御権が保障されていることにかんがみ、その権利及び利益を擁護するため、最善の弁護活動に努めるべきである（規程46条）ところ、被害者のある事件で被疑事実に争いがない場合は、被害者との間で示談交渉を行い、この結果を担当検察官に報告することは、担当検察官が、被疑者の起訴、不起訴の処分を決定する際、示談交渉の事実を、被疑者に反省の意思がある、あるいは、被害者に宥恕の意思があることを示す被疑者に有利な情状の一つとして考慮することにつながるから、被疑者が示談をする意思を示す場合には、刑事弁護人としては、刑事弁護の委任契約に基づき、被害者との間で示談交渉を行い、この結果を担当検察官に報告すべき義務（以下「示談交渉・報告義務」という。）があるものというべきである。」

「Xは、本件被疑事件を起こしたことを認め、本件被疑事件の被害者と示談する意思を示していたと認められるから、Yには、本件契約に基づき、示談交渉・報告義務があったものというべきである。」

「Yは、A及びBに送った書面が返送されてきた後、A及びBとの示談交渉を全く行わず、本件担当検察官に示談交渉の結果を全く報告しなかったものであり、この行為は、本件契約に基づく示談交渉・報告義務に違反し、Xに対する債務不履行を構成するものというべきである。」

2 損害について

　裁判所は、「Ｙによる上記債務不履行により、Ａ及びＢとの示談交渉を進展させることができず、そのため、原告訴訟代理人に委任して上記交渉を行うことを余儀なくされ、そのための弁護士費用31万5000円の支払義務を負担することとな」ったとして刑事弁護のための弁護士費用全額を認容する一方、本訴提起のための弁護士費用については、本訴の「内容に照らし、……債務不履行の発生原因となった事実との間に相当因果関係のある損害であるとはいえない」としてＸの請求を棄却した。

解　説

1　刑事弁護委任契約上の示談交渉・報告義務

(1)　弁護士法1条2項は、弁護士の誠実義務を定め、弁護士職務基本規程46条は、刑事弁護人は、被疑者の権利利益を擁護するため最善の弁護活動を行うべきことを努力義務として規定する。しかしながら、これらの規定から刑事弁護人と被疑者との間の委任契約上の義務として具体的にいかなる職務を行うべきかが直ちに導かれるものではないし、被害者との示談交渉については、刑事事件とは別個の民事事件であるともいい得る[1]。

　したがって、委任契約書等によって示談交渉が受任範囲外であることが明確にされていない場合に、弁護人と被疑者との間の委任契約上の義務として、被害者との間で示談交渉を行い、この結果を担当検察官に報告すべき義務が含まれるかについては、一応検討を要する。

(2)　被疑事実に争いがない刑事事件の起訴前弁護活動の目的は、起訴猶予等の不起訴処分を獲得すること、起訴が避けられない場合でも、より軽い量刑となるよう被疑者に有利な証拠を収集することにある。被疑者としても、そのような目的が達成されることを期待して弁護士に委任する。

　実務上一般的に、示談の有無は、一般情状として刑事裁判の量刑判断

における重要な要素となり[2]、また、起訴便宜主義（刑訴248条）のもと起訴不起訴の判断に際して検察官が考慮すべき重要な事項とされている[3]ところ、弁護士であればそのことは当然理解している。被害弁償は弁護活動で作り出すことが可能な一般情状事実である[4]から、示談交渉は、弁護人の職務として特に期待されているともいえる。

そうすると、被疑者が示談をする意思を示す場合には、当事者の意思解釈として、上記目的を達成するために示談交渉を行うことは、委任契約上の義務に含まれるといってよいであろう。また、上記目的を達成するためには、示談交渉の結果を終局処分の判断権者たる担当検察官に知らせなければ無意味であるから、報告義務も肯定される。

本判決も、このような見地から上記のとおり判示したものと思われる。

(3) 弁護人は、示談交渉の手段・方法として具体的にいかなる行為まで行う義務を負うのか。

本件のように、被疑者に謝罪文を作成させ、弁護人作成の示談を申し入れる旨の書面と合わせて被害者に送付することや、被害者と電話、メール、面談を行うことが委任契約上の義務に含まれることに異論はないであろう。

一方、例えば、示談金を捻出するために、被疑者の所有家屋を売却したり、過払金返還請求訴訟を提起すること[5]や、被害者から提起された民事訴訟に訴訟代理人として対応することについては、委任契約上の義務とまではいい難いように思われる。

明確な線引きは難しく、具体的な事案に応じて、委任契約に係る刑事事件の内容や弁護士報酬金額、問題となる行為に要する時間、費用、労力等の事情を総合的に考慮して、社会通念上委任契約に係る刑事事件とは別個の事件と評価すべき場合には、委任契約上の義務には含まれないことになると考えられる[6]。

2　被疑事実を否認している場合

　被疑者が無罪を主張している場合に、私選弁護人が被害者との示談交渉をしなかった事案[7]についての裁判例として、大阪高判平成18・12・1平成18年（ネ）1247号公刊物未登載〔28322529〕がある。

　裁判所は、弁護人としては、被疑事実を全面的に争い無罪を主張していた被疑者の弁護においては無罪獲得のために弁護活動すべきであり、否認した状態での起訴前の示談交渉はかかる方針と矛盾し、罪証隠滅と評価されるおそれがあるため示談交渉は行わない方針とし、その旨を被疑者に説明して明示若しくは黙示に了承を得ていたのであり、かかる弁護活動が不相当ということはできない旨判示した。

　この裁判例からすると、被疑者が被疑事実を否認している場合には、弁護人が示談交渉を行う委任契約上の義務は、基本的にはないこととなろう。ただし、弁護人の説明にもかかわらず被疑者が示談交渉を求める場合に弁護人がこれを行わないことは、誠実義務違反を構成し得るものと考えられる[8]。

3　国選弁護人の場合

　国選弁護人は、私選弁護人のように被疑者・被告人と直接の私法上の委任契約関係に立つものではないが、憲法及び刑事訴訟法が保障する被疑者・被告人の審判を受ける権利の重要性、同権利の実現における国選弁護人の役割の重要性、弁護士法1条2項が弁護士に誠実に職務を行うべき義務を課していることなどにかんがみれば、被疑者・被告人に対する関係において委任契約と同様の善良な管理者の注意義務をもって弁護活動を行うべき法律上の義務を負うと解されている[9]。

　このことからすると、国選弁護人の示談交渉等義務についても、私選弁護人の場合と同様に考えるべきであろう。

4 損 害

　本判決は、Xが本件訴訟のX訴訟代理人弁護士に支払った、A及びBとの示談交渉のための弁護士報酬31万5000円全額を認容した。X訴訟代理人弁護士が行った示談交渉の業務量等に照らし相当な金額であると判断したものと考えられる。

　弁護士費用が賠償すべき損害とされる場合であっても、委任契約で定められた全額が損害と認定されるとは限らない。

　東京高判令和6・2・29令和5年（ネ）5505号公刊物未登載〔28322870〕は、甲が乙に対して第三者異議訴訟を提起したところ、これが乙に対する不法行為を構成し、乙が当該第三者異議訴訟への応訴を委任した弁護士丙に対し支払うべき弁護士報酬相当額が損害となるとされた事案である[10]。原審（宇都宮地足利支判令和5・10・12令和5年（ワ）113号公刊物未登載〔28322834〕）が、第三者異議訴訟の内容、審理経過等に照らし相当であるとして、乙と弁護士丙との間の委任契約書に定められた弁護士報酬79万2000円全額を損害として認めたのに対し、控訴審である上記東京高裁判例は、30万円の限度で損害と認めた[11]。

> **Key Point**
> 認め事件で被疑者・被告人が示談の意思を示す場合に、弁護人として示談交渉を行うべきは当然のことと思われるが、改めて委任契約上の義務であると確認された。国選弁護人にも同様の義務があるものと考えられる。これに違反して示談交渉を行わない場合には損害賠償責任を負うことには留意すべきであろう。

第 1 章　依頼者との関係

[注]

(1) 日本弁護士連合会が会員専用サイトにおいて公開している、委任契約書（刑事・少年）の書式サンプルでは、「成人弁護活動（起訴前、一審、控訴審、上告審）」と「被害弁償等の示談折衝」とは別個の委任事項とされている。https://member.nichibenren.or.jp/gyoumu/jimusho_unei/keiei_saiyou/hoshu.html

(2) 原田國男『量刑判断の実際〈第 3 版〉』立花書房（2008年）13、38頁、大阪刑事実務研究会編著『量刑実務大系　第 3 巻　一般情状に関する諸問題』判例タイムズ社（2011年）172頁以下等。

(3) 松尾浩也監修『条解刑事訴訟法〈第 5 版〉』弘文堂（2022年）537頁、河上和雄ほか編『大コンメンタール刑事訴訟法第 5 巻〈第 2 版〉』青林書院（2013年）62頁

(4) 岡慎一ほか著『刑事弁護の基礎知識〈第 2 版〉』有斐閣（2018年）215頁

(5) 日本弁護士連合会弁護士倫理委員会編著『解説「弁護士職務基本規程」〈第 3 版〉』日本弁護士連合会（2017年）144頁は、「弁護士は、国選弁護人に選任された事件について、名目のいかんを問わず、被告人その他の関係者から報酬その他の対価を受領してはならない。」との規定（規程49条 1 項）に関し、本文に挙げた例は「国選弁護人に選任された事件」に当たらない（別個の民事事件である）として、別途適切な報酬を受領することは禁止されないとする。

(6) 受任範囲の問題として前掲 事例 2 も参照されたい。

(7) 実際の事案はより複雑であるが、本稿の論旨に影響を与えない限りで事案・判旨を簡素化している。

(8) 前掲 事例25 も参照されたい。

(9) 東京地判昭和38・11・28下級民集14巻11号2336頁〔27421193〕、東京地判平成16・10・20平成15年（ワ）1359号公刊物未登載〔28322394〕等

(10) 不当訴訟、不当な保全命令・執行については、後掲 事例34 、 事例35 を参照されたい。

(11) 乙は、第三者異議訴訟において甲を代理した弁護士丁に対しても不法行為に基づく損害賠償請求訴訟を提起し、前掲令和6年東京高判における認容額をもとに33万円を請求した。裁判所は、弁護士丁の不法行為責任を認めたが、口頭弁論終結前に弁護士丁が遅延損害金を含む33万7585円を弁済したため、乙の請求は棄却された（東京地立川支判令和6・5・22令和6年（ワ）634号公刊物未登載〔28322885〕）。

（松尾　貴雅）

8 特定の地位・職務に伴って生じる問題

事例27 成年後見監督人の責任

大阪地堺支判平成25・3・14金融商事1417号22頁〔28211664〕

事案の概要

（甲事件）

　Xは、脳性小児麻痺により幼児期から重度の知的障害と運動障害を有し、判断能力が不十分であった。Xの母の弟の妻であるAは、平成15年6月18日、奈良家庭裁判所葛城支部（以下「本件裁判所」という。）に対し、後見開始の審判を申し立て、A及びAの長男であるBが成年後見人に選任された。

　その後、A及びBが取締役となっている株式会社がXから3000万円を借り入れるにあたり、A及びBは特別代理人の選任や成年後見監督人の選任を申し立てたものの、それらの申立てを取り下げたことから、平成17年3月25日、本件裁判所の担当家事審判官は、職権で弁護士であるYをXの成年後見監督人に選任した。

　Yは、平成17年4月11日、一件記録の謄写をしたが、Yとしては、利益相反取引を希望する旨の連絡を受けない限り、当面何もしなくてもよく、定期的な財産状況等の報告は、本件裁判所から成年後見人にさせているものと認識し、Bらに対し、Xの財産状況等の報告を求めたりすることは全くなかった。

　A及びBは、事実上、Bの長女であるC（以下A、B、Cを合わせて「Bら」という。）に財産管理の後見事務を担当させていたところ、Bら（主にC）は、平成15年8月8日から平成20年8月1日までの間に、X成年後見人A・B名義の預金口座及びX名義の預貯金口座から、合計約9200万円を出金し、その

うちXのための適正な支出を除き約7450万円を不正に着服した。

　平成21年2月24日、本件裁判所の担当家事審判官は、Bを成年後見人から解任するとともに（Aは平成19年5月1日に死亡した。）、Yを成年後見人に選任するとの審判をした。

　Yは、Xの法定代理人成年後見人として、平成21年6月9日、B及びCを被告とする不法行為に基づく損害賠償請求訴訟を提起した。Cは、Xに対し損害賠償金の内金として1200万円を支払った。その後、XとB、XとCはそれぞれ、約7450万円が不正に支出されたこと、そのうち既払金1200万円を控除した約6250万円の損害賠償金の支払義務があることを認めること等を内容とする訴訟上の和解をしたが、同人らに支払能力はなかった。

　Yは、平成22年1月8日、Xの成年後見人を辞任し、本件訴訟のX法定代理人がXの成年後見人に選任された。

　Xは、Yに対しては、成年後見監督人としての善管注意義務に違反したとして債務不履行に基づき、また、被告国に対しては、家事審判官による後見事務の監督に違法があったとして国家賠償法1条1項に基づき、連帯して損害金4479万3458円及び遅延損害金の支払を求める訴訟を提起した。

（乙事件）

　Yは、被告保険会社との間で、Yを被保険者とする弁護士賠償責任保険契約を締結していたところ、被告保険会社は、平成23年9月27日付けで、本件免責条項に該当し、保険の対象外と判断する旨通知した。本件免責条項とは、被保険者の犯罪行為（過失犯を除く。）または他人に損害を与えるべきことを予見しながら行った行為（不作為を含む。）に起因する賠償責任を負担することによって被る損害をてん補しない旨の条項である。

　Yは、被告保険会社に対し、Xに対し賠償責任を負担することによって被る損害について、弁護士賠償責任保険契約に基づき、保険金として、甲事件でXから請求されている金額の支払を求める訴訟を提起した。

判　旨

(甲事件)

　裁判所は、以下のとおり判示して、XのYに対する請求を一部認容した[1]。

　Yは、Xの後見監督人として、「被後見人のために、善良なる管理者の注意をもって、後見人の事務を監督するなどの職務を負担していた（民法851条1号、852条、644条）。」

　「家庭裁判所は、必要があると認めるときに後見監督人を選任するのであるから（民法849条）、Yは、その趣旨を理解し、家庭裁判所からの具体的な教示、指示がなくとも、後見監督人として、自らの判断で後見事務を監督すべき職務を誠実に履行しなければならなかったというべきであり」、そのために「謄写した一件記録等を検討して、……すみやかに、Bらに後見事務の報告や財産目録の提出を求め、後見事務や財産状況の調査（同法683条1項〔判決文。同法863条1項の誤りと思われる。〕）をすべきであった。にもかかわらず、Yは、後見監督人に選任されてから3年5か月弱の間、」一件記録の謄写をしただけで、「一切の調査をすることがなかったのであるから、前記善管注意義務違反があることは明らかである。」

　「Yが監督義務を怠っている間に、BらはXの財産の横領を繰り返していたというのであるから、Yは、後見監督人としての善管注意義務違反によりXに生じた損害について賠償すべき責任を負う。」

　損害額については、「選任後の調査に必要な期間や預貯金の払戻しを阻止するために要する期間を含め、諸事情を総合考慮すると、Bらの横領行為によるXの損害のうち、Yの監督義務懈怠と相当因果関係のある損害は、Yが後見監督人に選任されてから3か月強経った後である平成17年7月1日以降に払い戻された不正支出の合計金額であると認めるのが相当である」として、4094万1404円を認容した。

(乙事件)

　裁判所は、以下のとおり判示して、Yの被告保険会社に対する請求を一部

認容した。

「本件免責条項は、弁護士の倫理観に反する行為についてまで補償の対象とすべきではないという趣旨から設けられているものと解されるから、『他人に損害を与えるべきことを予見しながら行った行為（不作為を含みます。）に起因する賠償責任』とは、他人に損害を与える蓋然性が高いことを認識しながら行為し、又は行為をしなかったことを意味するものと解すべきである。」

Yは、本件裁判所が後見監督を必要と認めたことや、Xに多額の流動財産があり、Bらが自らの経営する会社のためにXから金銭を借り受けようと考えていたことなどは認識していたといえるが、「それ以上にBらの横領等が疑われる事実は認識しておらず、このような認識を前提にすれば、Yにおいて、BらがXに不正行為に及んでXに損害を与える蓋然性が高いと認識していたとまでは認められない。」

「したがって、Yにおいて、Xに損害を与えるべきことを予見しながら、後見監督を怠っていたものとは認められない。よって、被告保険会社は、本件免責条項により保険金の支払義務を免れることはできない。」

損害額については、甲事件における認容額から、Yと被告保険会社との間の弁護士賠償責任保険契約に定められた免責金額300万円（本件免責条項とは異なるもの）を控除した、3794万1404円を認容した。

解 説

1 成年後見人による不正行為

最高裁判所事務総局家庭局が実施している実情調査によれば、後見人等（成年後見人、保佐人及び補助人）による不正事例は、平成26年（2014年）の831件・被害額約56億7000万円をピークとして減少傾向にあるものの、令和5年（2023年）においても、184件・被害額約7億円となっており、そのほとんどが親族後見人等によるものである[2]。高齢化社会において認知症高齢者が急増しており、成年後見関係事件（後見開始、保佐開始、補助開始及

び任意後見監督人選任事件）の申立件数も増加傾向にある[3]。これに伴い、後見人等による不正事例も今後増加傾向に転じる可能性もある。

　本件について、成年後見人であるBらによる約7450万円もの不正な着服があったし、AとBが、特別代理人や成年後見監督人[4]の選任を申し立てて、自身らが取締役を務める株式会社が被後見人Xから3000万円を借り受ける旨の金銭消費貸借契約を締結しようとしたことは、Bらによる不正行為の兆候であったとみることができよう。

2　成年後見監督人の選任

　成年後見監督人は、家庭裁判所が必要があると認めるときに選任される（民849条）。

　東京家裁後見問題研究会によると、専門職後見人や専門職後見監督人を選任するのは、「一般論としていえば、後見センターでは、本人の財産管理等をより適正に行う観点から、親族後見人候補では不十分であり、専門職関与の必要性があると判断した場合」であるとし、具体例として、財産管理が適切に行われなかった事例を集積した結果から、後見人候補者が自己若しくは自己の親族のために被後見人の財産を利用し、又は利用する予定がある場合等を挙げている[5]。問題が深刻な場合には専門職後見人を選任することが多いと考えられるため、親族後見人に対して専門職による支援・援助で足りると判断された場合に、専門職監督人が選任されていると思われる[6]。専門職監督人には、親族後見人による不正行為が行われないよう監督する役割が期待されているといえる。

　本件については、担当家事審判官が職権でYを後見監督人に選任したが、上記のとおり、AとBが、自身らが取締役を務める株式会社が被後見人Xから3000万円を借り入れようとしたことに不正行為の兆候を看取したためであると思われる。

3　成年後見監督人の職務

後見監督人は、後見人の事務の監督等の職務を担い（民851条）、後見人の作成する初回財産目録の作成への立会い（民853条2項）、後見人に対する事務報告、財産目録の提出の請求、又は後見事務若しくは財産状況の調査（民863条1項）、家庭裁判所に対する必要な処分の請求（同条2項）等の権限を付与されている。また、以上のほか、広く一般に後見人の不正や怠慢を戒め、損害の発生ないし拡大を防止することに努め、被後見人保護の目的を達成しなければならないとされている[7]。後見監督人は、職務を行うにあたり、善管注意義務を負う（民852条、644条）。

　Yは、後見監督人に選任されて以降、一件記録の謄写をしただけで、一切の調査を行わなかったのであり、後見監督人としての義務を全くもって果たしていないといわざるを得ない。

　この点につき、Yは、本件裁判所から具体的な職務の指示や、裁判所と後見監督人の監督権限の分担についての説明がなかったから、Bらに対して財産状況の報告等を求めなかったことが後見監督人としての委任の本旨に反するとはいえない旨主張したが、本判決は、「家庭裁判所からの具体的な教示、指示がなくとも、後見監督人として、自らの判断で後見事務を監督すべき職務を誠実に履行しなければならなかった」と一蹴した。

　本件裁判所から、Yの後見監督人としての職務に関し何の説明文も引継ぎもなかったことは、不親切であるとはいえるかもしれないが[8]、弁護士として後見監督人に就任した以上、何ら職務を行わない理由にはならない。

4　善管注意義務の具体的内容

(1)　名古屋高判令和元・8・8家庭の法と裁判34号93頁〔28293073〕（原審：名古屋地判平成31・2・21家庭の法と裁判34号100頁〔28293071〕）は、親族後見人が被後見人名義の預貯金約5000万円を横領したが、後見監督人（司法書士）が調査義務を尽くさなかった善管注意義務違反があるとして、被後見人が後見監督人に対して損害賠償請求を行った事案であるところ、後見監督人の負うべき善管注意義務の内容につき、次のと

おり判示している。

「後見監督人の行うべき職務の具体的内容は、被後見人の身上関係、財産の種類・内容、多寡及びその変動状況、身上及び財産に関する係争の有無、後見人の資質能力、後見人と被後見人との関係、他の親族も含めた関係者の意向等、当該後見事件に関わる諸般の事情を考慮して検討される必要がある。」

後見人による後見事務における問題点が顕在化していない場合に、「後見監督人が、問題点があるのかないのかを明確にする必要があるのか否か、問題点があるのかないのかを明確にする必要がある場合において、何を具体的に行うべきであるのかは、想定される問題点がどのようなものであるのか、問題点が存在する可能性や重要度の程度、その問題点の有無を明確にするための方法としてとり得るものがどのようなものであるのか、過去の後見人の事務処理状況、後見人が後見監督人に対して説明した内容、後見人が後見監督人に対して協力的であるのか否かなどによって左右される」。

(2) 上記判決の事案において、後見人は、通帳のコピーを切り貼りして残高が維持されているかのような通帳の写しを作成して後見監督人に提出するなどして、横領の発覚を防ごうとしていた。被後見人は、後見監督人は後見人に対し預貯金通帳の原本の提示を求める義務があったと主張したが、裁判所は、後見事務について問題点が顕在化していなかったこと、原本確認が後見監督人の標準的な職務基準ないし指標として確立していたとまでは認められないこと、提出を受けた通帳の写しについて不自然な点があったとはいえない等理由として、上記義務は認められないと判断した。

ただし、具体的事情によっては上記義務が認められる場合もあり得るし、上記判決も指摘するとおり、預貯金通帳の原本確認は、後見人による横領等の不正の防止策として一定の有用性があることから、可能な限り行うのが望ましいといえよう。

5 弁護士賠償責任保険の免責

(1) 弁護士賠償責任保険の弁護士特約条項3条1号[9]は、「被保険者の……他人に損害を与えることを予見しながら行った行為（不作為を含みます。）に起因する」損害の免責を定めている（本件免責条項）。

本件免責条項の解釈については、賠償責任保険普通約款の故意免責を明確にしたものにすぎないとする説と、「他人に損害を与えることを予見しながら行った行為」は、いわゆる「認識ある過失」を意味し、故意免責とは別に定められたものであるとする説が対立している[10]。

裁判例上は、大阪高判平成19・8・31金融商事1334号46頁〔28160341〕や大阪地判平成21・10・22判タ1346号218頁〔28173388〕が、「他人に損害を与えるべきことを予見しながら行った行為」とは、その行為によって他人に損害を与えることや他人に損害を与える蓋然性が高いことを認識して行った行為を指す旨の解釈を示していた。

本判決は、「『他人に損害を与えるべきことを予見しながら行った行為（不作為を含みます。）に起因する賠償責任』とは、他人に損害を与える蓋然性が高いことを認識しながら行為し、又は行為をしなかったことを意味するものと解すべきである。」としており、上記裁判例の解釈を踏襲したものと理解できる。

(2) 本判決は、YがBらによる横領等を具体的に疑うべき事実を認識しておらず、そうすると、Yにおいて、Bらが不正行為に及んでXに損害を与える蓋然性が高いと認識していたとまでは認められない旨判示し、本件免責条項の適用を否定した。

これについて、後見人による不正行為が多発し社会問題化している状況においては、本件と同様の過誤をすれば免責の対象となるとの指摘がされている[11]。

> **Key Point**
> 高齢化社会において、今後、後見事件が増加する一方、家庭裁判所の人員は補充されないものと予想され、家庭裁判所に代わり後見人の監督を行う後見監督人の役割がますます重要となる。家庭裁判所により後見監督人に選任された理由・趣旨を理解し、被後見人の保護という重大な職責を果たすことが求められる。

[注]

(1) 被告国に対する請求は棄却されたが、本書の性質に鑑み説明は割愛する。
(2) 最高裁判所事務総局家庭局「後見人等による不正事例（平成23年から令和5年まで）」（2023年）https://www.courts.go.jp/vc-files/courts/2024/r5koukenhusei.pdf
(3) 最高裁判所事務総局家庭局「成年後見関係事件の概況―令和5年1月～12月―」（2023年）1頁
　　https://www.courts.go.jp/vc-files/courts/2024/20240315koukengaikyou-r5.pdf
(4) いずれも成年後見人と被後見人の利益が相反する行為について被後見人を代理することができる（民860条、826条、851条4号）。特別代理人については、選任申立人である後見人等の推薦する候補者が後見人等の「影武者」、「身代わり」としてそのまま選任されることが多く、後見人等によるお手盛りの契約締結等がされてしまうとの弊害が指摘されている。後掲 事例28 参照。
(5) 東京家裁後見問題研究会編著「後見の実務」別冊判例タイムズ36号（2013年）42頁
(6) 公益社団法人成年後見センター・リーガルサポート編『成年後見監督人の手引き』（2014年）11頁、東京家庭裁判所ホームページ「よくある質問（回答編）」Q59（https://www.courts.go.jp/tokyo-f/saiban/kokensite/yokuarushitsumon/question.html）
(7) 於保不二雄ほか編集『新版注釈民法(25)親族(5)〈改訂版〉』有斐閣（2004年）361頁
(8) 西島良尚「判批」実践成年後見54号（2015年）73頁
(9) 全国弁護士協同組合連合会と契約を締結している損害保険ジャパン株式会社の約款（2024年7月改訂）による。
(10) 「認識ある過失」の詳細については、本書第1編第5章4及び後掲 事例48 を参照されたい。
(11) 山下典孝「法律専門職業人賠償責任保険における一考察」出口正義ほか編『企業法の現在－青竹正一先生古稀記念』信山社出版（2014年）591頁注(11)

（松尾　貴雅）

第1章 依頼者との関係

特別代理人の責任

広島高岡山支判平成23・8・25判時2146号53頁〔28181265〕

事案の概要

　被相続人Aは、平成3年8月20日に死亡した。Aの相続人は、長男B、二男C、三男X（当時16歳）の3名であった。Xの未成年後見人に就職したCは、Aの遺産分割を行うため、平成3年11月27日及び平成4年8月24日、岡山家庭裁判所に対し、Xの特別代理人選任を申し立てた。

　1度目はXの叔母（Aの妹）を特別代理人候補者として申し立てたが容れられず、2度目はC代理人D弁護士が弁護士であるYを候補者として申し立て、「Xが遺産のうち土地一筆を取得する。Cがそれ以外の遺産を全て取得し、Bに対し代償金500万円を支払う。」との内容の「別紙遺産分割協議書のとおり分割協議をするにつき」、Xの特別代理人としてYを選任する旨の審判がなされた。

　平成5年2月中旬頃、C代理人D弁護士は、遺産分割の内容を変更するため、岡山家庭裁判所に対して、次の内容の遺産分割協議が成立したとして、改めてXの特別代理人としてYを選任するよう申立てた。同年4月6日、裁判所は、次の内容の「別紙遺産分割協議書のとおり分割協議をするにつき」、Xの特別代理人としてYを選任する旨の審判をした。

　「Xが遺産のうち土地六筆の各持分2分の1を取得する。Cがそれ以外の遺産を全て取得し、Bに対し代償金500万円を支払う。」

　B、C、X特別代理人Yは、平成5年5月26日付けで上記内容の遺産分割協議書に署名押印した。

　被相続人Aは生前、Dに対しその所有する土地三筆（以下「本件各土地」という。）を売却し（以下「本件売買」という。）、手付金868万円を受領していたところ、Cは、平成6年1月31日、当該土地三筆につき、CとDが売買

契約を締結したとの形式を整え、所有権移転登記手続を行い、Aが生前受領した手付金868万円を控除した本件売買残代金約7822万円の支払を受けた。Cは、本件売買残代金からAの負債、公租公課等を支払った残り約4620万円と現預金約852万円を取得した後、Xに対し、Aの遺産が約4000万円入るので、半分はXの分としてCが預っておく旨述べた。

　Aの負債等の支払を踏まえた各相続人の実際の取得額は、Bが500万円、Xが土地六筆の各持分2分の1（相続税評価額約196万円）、Cが残余の財産全部（相続税評価額5774万円）となった。

　Cは、平成10年までに上記の受領した金員を全て費消してしまい、金融業者から高利で借入れをするようになり、相続した上記六筆の土地のうちのX持分についても担保提供してほしいと申し入れた。Xはこれに応じ、自己の持分をCのために担保提供する手続をした。

　平成19年1月5日、Cの債権者の申立てにより、上記土地の担保不動産競売開始決定がされ、同月10日に差押登記がされた。これに対処するため、Xは弁護士に相談し、Aの相続関係書類等を調査したところ、Aの遺産の配分が不平等になっていることを知った。

　Xが、Yに対し、特別代理人としての善管注意義務違反に基づき、損害賠償を求めて提起したのが本訴訟である。

判　旨

1　特別代理人の注意義務

　特別代理人の権限は、特別代理人選任の審判の趣旨によって定まる。

　「遺産分割協議を行うための特別代理人選任の審判の場合、……審判主文に遺産分割協議書案が掲げられている場合には、特別代理人の権限は具体的に特定されているから、当該遺産分割協議案に拘束されると解され、実務上もそのように運用されている。」

　「もっとも、当該利益相反行為の相当性の判断は、本来、家庭裁判所ではなく特別代理人がすべきものである。本件のように、審判主文に遺産分割協

議書案が掲げられている場合でも、その趣旨は、特別代理人の裁量権行使により未成年者の利益が害されることのないようその裁量権を制限するものであって、特別代理人は、当該遺産分割協議書案のとおりの遺産分割協議を成立させるか否かの判断をする権限を有しているのであって、未成年者保護の観点から不相当であると判断される場合にまで当該遺産分割協議書案のとおりの遺産分割協議を成立させる義務を負うわけではない。このような場合には特別代理人は当該遺産分割協議を成立させてはならないと解される。そして、特別代理人は、家事審判法16条、民法644条により、その権限を行使するにつき善管注意義務を負う以上、被相続人の遺産を調査するなどして当該遺産分割協議案が未成年者保護の観点から相当であるか否かを判断すべき注意義務を負うと解すべきである。」

　本件について、Yは、特別代理人に選任されて以降、「XやD弁護士ないしCに問い合わせたり、不動産登記簿謄本や固定資産評価証明書、名寄帳等を調査するなどしてAの遺産を把握し、変更後の遺産分割協議書案がXの利益保護の観点から相当であるかどうかを判断すべき注意義務を負っていたと解される。特に、変更後の遺産分割協議書案には『それ以外の遺産』というかなり概括的な記載があるから、この内容を調査する必要性があったといえる。」

2　Yの注意義務違反

　Yは、「Aの遺産について調査義務を尽くした形跡はなく、Aの遺産の全体像を把握していた事実は窺えない。YがX、CやD弁護士に積極的に問い合わせたり、関係者に不動産登記簿謄本や固定資産評価証明書、名寄帳等を提出させたり取り寄せるなどしていれば、『それ以外の遺産』としてA名義の預貯金や本件各土地が存在することが明らかになったはずであるし、そうすれば、進んで本件各土地が売却されて本件売買代金が存在する事実を把握できた可能性もある。そして、このような事実が明らかになれば、変更後の遺産分割協議書はXにとって不相当な内容であると判断されるはずである。

そうすると、Yとしては、このような遺産分割協議を成立させてはならなかったといえる。」

3 損害

Aの遺産総額から経費を控除した上、これをB、C、及びXの法定相続分に従い三等分した額である約1950万円を損害として認定した。

4 過失相殺

Xは、17歳及び18歳の時、特別代理人選任申立てに係る家庭裁判所の照会に対する回答書を作成しており、少なくともAの遺産分割について何らかの手続がされていることを認識し得た。また、その後、CからAの遺産約4000万円の半分をXの分として預かっておく旨聞かされており、自身が相当額の遺産を取得できる可能性があったと認識し得たが、これを確認等せず、全面的にCに委ねたままにしていた。Xは、成年に達した後もAの遺産の内容や上記手続の意味等について何時でも質問し、不平等な遺産分割協議が成立したことを認識し得た。

これらのことから、「Xは、成年に達した後も、Cが管理する金員をすべて費消するより前に、不平等な遺産分割協議の成立について認識し、これによる損害を回復し得たにもかかわらず、漫然とその状態を放置したことにより損害を回復する機会を失ったというべきであり、その過失割合は5割と認めるのが相当である」として、上記損害額から5割を控除した約975万円及び弁護士費用相当損害額97万円の合計約1072万円の支払を命じた[1]。

解説

1 未成年者の特別代理人

未成年者と未成年後見人・親権者との利益が相反する行為については、未成年後見人等は、未成年者のために特別代理人を選任することを家庭裁判所に請求しなければならない（民860条、826条1項）。未成年者の財産を保護

する趣旨である。

　利益相反行為の判断基準としては、専ら行為の外形からのみ判断すべきであると解する形式判断説（外形判断説）と、むしろ実質的な判断をすべきであると解する実質判断説とに分けられ、判例は古くから形式判断説をとっている[2]。共同相続人である未成年者を代理してする遺産分割協議について、判例は、「遺産分割の協議は、その行為の客観的性質上相続人相互間に利害の対立を生ずるおそれのある行為と認められるから、前記条項〔民826条2項〕の適用上は、利益相反行為に該当する」としており[3]、遺産分割協議の内容によって利益相反か否かが左右されるものではない。

　特別代理人の被選任者たる資格に制限はないが、未成年者の財産状態や家庭環境、特に代理する行為の必要性について知り、未成年者の利益のために働くことが期待できるものが選任されるべきであるといえる。しかし、実際には、家庭裁判所が職権で適任者を探すことが困難であるため、申立人である後見人等の推薦する候補者が、後見人等の「影武者」、「身代わり」としてそのまま特別代理人に選任されることが多いのが実情であるとされ[4]、これにより後見人お手盛りの遺産分割協議等がされてしまうといった弊害が古くから指摘されている。

　すなわち、条文に即した運用方法は以下の〔運用方法1〕であるところ、実際には〔運用方法2〕のような運用が多いようである[5]。

〔運用方法1〕
　①後見人等が特別代理人選任の申立てをする
　②家庭裁判所が特別代理人を選任する
　③特別代理人が自己の裁量で未成年者の利益のために代理行為（遺産分割協議等）を行う

〔運用方法2〕
　①後見人等が代理行為に関する文書の案（遺産分割協議案等）を添付し、また、特別代理人候補者を推薦した上で、特別代理人選任を申し立てる
　②家庭裁判所が①で示された案により代理行為を特定した上で、その代理

行為を行うための特別代理人を選任する
　③特別代理人が②で掲げられた案どおりの代理行為（遺産分割協議等）を行う

〔運用方法2〕では、家庭裁判所は、特別代理人候補者が特別代理人として適任であるかの判断に加えて、多くの場合、利益相反行為の相当性の判断まで行っており、家庭裁判所による許可制に近い運用といえる。

2　特別代理人の権限

　法定代理人である特別代理人の権限は、家庭裁判所による選任の審判の趣旨によって定まるものとされ、具体的には、特別代理人は、その行為を行うか否かを判断し、行う場合にはその内容・方法をいかにするかを行為の相手方である未成年後見人等と交渉して決定し、実現の手続をとる[6]。

　上記のとおり、特別代理人選任前に遺産分割協議案が確定していることも多いが、本判決は、特別代理人選任の審判の主文に遺産分割協議案が掲げられている場合には、特別代理人の権限は当該遺産分割協議案に拘束されると解されるとした。

　これに関し、Yは、「特別代理人の権限は特別代理人選任の審判の主文に限定され、本件において特別代理人としてのYの権限は、変更後の遺産分割協議書のとおりの分割協議をする権限に限定されていた。」と主張したが、本判決は、利益相反行為の相当性は家庭裁判所ではなく特別代理人が判断すべきであるとし、審判の主文に遺産分割協議案が掲げられる趣旨は、特別代理人の裁量権を制限するものであって、特別代理人は、当該遺産分割協議案のとおりの遺産分割協議を成立させるか否かの判断をする権限を有しているとして、Yの主張を退けた。

　Yの主張は、特別代理人が選任される時点では既に遺産分割協議の内容は確定しており、特別代理人は遺産分割協議書に署名押印するのみであるというような、実務上多いとされる運用方法を背景としたものであろう。しかしながら、特別代理人制度の趣旨が未成年者の財産の保護にある以上、利益相

反行為をするか否かにつき特別代理人が判断すべきは当然のことである。また、利益相反行為を行うか否かについて特別代理人に判断の余地を全く与えないとする解釈は、利益相反行為を行うことを家庭裁判所の許可にかからしめていない現行制度上、成り立ち得ないのではないかと思われる。

3 特別代理人の義務

特別代理人は、親権者や後見人に代わって、子に対して親権的保護をなすことから、後見人に類似すると考えられるため、後見人と同様、善良なる管理者の注意をもって事務を処理する義務があると解される[7]。なお、特別代理人は、継続的に子の保護を行う親権者や後見人と異なり、その職務は一時的な特定の行為に限られる。しかし、一時的な行為であるとしても、遺産分割等未成年者に与える影響が少なくないケースが多いこと、不正が起こりやすいことを考慮すると、未成年者保護の観点から、善管注意義務を負うと解すべきである[8][9]。

特別代理人が遺産分割協議を代理する場合の善管注意義務の内容について、本判決は、「被相続人の遺産を調査するなどして当該遺産分割協議案が未成年者保護の観点から相当であるか否かを判断すべき注意義務を負う」とし、具体的な事案との関係では、XやC、D弁護士といった関係者への問合せ、不動産登記簿謄本や固定資産評価証明書等の調査等の義務があったとした。特に、変更後の遺産分割協議案には、「それ以外の遺産」というかなり概括的な記載があることから、その内容を調査する必要があったと判示していることは注目に値する。

4 本判決の意義

本判決が判示するとおり、利益相反行為の相当性の判断は、本来、家庭裁判所ではなく特別代理人がすべきものである。一方、実際の運用では、上記〔運用方法2〕のとおり、家庭裁判所が利益相反行為の相当性の判断まで行うことが多いといえる。

このように、特別代理人の役割と家庭裁判所の役割が重なり合い、両者の役割分担があいまいとなることが特別代理人の職責に対する認識の甘さを生み、特別代理人が家庭裁判所の判断に依存して未成年者の利益保護という本来の制度趣旨を蔑ろにしてしまうのではないかとの指摘もある[10]。

本判決は、特別代理人の職責について、未成年者の利益保護という制度趣旨から確認的に明らかにしたものとして意義を有する。

> **Key Point**
> 特別代理人選任手続の運用上、家庭裁判所が利益相反行為の相当性判断まで行うことも多いが、それにより特別代理人としての職務が代替され、責任が免ぜられるものではない。未成年者の利益を保護するという制度趣旨に立ち返り、特別代理人としての職責を十全に果たすことが求められる。

[注]
(1) Xは上告受理申立てを、Yは上告及び上告受理申立てをしたが、いずれも認められなかった（Xにつき最決平成24・9・27平成23年(受)2212号公刊物未登載〔28272555〕、Yにつき最決平成24・9・27平成23年(オ)1952号等公刊物未登載〔28272554〕）。
(2) 於保不二雄ほか編集『新版注釈民法(25)親族(5)〈改訂版〉』有斐閣(2004年)430、138頁。なお、学説の多数は形式判断説から実質判断説に移ってきており、今日では実質判断説が支配的立場であるとされる。
(3) 最判昭和49・7・22裁判集民112号389頁〔27451998〕。ただし、親権者とその親権に服する子との間の利益相反に関する事案である。
(4) 前掲(2)432、148頁
(5) 川並美砂「判批」法学新報（中央大学）120巻7・8号（2014年）302頁
(6) 前掲(2)150頁
(7) 前掲(2)151頁
(8) 前掲(5)306頁
(9) 特別代理人の善管注意義務の根拠規定として、本判決は、家事審判法16条及び同条が準用する民法644条を挙げている。家事審判法は廃止され、平成25年1月1日施行の家事事件手続法に引き継がれた。ただし、家事審判法16条に相当する条文は、家事事件手続法にはなく、特別代理人の善管注意義務について直接定めた規定は存在しない。しかし、本文中に述べたとおり、未成年者の保護という制度趣旨に鑑み、

後見人の善管注意義務の根拠規定である民法869条が類推適用されると解すべきである。前掲(5)307頁参照。
(10)　前掲(5)304、306頁

(松尾　貴雅)

9　守秘義務違反

事例29　守秘義務の発生

大阪高判平成19・2・28判タ1272号273頁〔28141765〕

事案の概要

　弁護士であるYは、インターネットにおいて、ポルノ・買春問題の研究等を目的とするNPO法人（以下「A法人」という。）を主宰しており、Yが弁護士であることは、A法人のホームページ上で公表されていた。同ホームページでは、ポルノ・買春問題被害に関する情報提供を呼びかけており、「寄せられた情報に関しては、守秘義務を固く守ります。」との記載があった。

　Xは、A法人のホームページのメールフォームよりY弁護士にあて、自己の受けたセクハラの内容、現在A、B弁護士に委任して、加害者との示談交渉を続けている経緯、Xが被害金額について算定したところ、A弁護士にあきれられたこと、及び自身の心情等を記載したメールを送信した。

　本件メールを見たY弁護士は、B弁護士に対し、Xが実在の人物であるかどうか電話にて問い合わせ、実在の人物である旨の回答を得た。ただし、A弁護士より、示談方針についての意見の対立はこちらで調整するので、メールはそのままにしておいてほしい旨の要請を受けたこともあり、Yは特にXに対する返信は行わなかった。

　その後、YがA、B弁護士に対し、本件メールの存在を話したことを知ったXが、Yに対し、守秘義務違反による損害賠償（慰謝料500万円）を請求した。

　原審は、XはYが弁護士であるからこそ本件メールを送信したのであり、本件メールの内容はYが弁護士としての「職務上知り得た」ものであり、ま

た、本件メールの内容が委任中のA、B弁護士の対応に関する部分を含むことからすれば、メール送信の事実自体が「秘密」に当たるとして、Y弁護士の行為は「職務上知り得た秘密」の開示に当たることを認定し、損害賠償責任を認めた（認容額20万円）。

この原審判決に対し、Y弁護士が控訴したのが本件訴訟である。

判　旨

次のように判示し、原審のY弁護士敗訴部分を取り消してXの請求を棄却した。

弁護士法23条にいう「職務上知り得た」とは、「弁護士がその職務を行うについて知り得たという意味であり、弁護士が弁護士法3条の依頼者から依頼を受け、訴訟事件等その他一般的法律事務を処理する上で知り得た事項についての守秘義務が課せられ、また、将来依頼を受ける予定で知り得た事項にも及ぶが、他方、そのような弁護士としての一般的法律事務を行うものではない、例えば、弁護士会の会務を行う際に知り得た事実については弁護士としての守秘義務は及ばないと解される」。

Xからの本件メールは、「何らかの回答を求める法律相談というよりは、……Xの心情を吐露する内容のものであり、一読を求める趣旨」であり、「これを直ちに法律相談であると認めることはできない」。

「確かに、Yは弁護士の資格を有するものであることを明らかにしてA法人を共同主催するものであるが、これは、A法人の信頼を高めるためのものであって、一般的な法律事件について事務を処理しようとする意思が表示されたものであるとは認めることはできないし、Yにそのような意思があったことを認めることはできない。したがって、Yの受けた本件メールは、A法人の活動に関して一方的に送信されたものであって、Yが弁護士として職務を行う上で知り得た事項とはいえないものである。」

「仮に、本件メールがXから弁護士であるYに対してなされた法律相談であり、弁護士が職務上知り得た事項であるとしても、」Xとしても突然面識

のないYに対し本件メールを送信すれば、Yが本件メールがいたずらでないかとの疑問を抱き、何らかの裏付け調査をすることは予測し得ることであり、その裏付け調査の方法として「受任弁護士にXから本件メールがあったことを告げ、Xが実在の人物であるかどうかを確かめることは、正当な弁護士活動であるといえ、これに加え、尋ねた相手も弁護士であって、互いに守秘義務を負う者であって、それ以上第三者に伝播されるものではないことを考慮すると、少なくとも弁護士としての正当な行為であるといえ、Yに課せられた守秘義務に違反するものではない」。

解　説

1　弁護士の守秘義務

　弁護士法23条本文は、弁護士は、「その職務上知り得た秘密を保持する権利を有し、義務を負う。」と定め、「職務上知り得た秘密」の保持が、弁護士の権利であり、義務であることを明らかにする。

　この秘密保持の権利的側面は、弁護士の証言拒絶権（刑訴149条、民訴197条1項2号）や押収拒否権（刑訴105条）、文書提出命令の拒否権（民訴220条1項4号ハ）などによって担保されている。

　他方、弁護士が守秘義務を怠る場合には、秘密漏示罪（刑134条1項）による刑事罰を科せられ、また懲戒処分の対象となり得る（弁護56条1項、規程23条等）。

　この守秘義務及び秘密保持特権は、依頼者自身の秘密保持の権利（ある種のプライバシー権）に由来するといわれる[1]が、必ずしもそれにとどまるものではない。例えばUpjohn.co.v.United States（449 U.S.383［1981］）事件では、「弁護士・依頼者特権は、コモンロー上の最も古い秘密交信についての特権である。その目的は、弁護士と依頼者の間の余すところのない率直な情報伝達を助長することにより法の遵守と正義の執行というより広範な公共の利益を促進することにある」と判示されている。つまり、この守秘義務（及び秘密保持特権）が確保されることではじめて依頼者は安心して弁護士にすべて

の事情を打ち明けることができ、弁護士は依頼者に対し、状況に即した正しい法の適用を教示できることになるのであり、そこではじめて依頼者の司法へのアクセス権が保障されるとともに、依頼者が弁護士の正しい教示に従って行動することにより、法の支配の実現が促進されるのである。この意味で、「弁護士の守秘義務は、単なるプライバシーの保護を超えた意義と根拠を持つ」[2]。

2　「職務上知り得た秘密」

　守秘義務の対象となる「職務上知り得た秘密」は、一般に、単に弁護士が知った他人の秘密を意味するのでなく、「弁護士が弁護士法3条に定める職務を遂行する過程で知ることができたもの」[3]と解されている[4]。

　上述したように守秘義務（及び秘密保持特権）の実質的根拠が依頼者の司法へのアクセス権に由来するものであることからすれば、そこでいう「職務」が弁護士資格に基づく職務に限定されるのは、ごく自然な解釈というべきである。

　本判決も弁護士法23条の「職務上知り得た」とは、「弁護士がその職務を行うについて知り得たという意味」としてこの通説的見解を支持し、さらにこれを敷衍して「将来依頼を受ける予定で知り得た事項にも及ぶ」が、他方、「例えば、弁護士会の会務を行う際に知り得た事実については弁護士としての守秘義務は及ばないと解される」と判示した。

3　本件の弁護士職務性

　本件でその弁護士職務性が問題となったのは、インターネット上で自らが弁護士であることを公表してポルノ・買春問題被害に関する情報提供を募ったところ、単なる情報提供に加え、法律問題（賠償金額及び示談の方針）に触れる内容の含まれたメールが寄せられた、というものである。

　本判決は、Yが弁護士であることを明かして情報提供を募ったのは、「A法人の信頼を高めるためのものであって、一般的な法律事件について事務を

処理しようとする意思が表示されたものであるとは認めることはできない」と認定し、一般的な信頼確保のために弁護士の肩書きを利用するだけでは弁護士としての職務に当たらないことを明らかにした。2で紹介した通説的見解を敷衍した、妥当な結論と思われる。

他方、本判決では、Xのメール送信の趣旨が「心情を吐露する内容のものであり、一読を求める趣旨」であって法律相談ではない、という相談者側の事情（認識・意図）も認定されている。相談者側の認識・意図がなぜ結論に影響するか、その理論的根拠は明示されていないが、確かに弁護士の側に全く職務執行の意思がなかったとしても（極端な例でいえば、たまたま居酒屋で隣り合わせた客から相談を受けるような場合でも）、依頼者の意図が明らかに弁護士に対する法律相談である場合（特にその意図が相談内容から明確に読み取れる場合）等、その相談の受領は弁護士の職務に当たるというべき場面は想定し得るものと思われる。

この意味で、ある事実が弁護士としての職務に該当するか否かを検討するに際し、弁護士側の認識、及び依頼者側の認識をそれぞれ検討することは、妥当な方向性と思われる。弁護士、依頼者いずれか一方にとって弁護士の職務に当たるという認識があれば守秘義務が発生するのか、あるいは双方の認識の濃淡を総合的に考慮するのか等、今後の議論の進展が期待される。

4 秘密の開示が許される場合

一般に、弁護士が守秘義務を負う場合であっても例外的に秘密の開示が許される場合として、法に別段の定めのある場合、依頼者の承諾がある場合のほか、①「依頼事件に関連し、弁護士自身が民事・刑事等の係争の当事者となり、あるいは懲戒の請求や紛議調停の場合において、その主張・立証のため、必要な場合」[5]、及び②依頼者の犯罪行為の防止のため必要な場合（ただし、結果が極めて重大な犯罪に限られる、あるいは受任の範囲内の業務に関する犯罪の場合に限られる等、その具体的な範囲、正当化される根拠については争いがある[6]。）が挙げられる。

本判決は傍論ではあるが、Y弁護士が守秘義務を負う場合でも、Xの実在を確認するためにY弁護士が相当な裏付け調査を行うことはXとしても「予測し得る」としてY弁護士の行為は守秘義務違反に当たらないとしている。これは上記の秘密の開示が許される場合のうち、依頼者の黙示的承諾がある場合に該当するとの判断と思われる。

確かに、全く面識のない弁護士あての、しかもメールのみでの相談という特殊性からすれば、弁護士が当該メールがいたずらではないか調査することは通常予想し得ることであり、Xもその調査に必要な限りでは守秘義務を解除することに同意していたというべきである。しかし他方で、本件メールの内容からすれば、Xが、メールの内容をA、B弁護士に知られたくないと考えていたことは、むしろ明らかといわざるを得ない。この意味で、Y弁護士が本件メールそのものをB弁護士に示した点が相当であったか（裏付け調査に必要な行為であったか）、疑問が残る。

5　関連裁判例

弁護士が受任した訴訟に関する事実を紹介者に告げたことが守秘義務に違反するとされた事案として、大阪地判平成21・12・4判時2105号44頁〔28171621〕がある。

(1)　交通事故の被害者である依頼者ら（夫婦）は、勤務する会社の代表取締役の紹介で、加害者に対する損害賠償請求訴訟を弁護士に委任した。第一審の係属中、依頼者らは弁護士を訴訟代理人から解任し、①弁護士は解任された旨を紹介者に告げた。紹介者が依頼者らに解任の原因を尋ねたところ、弁護士が訴訟において請求する、事故により死亡した依頼者らの子の逸失利益の額が依頼者らの主張する金額よりも低いことなどを指摘した。そこで、紹介者が弁護士に対し逸失利益に関する主張内容を尋ねたところ、②弁護士は紹介者に対し、逸失利益に関する当事者双方の主張が記載された準備書面を見せて双方の主張について解説するとともに、当該準備書面の一部の写しを作成して交付した。

上記①及び②の行為が委任契約上の守秘義務に違反するなどとして依頼者らが弁護士に対し損害賠償を求めた訴訟において、本判決は、上記①及び②はいずれも秘密に当たる事実を正当な理由なく第三者に開示したものとして守秘義務に違反すると判示し、慰謝料として15万円を認めた。控訴審判決である大阪高判平成22・5・28判時2131号66頁〔28180055〕も本判決の判断を肯認した。
(2)　開示の相手方について、本判決は、「委任契約の当事者は飽くまでも依頼者と弁護士であって、紹介者は締結された委任契約との関係では第三者にすぎないのであって、相手方が紹介者であるとしても、依頼者が明示又は黙示に秘密を開示することに同意していない以上、それだけでは秘密の開示を正当化する理由にならない。」と判示する。弁護士の案件依頼は地方名望家のようなしかるべき紹介者によることがよしとされていた時代[7]であればともかく、現在においては、紹介者であることが秘密の開示の正当な理由にはならないことは明らかであろう。
(3)　守秘義務の対象となる「秘密」とは、一般に知られていない事実であって、本人が特に秘匿しておきたいと考える性質をもつ事項（主観的意味の秘密）に限らず、一般人の立場からみて秘匿しておきたいと考える性質をもつ事項（客観的意味の秘密）をも指す[8]。
　　依頼者が弁護士を解任した事実（上記①）について、本判決は、「依頼者と弁護士との間の委任関係の存否に関する事実は、依頼者が法的紛争の当事者となっていることやその紛争の現状に関わる事実であって、一般人の立場から見て秘匿しておきたいと考える性質を持つ事実である。」と判示している。
　　逸失利益に関する主張（上記②）は、依頼者らの子の年収、職歴、健康状態、年齢、同居の家族に関する情報等のプライバシーに関わる事実を基礎としていることから、客観的意味の秘密に当たることに異論はないであろう。

> **Key Point**
> 守秘義務が発生する「職務」は、弁護士としての資格に基づく「職務」に限定されるべきであり、単に弁護士が一般的な信頼確保のためにその肩書きを利用する場面は含まれない。ただしいったん守秘義務の発生が認められた場合には、同じく守秘義務を負う他の弁護士に対する開示であっても守秘義務違反となる場合があることに注意を要する。裏付け調査等のために秘密情報を用いる場合であっても、開示する情報の範囲は必要最小限にとどめるべきである。

[注]
(1) 例えば、日本弁護士連合会弁護士倫理に関する委員会編『注釈弁護士倫理〈補訂版〉』有斐閣(1996年)86頁。
(2) 塚原英治ほか編著『プロブレムブック法曹の倫理と責任〈第2版〉』現代人文社(2007年)〔川端和治〕110頁
(3) 加藤新太郎『コモン・ベーシック弁護士倫理』有斐閣(2006年)107頁
(4) 日本弁護士連合会調査室編著『条解弁護士法〈第5版〉』弘文堂(2019年)168頁、日本弁護士連合会弁護士倫理委員会編著『解説「弁護士職務基本規程」第3版』日本弁護士連合会(2017年)56頁等参照
(5) 前掲(1)90頁
(6) 前掲(3)112頁参照
(7) 加藤新太郎「弁護士の守秘義務により保護されるべき秘密(Legal Analysis第73回)」NBL1217号(2022年)71頁
(8) 日本弁護士連合会弁護士倫理委員会編著『解説「弁護士職務基本規程」〈第3版〉』日本弁護士連合会(2017年)55頁、日本弁護士連合会調査室編著『条解弁護士法〈第5版〉』弘文堂(2019年)168頁等

(渡辺　周／松尾　貴雅)

第2章　第三者との関係

1　訴訟遂行における問題

事例30　準備書面による名誉毀損

浦和地判平成6・5・13判タ862号187頁〔27825531〕

> 事案の概要

1　X（埼玉弁護士会に所属する弁護士）は、A社の嘱託を受け、同社の増資の事務一切を処理し、これに伴って、株式会社変更登記の登記申請を代理した。

　これに対し、Y（埼玉司法書士会）の会長であるMは、A社あてに、登記業務は司法書士のみが申請代理できると司法書士法に定められている旨、及び次回登記申請の際は司法書士に嘱託されたい旨を記載した文書（以下「本件文書」という。）を送付した。

2　そこで、Xは、①Mは、Xの名誉・信用を毀損し、かつ、その業務を妨害する目的で本件文書を送付した、②Mは、弁護士が登記申請代理業務をできることを調査すれば容易に知り得たのに、調査を怠って本件文書を送付したなどと主張して、会長であるMの不法行為につきYが賠償責任を負うとして、損害賠償を求める訴えを提起した（以下「甲事件」という。）。

　なお、甲事件では、法務局の職員が正規の手続によらずに登記申請書類の閲覧を許可したことが違法な情報提供行為に当たるとして、Xが国に対し国家賠償法1条1項に基づく損害賠償請求をしている等、多数の請求が

併合されているが、本稿ではこれらの請求には触れないこととする。
3 Xは、甲事件の第1回口頭弁論期日において、Yのことを「劣位下等な職能集団」と記載した訴状を陳述した。

これに対し、Yは、同訴状の陳述によりYの社会的評価は著しく失墜させられ、名誉侵害に伴う損害を受けたなどとして、Xに対し、損害賠償を求める反訴を提起した（以下「乙事件」という。）。

判　旨

1 甲事件については、「弁護士は司法書士会に入会することなく一般的に登記申請代理業務を行うことができるものというべき」と判断したうえ、Mの過失（調査義務違反）を認定して、甲事件の提訴及び追行による損害（50万円）や慰謝料（50万円）等総額165万円の限度でXの請求を認容した。
2 乙事件について、本判決は以下のとおり判示した。
 (1) 「弁論主義・当事者主義を基調とする民事訴訟の下では、当事者が自由に忌憚のない主張を尽くすことが重要であり、……たとい相手方の名誉を失墜するような主張がされたとしても、それがことさら害意をもってなされたもの等でない限り、原則として違法性が阻却されるものと解される」が、「当初から相手方当事者の名誉を害する意図で、ことさら虚偽の事実又は当該事件と関係のない事実を主張し、あるいはそのような意図がなくとも、相応の根拠がないままに訴訟遂行上の必要性を越えて、著しく不適切な表現内容、方法、態様で主張をし、相手方の名誉を害する場合は社会的に許容される範囲を逸脱したものとして違法性が阻却されない」。
 (2) 「弁護士と司法書士とはいずれも独立した専門の職業である上、……少なくとも登記業務について両者は競合関係にあり、優劣の関係にはない」し、「『劣位下等』という表現を用いなければ右関係を表現できないわけではな」く、「Xの用いた前記表現は訴訟遂行上の必要性を越えた著しく不適切、不穏当なものであって、Yの名誉を著しく害したものと

認められる」。

弁護士であるXには、上記名誉毀損の「違法性につき認識し、これを差し控える注意義務があったことは明らかであり、Xには右注意義務を怠った過失がある」。

(3)「本件訴訟の経緯、特にYの方が先にXの顧問先に本件文書を送付してXの名誉を毀損していること、Xは右訴状部分の陳述を本件第12回口頭弁論期日において撤回している……こと等を考慮すると、右名誉毀損に対する慰謝料は100万円が相当であ」り、損害賠償のほかに謝罪広告の掲載まで認める必要はない。

3 その後、控訴棄却

（東京高判平成7・11・29判時1557号52頁〔28010213〕）となり本判決は確定した。

解説

1 はじめに

本判決は、「司法書士会埼玉訴訟」と呼ばれる事件の第一審である[1]。

本判決では、名誉毀損の判断の前提として、①弁護士は登記申請代理業務を法律上行い得るか（弁護士法3条1項にいう「一般の法律事務」に登記申請代理業務が含まれるか、及び弁護士法は司法書士法（平成14年法律33号改正前）19条1項ただし書の「他の法律」に当たるか）、②弁護士は司法書士会に入会することなく一般的に登記申請代理業務を行うことができるかについての判断が示されているが、本稿ではこれらの論点は割愛し[2]、弁護士であるXの訴状の陳述が名誉毀損の不法行為を構成すると評価されたことについて述べる。

2 主張書面の陳述が名誉毀損として違法性を帯びる判断基準

(1) 現行の民事訴訟制度のもとでは、当事者が自由に忌憚のない主張を尽くすことが重要である。こうした主張のぶつけ合いの場では相手方の主

張を批判することも当然になされるのであり、時には相手方の名誉を損なうような主張が含まれることもあり得ることであるが、これは訴訟という性質上やむを得ないものでもある。また、訴訟においては、相手方からの反論の機会もあるし、裁判所の訴訟指揮権の行使によるコントロールも可能である。

そのため、原則として主張書面の陳述につき違法性が阻却されると解することにほぼ異論はないものと思われる[3]。本判決もこのような理解を示している。

(2) では、例外的に違法性が阻却されず、名誉毀損等による不法行為が成立する場合とはいかなる場合であろうか。

この点に関しては、学説上、①特に悪意をもってなされた場合に違法性を認める見解[4]、②要証事実との関連性、主張の必要性、主張方法の相当性及び内容の真実性を考慮要素とすべきとする見解[5]等がある[6]。

本判決は、当初から相手方当事者の名誉を害する意図で、ことさら虚偽の事実又は当該事件と関係のない事実を主張する場合、あるいは、相応の根拠がないままに訴訟遂行上の必要性を越えて、著しく不適切な表現内容、方法、態様で主張をした場合には、社会的に許容される範囲を逸脱したものとして違法性が阻却されないとの判断を示した。前者はまさに故意による名誉毀損であり、違法であることは明らかであろう。後者については、当該訴訟行為の必要性や相当性を考慮要素とすることを示唆するものであり、上記②の学説と共通性を有するといえよう。

(3) なお、その後の裁判例においても、上記②の学説が挙げる考慮要素を摘示するものがいくつかみられており（例えば、京都地判平成18・8・31判タ1224号274頁〔28111950〕は、「訴訟行為と関連し、訴訟遂行のために必要であり、主張方法も不当とは認められない場合には、違法性が阻却されるが、訴訟活動に名を借りて、訴訟上主張する必要のない事実を主張し、相手方等の名誉を損なう行為に及んだなど、正当な訴訟活動として許容される範囲を逸脱していると評価できる場合には、不法行為

が成立する」と判示した。)、上記②の学説が挙げるような複数の要素に照らして検討・判断する方法が有力となりつつあるのではないかと思われる。

　弁護士としては、過度に名誉毀損等を恐れることはないと思われるが、準備書面の記載に他者の名誉を損なうような内容が含まれていないか気を配るとともに、もしそのような表現内容を含む場合には、当該主張の必要性、相当性、さらに当該主張と争点との関連性や内容の真実性などに照らし、記載の適・不適を冷静かつ慎重に判断することが必要であろう。

3　損　害

　本判決は、「劣位下等な職能集団」との表現につき、訴訟遂行上の必要性を越えた著しく不適切、不穏当なものと評価して違法性を肯定し、Yに100万円の慰謝料の支払義務を認めた。Yが先に名誉毀損行為を行ったこと、及び後にXが同部分の陳述を撤回していることを認定してもなお、100万円という他の事例に比して高額の賠償が認められている点は注目される。埼玉司法書士会という法人に対する名誉毀損であり、法人の背後に多数の構成員が存在することから（さらには、日本全国の司法書士の名誉を害するような表現であったともいい得る。)、比較的高額な賠償額が認容されたのではないかと想像される。

4　準備書面による名誉毀損の裁判例

　準備書面による名誉毀損が問題となった近時の裁判例につき、肯定例としては、①前掲平成18年京都地判〔28111950〕（認容額10万円[7]）、②東京地判平成18・3・20判タ1244号240頁〔28111739〕（認容額20万円）、③前橋地判平成15・7・25判時1840号33頁〔28082534〕（認容額10万円。⑦の原審)、④大阪高判平成27・10・2判時2276号28頁〔28240313〕（認容額30万円。⑧の控訴審）等があり、他方、否定例として、⑤東京地判平成17・2・22判タ1183号

249頁〔28101685〕、⑥東京地判平成16・8・23判タ1179号261頁〔28092472〕、⑦東京高判平成16・2・25判時1856号99頁〔28091816〕（③の控訴審）、⑧和歌山地判平成27・1・29判時2276号33頁〔28240314〕（④の原審）等がみられる。

> **Key Point**
> 民事訴訟における自由な訴訟活動の保障の要請から、相手方当事者の名誉を損なうような主張があったとしても、社会的に許容される範囲を逸脱したものでない限り違法性は阻却される。弁護士としては、他者の名誉を損なうような主張を過度に恐れることはないが、争点との関連性、主張の必要性、主張方法の相当性等を欠く場合には違法との謗りを免れないのであり、冷静かつ慎重に判断することが求められる。

[注]
(1) X及びYの双方から控訴された控訴審（東京高判平成7・11・29判時1557号52頁〔28010213〕）でも、本論点に係る第一審の判断は維持されている。
(2) これらの論点については、石川明「判批」判例時報1518号（判例評論434号）（1995年）202頁等を参照。
(3) 米国では、訴訟内での弁護士の発言や、訴訟外であっても訴訟手続に関連してなされた発言や文書については、完全な免責が与えられているようである（「弁護過誤について」ジュリスト1119号（1997年）93頁参照）。
(4) 加藤一郎編集『注釈民法⑲債権⑩』有斐閣（1965年）188頁
(5) 加藤新太郎「平成7年度主要民事判例解説」判例タイムズ臨時増刊913号（1996年）110頁
(6) 学説の紹介や理論的検討も含め、加藤新太郎『弁護士役割論〈新版〉』弘文堂（2000年）213頁以下に詳しい。また、飯塚和之「弁護士の訴訟行為と名誉毀損」判例タイムズ1024号（2000年）78頁以下も参照。
(7) ただし、請求額自体が10万円であった。

（上原　裕紀）

事例31 証拠による名誉毀損

東京地判平成22・5・27判時2084号23頁〔28162797〕

事案の概要

1　貸金業者である X_1 株式会社を被告とする2件の過払金返還請求訴訟（以下個別に「本件第1事件」、「本件第2事件」ともいう。）につき、X_1 の上告受理申立てに対していずれも上告受理決定がなされ、口頭弁論期日が指定された。本件第1事件の被上告代理人として、Y_1 のほか、Y_2、Y_3 及び Y_4 が委任を受け、また、本件第2事件の被上告代理人として、Y_5、Y_2 及び Y_6 のほか、Y_3 及び Y_1 が委任を受け、被上告復代理人として Y_7 が委任を受けた（Y_1 ないし Y_7 はいずれも弁護士である。）。なお、上告代理人は両事件とも弁護士である X_3 であった。

2　Y_8（日本証券業協会の証券あっせん・相談センター部長を務めていた者）は、Y_3 からの依頼に応じ、上記両事件において最高裁判所に証拠として提出させる目的で、X_1 の営業実態に関する報告書（以下「本件報告書」という。）を作成し、これを Y_3 に交付した。本件報告書には、X_1 が暴力団と関わりのある悪質な企業であるとの印象を与えるような記載、X_2（X_1 の取締役）が元暴力団員である等の事実の摘示、及び X_3 が無能であり金儲けのために弁護士倫理に反する仕事をしているとの印象を与えるような記載等が含まれていた。

　Y_1 及び Y_2 は、それぞれ本件第1事件及び本件第2事件について、最高裁判所及び X_1 の上告代理人らの法律事務所に対し、本件報告書を引用する等して作成した上告答弁書及び本件報告書等を送付した。

3　本件第1事件及び本件第2事件の双方の口頭弁論期日において、X_1 の上告代理人は本件報告書の撤回を求めたが、いずれの事件でも被上告代理人はこれに応じず、前記上告答弁書を陳述する等した。

なお、本件の両事件はいずれも破棄差戻しの判決となった[1]。
4　以上の経過につき、X_1ないしX_3は、Y_1らの訴訟行為等がX_1ないしX_3の名誉や信用等を毀損したなどとして、共同不法行為に基づき損害賠償を請求した。

判旨

本判決は、以下のとおり判示して、Y_1ないしY_8の全員につき、X_1及びX_2の請求は棄却したが、弁護士であるX_3に対する不法行為責任を肯定して請求を一部認容した。
1　Y_8が本件報告書を作成しY_3に交付したこと、並びにY_1及びY_2が本件上告答弁書及び本件報告書等を最高裁等に送付したことは、「X_1の名誉及び信用を毀損し、X_2の名誉及び名誉感情を毀損し、X_3の名誉、信用及び名誉感情を毀損するものというべきであ」り、また、本件上告答弁書の陳述は、「X_1の名誉及び信用を毀損するものというべきである」。
2　「訴訟活動が名誉等を毀損するものとして不法行為に当たるかどうかについては、当該訴訟活動が事件の争点と関連するかどうか、訴訟遂行のために必要であるかどうか、主張方法等が相当であるかどうかなどを考慮の上、当該訴訟活動が、正当な訴訟活動の範囲を逸脱している場合に限り、不法行為が成立するものと解するのが相当である。」
3　本件各行為は、上告審における「争点と全く無関係であるとはいえず、……訴訟活動全体を見ると、本件各行為のうちX_1に関するものは、いまだ正当な訴訟活動の範囲を逸脱するものとはいえない」。また、「本件各行為のうちX_2に関するものは、……上告審における上記争点との関連性は乏し」いが、「X_1の取締役であったX_2個人を中傷する目的でされたものではなく、訴訟活動の範囲を逸脱したものとまでは言い切れない」。

他方、「本件各行為のうち、X_3に関する部分は、……上告審における口頭弁論において主張、立証する必要性も全くな」く、「訴訟活動に名を借りて個人の人格を攻撃するものといわざるを得ず、到底正当な訴訟活動と

はいえない」。

4　(被告らの共謀を認定したうえ)、「被告らは、……共同不法行為者として損害賠償義務を免れ」ず、「本件に現れた一切の諸事情を考慮すると、……慰謝料50万円の支払を命じるのが相当である」。

5　その後、控訴棄却(東京高判平成24・4・17平成22年(ネ)3945号公刊物未登載〔28224324〕)、上告棄却・上告不受理(最決平成25・1・17平成24年(オ)1489号等公刊物未登載〔28224325〕)となり本判決は確定した。

解　説

1　証拠提出による名誉・信用等の毀損

　弁論主義及び当事者主義を基礎とする民事訴訟のもとでは、自由な主張立証を当事者が尽くすことが重要であり、その機会を保障する必要がある。しかし、自由な訴訟活動が保障されるといっても当然ながら一定の限度がある。本判決は、証拠提出を含めた訴訟活動が不法行為となる基準を示したうえ、訴訟当事者である株式会社及びその取締役に関しては不法行為の成立を否定する一方、本件報告書を証拠として送付した行為等が訴訟代理人弁護士に対する名誉毀損等を構成することを認めたものであり、事例的意義のある裁判例と思われる。

　なお、本件においては、証拠の提出及び答弁書の提出・陳述等の訴訟活動が問題とされているところ、準備書面の記載及び陳述による名誉毀損については、前掲 事例30 「準備書面による名誉毀損」の項で取り上げているので、同項も参照されたい。

2　訴訟活動が不法行為を構成するかどうかの基準

　本判決は、相手方当事者等の名誉を損なうような主張、立証があったとしても、裁判所の訴訟指揮による修正が可能であるし、相手方当事者にも反論・反証の機会が保障されていることを挙げつつ、民事訴訟において自由に訴訟活動をする機会を保障する必要があることを述べている。そして、この

ような民事訴訟における訴訟活動の特質及び仕組み等に照らして、「正当な訴訟活動の範囲を逸脱している場合に限り」不法行為が成立すると判示している。このような見解にほぼ異論はないものと思われ、学説も文言の差こそあれおおむね同様に解していると思われる[2]。

また、本判決は、不法行為の成否を判断するに当たっての具体的判断要素として、事件の争点との関連性、訴訟遂行のための必要性、主張方法等の相当性の３つを挙げている。こうした考慮要素に着目する見解は学説によって紹介されており[3]、本判決以外の下級審にもみられている。この点について示した最高裁の判決はいまだないようであるが、争点との関連性、訴訟上の必要性、方法の相当性を判断要素として違法性の有無を判断する考え方が、現在は有力になりつつあるように思われる。

このように、原則として証拠提出や主張書面の陳述といった訴訟活動が違法となることはないのであるから、弁護士としては、名誉・信用毀損を恐れて訴訟活動を過度に委縮させる必要はないであろう。ただし、争点との関連がなく、必要性が認められないような訴訟活動では違法との誹りを免れないのであり、各主張・立証の位置付けを十分検討・把握しておくことが肝要であろうと思われる。

3　本判決における判断

本判決は、前述した具体的考慮要素をそれぞれ検討して不法行為の成否の結論を導いている。

まず、X_1に関しては、「主張等の方法は、いささか穏当を欠くものであることは否定できない」と述べて方法の相当性を否定的に解したものの、「争点と全く無関係であるとはいえず」、また、本件の行為が「訴訟活動として全く意味がないものともいえない」として、争点との関連性及び訴訟上の必要性を一定程度肯定して、名誉毀損の成立を否定した。

また、X_2に関するものについては、「争点との関連性は乏しく」、「事実上の判断資料として提出する必要性も乏しい」と述べて争点との関連性及び訴

訟上の必要性を消極的に解し、また、本件報告書の提出が「配慮を欠くものではあった」としながらも、「X_1の取締役であったX_2個人を中傷する目的でされたものではなく、訴訟活動の範囲を逸脱したものとまでは言い切れない」として、X_2に対するYらの責任を否定した。

他方、X_3に関する部分については、「上告審における上記争点と……およそ関係がないことは明らか」で、「それを上告審における口頭弁論において主張、立証する必要性も全くない」と断じて争点との関連性及び訴訟上の必要性を否定し、「訴訟活動に名を借りて個人の人格を攻撃するもの」として正当な訴訟活動の範囲を逸脱していると判断した。

X_2に関する判断が限界事例ではないかと思われるが、本判決はX_2につき不法行為責任の成立を否定した。本判決の判断に対しては、争点との関連性及び訴訟上の必要性が完全に否定される場合でない限り違法と評価されなくなるとの批判もあり得ると思われるが、弁護士の訴訟活動については広範囲での自由が保障されるべきとの観点から、本判決の判断を支持したい。

4 他の裁判例

(1) 裁判所への資料提出による名誉毀損が問題となった事例として、京都地判平成2・1・18判タ723号151頁〔27806200〕を紹介する。

本事例は、仮処分申請事件において、興信所作成の報告書を疎明資料として提出したことが原告らの名誉を毀損するとして、同事件の申請人、申請人の代理人弁護士及び報告書を作成した興信所が不法行為責任を問われた事例である。

本事例につき、裁判所は、「当初から対立当事者側の名誉を毀損するという目的を有し、あるいはそのような意図がなくとも、主張・立証・疎明活動の表現内容・態様・方法、表現内容の真実性、主張内容との関連性、他のより名誉毀損に当たらない証拠・疎明資料による代替性等を総合判断して、社会的に許容される範囲を逸脱したことが明らかであると認められるような場合には、……不法行為責任を免れない」との基準

を示したうえで、「各報告書を疎明資料として裁判所に提出することは、弁護士として要求される慎重さを著しく欠いたものであり、社会的に許容される範囲を逸脱したことが明らかな活動である」として、申請人の代理人弁護士に不法行為責任を肯定した。なお、興信所及び申請人本人については過失が否定され[4]、不法行為責任も否定された。

(2) 証拠そのものではないが、近時の裁判例には、反対尋問における代理人弁護士の発言について、被尋問者（証人）の名誉を毀損するものであり、正当な訴訟活動として違法性が阻却されると認めることもできないとして、慰謝料100万円を認容した事案がある（東京高判平成30・10・18判時2424号73頁〔28264962〕。なお、第一審では弁護士の責任は否定されていた。）。

> **Key Point**
> 弁論主義及び当事者主義を基調とする民事訴訟のもとでは、自由な主張立証の機会が保障されるべきであり、正当な訴訟活動の範囲を逸脱している場合に限って当該活動が不法行為を構成すると理解される。もっとも、争点との関連性を欠き、訴訟追行上の必要性・相当性が認められないような場合には不法行為が成立するのであり、こうした考慮要素を踏まえて主張・立証の位置付けを検討・把握しておくことが重要と思われる。

[注]
(1) 本件第1事件は、最判平成21・7・10民集63巻6号1170頁〔28152031〕、本件第2事件は、最判平成21・7・14裁判集民231号357頁〔28152033〕である。
(2) 学説の紹介・検討は、加藤新太郎『弁護士役割論〈新版〉』弘文堂（2000年）213頁以下に詳しい。
(3) 前掲(2)223頁。なお、加藤は、要証事実との関連性、主張の必要性、主張方法の相当性に加え、内容の真実性も考慮要素とし、類型的に考慮する説を提唱している。
(4) 申請人については、疎明資料として裁判所に提出されることについて予見可能性を認めながらも、「弁護士は、委任者の意思に反することはできないとはいえ、法

律の専門家としてその専門知識を生かしかなり広範な裁量権をもって行動することが許されている」ため、申請人には、依頼した弁護士らの「弁護活動を逐一監視する義務はなく、……過失は認められない」と判断された。

（上原　裕紀）

第2章 第三者との関係

事例32 証拠によるプライバシー侵害

東京高判平成11・9・22判タ1037号195頁〔28052050〕

事案の概要

1 Xは、亡夫の遺産の土地問題をめぐって紛争のあった義弟Aらを債務者として面会強要禁止の仮処分を申し立てたところ（以下「①事件」という。）、裁判所は無審尋・無担保で申立てを認容する決定をした。弁護士であるYは、①事件の仮処分命令への対策についてAから依頼を受け、X及びXの子を相手方として家事調停の申立てをした（以下「②事件」という。）。

2 他方、Yは、B・C夫妻から、Cの子Dから嫌がらせを受けて困っているとの相談を受け、B及びCの代理人として、Dを債務者として面談等強要禁止の仮処分を申し立てた（以下「③事件」という。）。Yは、無審尋で仮処分を得たいと考え、Aが①事件において無審尋で面会強要禁止の仮処分を受けたことを知っていたことから、裁判所に対し同種事件で無審尋の仮処分の発令をされた例がある旨説明したうえ、疎明資料として、自ら作成した報告書に、①事件の仮処分決定書（Aから入手したもの）の写しと②事件の申立書の控え（以下「本件文書」という。）を添付して裁判所に提出した。これを受けて、裁判所は無審尋で申立て認容の決定をした。なお、本件文書の申立ての理由欄には、Xとその家族の氏名、本籍、住所、生年月日、財産関係のほか、Xの亡夫の父の国籍やXの子が特別養子であること、祭祀承継者や不動産に関し親族間で紛争が生じていることなどが記載されていた。

3 その後、Dは本件文書を含む③事件の記録を閲覧・謄写してXの住所や電話番号を知り、Xに架電や面会をして、Yが本件文書を裁判所に提出したことを告げるなどした。

そこで、Xは、Yに対し、Xの身上や紛争の実情等が記載された本件文書が、②事件とは全く関係のない③事件の疎明資料として裁判所に提出されたことによってプライバシーを侵害されたとして、慰謝料の支払を請求した。

4　原審は、保全事件の記録は利害関係人しか閲覧・謄写することができないこと（民保5条）、一般に利害関係人が少数かつ特定の者に限られることを理由に、本件文書の提出によってXのプライバシーに属する事項が公開されたとはいえないとして、Xの請求を棄却したため、Xが控訴した。

判　旨

本判決は、以下のとおり、原判決を変更し、Yの不法行為責任を認めた。なお、その後の上告審は上告棄却、上告不受理となっている。

1　弁護士たるYとしては、民事保全事件の疎明資料として提出された文書につき、「閲覧等を通じてその内容が債権者以外の第三者に開示されたり漏洩されたりする可能性……を予見すべきであ」り、当該資料が「事件の当事者とは無関係な第三者のプライバシーに関する資料であるときは、……提出の必要性、相当性について十分な吟味をし、正当な訴訟活動として許されるかどうかを検討することが求められる」。「このことは、そのような資料の提出者が弁護士である場合は、その使命及び職責に照らして当事者本人よりも強く要請されよう」。

2　「訴訟活動において相手当事者又は第三者の名誉、プライバシー等を損なうような行為がとられた」場合の「違法性の有無は、……その訴訟活動の目的、必要性、関連性、その態様及び方法の相当性、他の方法による代替性の有無と、……被侵害利益であるプライバシー等の内容等を比較総合して判断すべき」である。そして、「当事者以外の第三者に対するプライバシー等の侵害については、……違法性が阻却されるかどうかの検討は、当事者間における場合よりも厳格であるべきものと考えられ、当該訴訟行為をすることが、これによって損なわれる第三者のプライバシーの保護を

上回る必要性、相当性等について首肯できる特段の事情がない限り、違法性を帯びる」。
3 「弁護士たるYとしては、本件文書を他の事件の疎明資料として提出することによるXのプライバシー侵害のおそれに考慮を巡らせるべきであった」が、Yは、「およそXのプライバシー侵害への配慮をした形跡を窺うことができない」。そして、「疎明のために、Xのプライバシーに関する事項を記載した……調停申立書の控えの写しまでを、しかも関係者のプライバシー保護のために本件文書への相当な修正を施す等の配慮もせず、そのまま提出する必要性、相当性は認め難」く、本件文書提出行為はXのプライバシー侵害の不法行為に当たる。
4 本件の慰謝料としては、30万円が相当である。

解 説

1 はじめに

弁護士の訴訟活動による名誉毀損が問題になった事例として、準備書面による名誉毀損（前掲 事例30）、証拠による名誉毀損（前掲 事例31 ）等がある。これらについてはそれぞれの項を参照されたい。

一方、本判決は、弁護士の訴訟活動によるプライバシー侵害が問題とされた事例であるが、弁護活動の中で第三者のプライバシー侵害をしたとして民事責任が肯定された初めての事例とされており[1]、弁護士にとっては参考になる事例であると思われる。

2 訴訟活動によるプライバシー侵害の判断基準

(1) 弁論主義をとる民事訴訟のもとでは、証拠の提出等は当事者にゆだねられており、自由な訴訟追行が保障されている。他方、訴訟活動によって相手方又は第三者のプライバシーが侵害される危険もあるのであり、訴訟活動によるプライバシー侵害が違法性を帯びるかどうかは、訴訟当事者の自由な訴訟追行の保障の要請と相手方当事者及び第三者の人

格権保護の要請との間の調整を図るというスタンスで判断が下されている[2]。

(2) 本判決は、違法性判断の基本的な枠組みとして、訴訟活動の目的、必要性、関連性、その態様及び方法の相当性、他の方法による代替性の有無と、被侵害利益であるプライバシー等の内容等を比較総合して判断すべきであるという考え方を示した。この考え方は、各事案の個別事情に即して、自由な訴訟追行の保障と人格権の保護の調整を柔軟に図ろうとするものといえる。

そして、本判決は、プライバシーの被侵害者が第三者である場合については、「訴訟行為をすることが、これによって損なわれる第三者のプライバシーの保護を上回る必要性、相当性等について首肯できる特段の事情がない限り、違法性を帯びる」として、相手方当事者が被侵害者である場合よりも厳格に判断されるべきことを判示した。このように、第三者のプライバシー保護を重視する考え方は一般論としてはそのとおりであると思われる。ただし、第三者といっても当事者と同視し得るような第三者もいるであろうし、当事者といっても被告側の共同訴訟人等訴訟に巻き込まれただけのような当事者もいるであろうことを考えると、結局は、総合考慮の1つの要素として被侵害者の属性も斟酌されるということになるであろう。

(3) また、本判決は、本件文書の提出行為を行ったのが弁護士であったことについて、当該提出行為を行った場合、閲覧等によるプライバシー情報の漏洩があり得ることを予見すべきであり、本件文書提出の必要性、相当性等について十分な吟味・検討をすることが当事者本人の場合よりも強く要請されると判示した。弁護士は一般的損害発生回避義務を負うとの見解[3]も示されているとおり、その職責として他人の権利侵害を来さないよう行為する必要がある。そのような行為規範は、法的な義務として弁護士に課されているものと理解しなくてはならない[4]。本判決は、本件文書に修正を施す等の配慮がなかったことを指摘して責任を肯定し

ており、弁護士が他者の権利・利益に対し十分な配慮を施すべきことを示唆しているといえる。

3 他の裁判例

(1) 証拠提出によるプライバシー侵害を扱った他の裁判例として、福岡高判平成18・4・13判タ1213号202頁〔28111732〕がある[5]。本事例は、ある訴訟事件（不法行為に基づく損害賠償請求事件）において、被告の訴訟代理人弁護士が新聞記事（原告が養父殺害容疑で逮捕されたことについて報じたもの）の写しを書証として裁判所に提出したことにより、原告のプライバシーが侵害されたとして、慰謝料等の支払を求めた事例である。なお、同新聞記事は、書証提出時から約18年前の記事であり、当該訴訟事件に係る事実関係とは全く関係のないものであった。

同判決は、「いかに民事訴訟の場においてとはいえ、本件逮捕の事実を暴露するについては、慎重な配慮がなされるべきであり、当該訴訟の争点について判断する上でそれが必要不可欠であると認められる場合にはじめてこれが許容される」との一般論を示した。そのうえで、本件記事の写しが書証として提出されなければならない必要性や必然性に疑問があり、「本件提出行為にはいささか遺憾な側面がないわけではない」と述べつつも、原告の陳述書の信用性を弾劾する趣旨で証拠提出したとの意図にも一理あり、「訴訟の過程において提出される書証は、……訴訟関係者以外の第三者の目に触れることはほとんどない」ことを挙げて、本件提出行為が直ちに違法なプライバシーの侵害行為として不法行為を構成するとはいえないと判示した。

(2) また、近時の裁判例として、依頼者から法律相談のために受領した手紙を別件訴訟において書証として提出した行為について、依頼者の人格権（プライバシー）侵害による不法行為の成立を認めて慰謝料10万円を認容したもの（広島高判平成27・6・18判時2272号58頁〔28234349〕）、懲戒請求が違法であるとして提起した訴訟において、懲戒請求者（当該

訴訟の当事者ではない者も含む。）の氏名等の書かれたリストを証拠提出したことは、プライバシーを違法に侵害したものとは認められないとしたもの（横浜地判令和2・12・11判時2503号49頁〔28284260〕）等がある。

> **Key Point**
> 訴訟活動によるプライバシー侵害の違法性は、訴訟活動の目的、必要性、関連性、その態様及び方法の相当性等とプライバシーの内容等を比較総合して判断されると本判決は判示した。弁護士はその職責として他人の権利侵害を回避するように行為すべきであり、他者のプライバシーを損なうような訴訟活動をするに当たっては、その訴訟活動の必要性、相当性等について十分な吟味・検討が必要である。

[注]
(1) 加藤新太郎「弁護士の疎明資料提出とプライバシー侵害」判例タイムズ1054号（2001年）82頁
(2) 前掲(1)82頁
(3) 加藤新太郎『弁護士役割論〈新版〉』弘文堂（2000年）361頁以下。加藤氏は、誠実義務（弁護１条2項）の一内容として、弁護士が一般的損害発生回避義務（専門的知識・技能を活用して依頼者の利益のみならず関わりを生じた第三者の利益をも害することがないようにすべき注意義務）を負うと論じる。なお、後掲 事例42 も参照。
(4) 後掲 事例42 参照
(5) 同判決の評釈として、奥野寿則「平成18年度主要民事判例解説」判例タイムズ臨時増刊1245号（2007年）85頁がある。

（上原　裕紀）

前訴判決の騙取を理由に弁護士の責任を問われた事例

名古屋高判平成21・3・19判時2060号81頁〔28160219〕

事案の概要

本件は、前訴でAに敗訴した不動産仲介等を業とする株式会社X（本件の原告は前訴当時のX代表取締役B及びその親族であるが、複雑になるので省略する。）が、前訴判決は、Aとその訴訟代理人であった弁護士であるYとが共謀して虚偽の事実を主張し、前訴裁判所を欺罔して詐取したものであるとして、既に確定した前訴判決の取消し等を求めることなく、AとYに対して損害賠償を求めた訴訟である。

1　前訴の事実関係

Aは、Bの仲介で当時Cが所有していた本件土地建物を購入した。本件土地建物の売買契約に際してAが受領した重要事項説明書には、「市街化調整区域の建築制限あり」等の記載があった。

売買から約17年後、AはYに委任し、X及びBから建築制限がある旨の説明を受けなかったため居住及び建替えが可能な物件と誤信して本件土地建物を購入した結果、損害を被ったなどと主張してX及びBに対して損害賠償請求を求める訴えを提起した。一審判決は、Aの請求を一部認容し、その後控訴審で減額されたものの、上告棄却・上告不受理決定により、X及びBの責任を認めた判決が確定した。

2　本件一審判決

Xが前訴において攻撃防御を尽くす機会を与えられていたことからするとYらが「判決を不当利得あるいはその不当執行をしたものとは認められない」として請求を棄却した。これに対する控訴審の判断が本件判決である。

判　旨

　Aは、「市街化調整区域内の土地に権利制限があることにつき、ある程度知っており、その上で分かっていながら居住目的で本件土地建物を購入し、……X、Bの説明義務違反により買うつもりのない物件を買わされて損害を被った旨の虚偽の主張立証を巧妙にして、……前訴裁判所を欺罔し、本来なら請求が排斥されるはずの前訴（説明義務違反はない、損害がない等として請求棄却とされるはずのもの。）において勝訴判決を詐取し、その仮執行宣言に基づき……執行及び詐害行為取消訴訟の提起に及んだと認められる。したがって、前訴の提起行為に始まる前訴判決の詐取は不法行為に該当する」。

　これに対し、Yは「法律的アドバイスをし、前訴の構成に関わったことが窺われるが、それ以上に、真実と虚偽の事実とを区分けして認識した上、虚偽の主張を構成し、立証を進めたまでの事実は認められないので、不法行為責任は負わない」。

解　説

1　再審によらない損害賠償請求訴訟

　本件は、確定した前訴判決について、Yらが虚偽の事実を主張・立証して裁判所を欺罔する等の不正行為を行って判決を騙取したとして不法行為責任を問われた訴訟であった。

　確定判決を騙取したことに対する損害賠償請求訴訟について判例は、「虚偽の事実を主張して裁判所を欺罔する等の不正な行為を行ない、その結果本来ありうべからざる内容の確定判決……が確定したからといつて、そのような当事者の不正が直ちに問責しえなくなるいわれなく、これによつて損害を被つた相手方は、かりにそれが右確定判決に対する再審事由を構成し、別に再審の訴を提起しうる場合であつても、なお独立の訴によつて、右不法行為による損害の賠償を請求することを妨げられない」と判示する（最判昭和44・7・8民集23巻8号1407頁〔27000800〕）。

上記判例によると、Xの請求が容れられるかどうかは、A及びYの前訴における訴訟行為が上記「虚偽の事実を主張して裁判所を欺罔する等の不正な行為」に当たるかという問題となる。この判示部分をさらに詳しく解釈した裁判例がある。下級審であるが、「虚偽の事実を主張して裁判所を欺罔した場合に不法行為による損害の賠償を請求しうるためには、相手方の裁判所を欺罔する不法行為が刑事上詐欺罪等の有罪判決が確定するなど明白に公序良俗に違反する訴訟行為による不法行為の成立が認められる場合に限られる」。「新訴において単に相手方の偽証を攻撃するに過ぎないようなものは含まれない」と判示した（東京高判昭和45・10・29判タ257号161頁〔27422295〕）。

　民事訴訟の理念として、司法手続を通じた真実発見を図ることを重視すると、前訴において偽証等の不正な手段がとられたことがうかがわれる以上、敗訴した当事者からの訴え提起を認めて、不法行為の成否を審理する門戸を広く開放するべきとも考え得る。

　しかし、弁護士の立場からすると、たとえ勝訴しても敗訴当事者が「偽証」や「真実に反する主張」を行ったと主張することで損害賠償請求訴訟の係属が簡単に認められるとすれば、敗訴当事者がリターンマッチを狙って提起する弁護過誤訴訟の脅威にいつまでもさらされることになる。現に弁護士に対する懲戒請求の申立てのうち、最も多い類型は、相手方当事者からの請求であり、しかも訴訟の判断が出た後に申し立てられるものが多数を占めるとのことである[1]。

　思うに、訴訟当事者は、手続保障を十分与えられた以上、紛争の蒸し返しを防止するため、終局判決が確定した後は、訴訟物についての判断を争うことはできないとするのが民事訴訟法の本来の発想である[2]。本件のように再審によらない損害賠償請求を広く認めることは、法が特に再審事由を限定して列挙している趣旨を没却することにもなりかねない。

　本件判決が、前訴に現れた証拠もすべて併せて丁寧に審理を行い[3]、Aの偽証を認定した判断は緻密であり、それ自体優れた判決である。しかし、前訴におけるXらの手続保障に欠けるところはなく、Aが偽証を行ったという

心証以外に目新しい根拠を持たずに虚偽の事実を主張して裁判所を欺罔したと認める判断を行ったことについては、紛争の蒸し返し防止という観点を軽視しているように思われ、やや疑問がある。

2　本件の上告審

本件判決に対し、Aが上告及び上告受理申立てを行った。最高裁は、上告受理申立てを受け入れ、破棄自判した（控訴棄却）（最判平成22・4・13裁判集民234号31頁〔28160946〕）。

最高裁は、前記判例を引用しつつ、前訴判決の既判力ある判断と実質的に矛盾する損害賠償請求については、「著しく正義に反し、確定判決の既判力による法的安定の要請を考慮してもなお容認し得ないような特別の事情がある場合に限って、許される」として、本件については上記特別の事情があることはうかがわれないと判断した。

上告審は、弁護士の責任について審理したものではないが、確定判決の法的安定性を重視し、訴訟行為に対する不法行為責任を論じるケースを限定的に解したという意味では、賛成したい。弁護士が自ら真実と信じる事実を主張した訴訟行為について、いつまでもリターンマッチ訴訟のおそれにさらされることは妥当でないからである。

3　不当訴訟と弁護士の責任

本件訴訟は、弁護士が依頼者と共謀して虚偽の主張立証を行ったとして責任追及されており、不当訴訟における弁護士の責任が問題とされた事件に類する。不当訴訟における弁護士の責任そのものについては、事例34 で論じられているところであるので、本件特有の問題について解説する。

訴えの提起が不法行為を形成する場合について、判例は「当該訴訟において提訴者の主張した権利又は法律関係が事実的、法律的根拠を欠くものであるうえ、提訴者が、そのことを知りながら又は通常人であれば容易にそのことを知りえたといえるのにあえて訴えを提起したなど、訴えの提起が裁判制

度の趣旨目的に照らして著しく相当性を欠くと認められる」場合に限られるとする（最判昭和63・1・26民集42巻1号1頁〔27100072〕）。そして、この法理は、訴訟代理人弁護士にも基本的に当てはまるとされる（東京地判平成18・9・25判タ1221号289頁〔28112368〕）。

　本件判決は、Yの責任について、真実と虚偽を区分けして認識しており、虚偽の主張・立証をしたと認められないと判断した。この判示部分は、上記判例を意識したものと思われる。すなわち、YがAの説明を虚偽と認識したうえで、あえて虚偽の事実をもとに前訴を提起して遂行したわけではないと判断したと考えられるのである。

　ところで、弁護士が不当訴訟を起こしたと主張されて責任追及されるのは、前訴で敗訴したケース、あるいは原告として訴訟を提起したところ、反訴されるケースがほとんどである。上記不当訴訟における裁判例もいずれも前訴で敗訴した側が責任追及されている。これに対して、本件は、前訴で勝訴したにもかかわらず後訴で責任追及されたものである。本件のようなケースで訴えられた弁護士としては、紛争の蒸し返しであるとして棄却を求めるほかに、①前訴の主張は真実に沿った適切なものであったとして争うか、②依頼者の説明が虚偽であることは知らなかったとして争うか、選択肢が分かれ得る。②の場合は、守秘義務（弁護23条）との関係で、微妙な問題を生ずる。

　依頼者が自分に行った事案についての説明内容は、「職務上知り得た秘密」を含むことが少なくないはずであり、それを法廷で明らかにすることは、守秘義務のみならず、誠実義務（弁護1条2項）にも抵触するおそれがある。このような危険性に対して配慮を強いることは、弁護活動を委縮させるものである。しかも、本件のように判決が確定した後でも弁護士の責任を追及できるとすると、弁護士は、終了した事件についても不法行為の消滅時効が完成するまでいつまでも責任追及される危険にさらされ続けることになるし、責任追及された場合に備えて、依頼者との打合せメモを含めた全記録を保管し続けなくてはならなくなる。

したがって、弁護士が法廷で行う弁論活動の自由を最大限保障する必要があり、少なくとも判決が確定した前訴における不当訴訟による弁護士の責任は、極めて限定的な場合にのみ認めるべきである。

本件判決が、Aの責任を認める一方でYの責任を認めなかった判断を行ったことは、その意味では妥当なものであったと考える。

> **Key Point**
> 依頼者が事件についてする説明を鵜呑みにして弁護活動を行うことは、本件のような弁護士に対する責任追及を引き起こすおそれがある。依頼者の説明については、入手できる資料で裏付けを取り、説明に反する資料があれば必ず追加説明を求めなくてはならない。また、自己防衛の一環として、打合せ時のメモや依頼者とのやりとりの記録を保管することも重要である。

［注］
(1) 遠藤哲嗣・福吉實・大川康平ほか「弁護士倫理をめぐる諸制度と業務を行う上での注意点等」第一東京弁護士会会報448号（2010年）2頁
(2) 伊藤眞『民事訴訟法〈第3版補訂版〉』有斐閣（2005年）470頁
(3) 本件の原審である名古屋地判平成20・4・9判時2060号91頁〔28160220〕が実質的な審理をほとんど行わずに終結したのとは大きく異なる訴訟指揮であった。

（尾高　健太郎／松尾　貴雅）

事例34　不当訴訟

東京地判平成18・9・25判タ1221号289頁〔28112368〕

事案の概要

1　A及びBは、平成15年6月に開催されたX株式会社の株主総会（以下「P総会」という。）において取締役に選任されたが、平成16年7月、同選任決議を取り消す旨の判決（以下「本件判決」という。）が言い渡された。

2　その後、Cは、Yを訴訟代理人として、Xの平成16年8月開催の株主総会（以下「Q総会」という。）決議等の取消しの訴え（以下「第1事件」という。）及びXの平成16年12月開催の株主総会（以下「R総会」という。）決議等の取消しの訴え（以下「第2事件」という。）を提起した。両事件でのCの主張はそれぞれ以下のとおりである。

(1)　Q総会はAが招集したものであるが、第1事件において、Cは、決議取消事由として、①P総会決議（これにより、A及びBらが取締役に選任され、さらに、取締役会においてA及びBが代表取締役に選任された。）は本件判決により取り消されており、AにはQ総会を招集する権限がない、②DはQ総会当時、Xの株式を多数有する株主であったところ、XはQ総会においてDをXの株主として取り扱わず、議決権行使も認めなかったが、もしこれが認められていればQ総会における決議は可決されなかった、という2点を主張した。

(2)　R総会はA及びBが招集したものであるが、第2事件（第1事件におけるCの請求を棄却した第一審判決が確定する前に提起されている。）において、Cは、決議取消事由として、本件判決が確定すれば第1事件においてQ総会決議も取り消されるから、R総会を招集したA及びBはこれを招集する権限がなくなることを主張した。

3　第1事件のCの請求はいずれも棄却され、控訴も棄却されて、第一審判

決が確定し、また、第2事件のCの請求もいずれも棄却され、同判決は確定した。

4　以上の経過につき、Xは、弁護士Yが第1・第2事件で行った株主総会決議取消事由に関する主張（上記2(1)、(2)）は、受け入れられる見込みの全くないものであり、Yがあえて第1・第2事件の訴えの提起に携わったことはXに対する不法行為を構成するとして、第1・第2事件でXが支出した弁護士費用及び慰謝料等の支払を求めた。

判　旨

本判決は、以下のとおり判示して、Xの請求を棄却した。

1　訴えの提起が不法行為となる場合についての最高裁判所の判断枠組み（最判昭和63・1・26民集42巻1号1頁〔27100072〕）は、訴えを提起した「Xのみならず訴訟代理人弁護士にも基本的には当てはまると考えられ」、「依頼者が当該訴訟において主張しようとしている権利又は法律関係が事実的、法律的根拠を欠くものであり、かつ、弁護士がそのことを知りながら又は容易にそのことを知りえたのにあえて受任して訴えを提起したなど、裁判制度、弁護士制度の趣旨目的に照らして著しく相当性を欠く場合に限り、相手方に対する違法な行為となる」。

「なお、弁護士の不法行為の成立については、依頼者（提訴者）の不法行為の成立とは別個にその成立の有無を考えるべきであろう。」

2　Yが、AにはQ総会を、またA及びBにはR総会を招集する権限がそれぞれないと考えて第1・第2事件の訴えの提起に携わったことの当否「に関する法的問題は、結局、本件で問題となっている事実関係に旧商法258条1項（なお付言すれば、会社法では346条1項[1]に当たる）は適用がないというYの主張につき、全く法律的根拠を欠く不当なものであったか否かという問題に帰着する」。

解任の場合については、同条項の適用がないとの考え方が通常採られているところ、「取締役の選任決議が取り消された場合においても解任の場

合と同様に考えて同項の適用がないとする考え方も、成り立つ余地がないとはいえないと考えられ」、Yが第1・第2事件を「受任し訴えを提起したことにつき、全く法律的根拠を欠き、弁護士としては通常ではおよそ考えられないような著しく不当な行為であったということはできない」。

3　また、Yが行ったDの議決権行使に関する主張についても、「弁護士として著しく不当であるとまではいいがたい」。

解　説

1　訴えの提起と違法性

(1)　裁判所による終局的な紛争解決が保障されることは重要なことであり、憲法32条は「何人も、裁判所において裁判を受ける権利を奪はれない。」と規定して、裁判を受ける権利を基本的人権として保障している。とはいえ、訴えを提起された者にとっては、応訴により精神的ないし経済的負担を負うことになるのであるから、訴えの提起が他人の権利又は利益を侵害するものとして不法行為を構成する場合も否定できないというべきであろう。

そこで、裁判を受ける権利の保障と応訴者の権利・利益保護をいかに調整するかという問題が生じる。

(2)　以上の点についての判断を示したリーディングケースが、本判決も引用する前掲昭和63年最判〔27100072〕である。同判決は、「民事訴訟を提起した者が敗訴の確定判決を受けた場合において、右訴えの提起が相手方に対する違法な行為といえるのは、当該訴訟において提訴者の主張した権利又は法律関係……が事実的、法律的根拠を欠くものであるうえ、提訴者が、そのことを知りながら又は通常人であれば容易にそのことを知りえたといえるのにあえて訴えを提起したなど、訴えの提起が裁判制度の趣旨目的に照らして著しく相当性を欠くと認められるときに限られる」と判示した。この判示については、①事実的、法律的根拠の欠如という客観的違法要素と、②提訴者の①に対する認識（又は認識可能

性）という主観的違法要素を相関的に評価して、著しく相当性を欠くかどうかの違法性の判断を行うものとの理解が示されている[(2)]。

同判決は、訴えの提起が違法な行為となる場合についての要件を明らかにしたものとして大きな意義を有するものであり、同判決の考え方は不当訴訟に関するその後の裁判例においても踏襲されている（例えば、最判平成22・7・9裁判集民234号207頁〔28161873〕、最判平成21・10・23裁判集民232号127頁〔28153509〕、青森地弘前支判平成20・3・27判時2022号126頁〔28150039〕等）。

2 本判決の特徴と弁護士の責任

本件は、不当訴訟とされた訴えを提起した者ではなく、その訴訟代理人弁護士のみを訴えたという点、また、主として訴え提起に法律的根拠を欠くことを問題にしているという点で、提訴不法行為類型の中でも特異な事案である[(3)]。

前者の点に関し、本判決は、前掲昭和63年最判〔27100072〕の判断枠組みが基本的にそのまま訴訟代理人弁護士にも妥当することを示したものであるが、さらに、弁護士の不法行為の成立について、依頼者たる提訴者の不法行為の成立とは別個に検討すべきことにも言及した。

この点、理論的には、提訴者における提訴の違法性が前提となると考える余地もあるが、弁護士は法律の専門家としての立場から訴え提起の可否・当否を検討すべきであるから[(4)]、提訴者とは別個独立して弁護士における提訴の違法性を検討すべきであると考えられる[(5)]。本判決も同様の見解を示すものであり支持することができよう。その後の裁判例においても、前掲昭和63年最判〔27100072〕の枠組みは訴訟代理人弁護士にも基本的に当てはまるものであり、訴訟代理人弁護士が関与した訴えの提起等が不法行為を構成するのは、「依頼者が当該訴訟において主張する権利又は法律関係が事実的、法律的根拠を欠くものである上、弁護士がそのことを知り又は容易に知り得たにもかかわらずあえて訴えを提起したなど、弁護士が代理人としての活動と

して行った訴えの提起等が、裁判制度の趣旨目的に照らして著しく相当性を欠くと認められるときに限られる」と判示されている（東京高判平成30・6・7平成30年（ネ）1393号公刊物未登載〔28262913〕）。

　弁護士は、依頼の目的又は事件処理の方法が明らかに不当な事件を受任してはならないところ（規程31条）、相手方の住所が判明しているのに住所不明と偽って公示送達を申し立てる場合、強制執行制度の弱点を悪用して不正な執行をしたり不当に執行を免れる場合、あるいは、被告を困らせることだけを目的として依頼者にとっても利益とならない遠方の裁判所に訴えを提起する場合などは、同条違反に該当するとされている[6]。ここまで極端なケースでなくとも、訴え提起によって弁護士の責任を問われる可能性は否定できない。弁護士としては、訴え提起の依頼を受けた場合には、法の専門職としての立場から事実的、法律的根拠の有無について十分調査・検討をすべきである[7]。その結果、事実的、法律的根拠を欠く不当な提訴であることが明らかとなれば、依頼者にその旨説明することが必要であるし、また、依頼者に訴え提起を思いとどまらせることも、弁護士の職責として求められることといえるだろう。

3　損　害

　本件でもしかりであるが、提訴不法行為の事案では応訴に要した弁護士費用が損害として請求されることが多いとされている[8]（例えば、前掲平成20年青森地弘前支判〔28150039〕では、訴え提起及び控訴の提起が違法とされ、慰謝料50万円のほか、弁護士費用として392万5000円が相当因果関係ある損害として認められた。）。

> **Key Point**
> 裁判制度、弁護士制度の趣旨目的に照らして著しく相当性を欠くような訴えの提起は、訴訟代理人たる弁護士についても不法行為が成立する。弁護士としては、法律の専門家としての独立の立場から、依頼者の主張を基礎付ける事実的、法律的根拠の有無について十分調査・検討することが肝要であり、その職責に照らし不当な提訴を抑制することが求められるといえよう。

[注]
(1) 「役員（……）が欠けた場合又はこの法律若しくは定款で定めた役員の員数が欠けた場合には、任期の満了又は辞任により退任した役員は、新たに選任された役員（……）が就任するまで、なお役員としての権利義務を有する。」
(2) 加藤新太郎『弁護士役割論〈新版〉』弘文堂（2000年）187頁以下。なお、同書185頁以下において、不当訴訟と弁護士の責任について詳論されている。
(3) 本判決を紹介する判例タイムズ1221号（2006年）289頁のコメント参照。
(4) 弁護士職務基本規程20条は、「弁護士は、事件の受任及び処理に当たり、自由かつ独立の立場を保持するように努める。」と規定している。
(5) 前掲(2)194頁参照。
(6) 日本弁護士連合会弁護士倫理委員会編著『解説「弁護士職務基本規程」〈第3版〉』日本弁護士連合会（2017年）111頁
(7) これを弁護士の一般的法益侵害回避義務ないし公益配慮義務と指摘する見解がある。加藤新太郎「弁護士懲戒請求の規律」名古屋大學法政論集227号（2008年）15頁
(8) 西川佳代「訴え提起と不法行為」『民事訴訟法判例百選〈第5版〉』別冊ジュリスト226号（2015年）79頁

（上原　裕紀）

不当な保全命令・執行

大阪地判平成9・3・28判タ970号201頁〔28031550〕

事案の概要

1 X株式会社の代表取締役Mは、Y_1に金員の借入れを申し込み、これを受けて、Y_1の母であるY_2の口座を資金とする額面9000万円の保証小切手が振り出され、同日、Xの口座に同9000万円が入金された（以下この金員の貸付けを「別件消費貸借契約」といい、これに基づく貸金を「別件貸金」ともいう。）。

2 その後、Y_2は、Xを債務者、被保全権利を別件貸金元本の3000万円の部分、目的物をX所有の動産とする動産仮差押えを申し立て（以下「別件仮差押事件」という。）、動産仮差押決定を得た。さらに、Y_2は同決定の執行を申し立て、Xの倉庫内の製品（評価額3000万円）について仮差押えがなされた。弁護士であるY_4は、Y_2を代理して別件仮差押事件及び執行の申立てを行った。

3 Y_2は、Xに対し、別件消費貸借契約の貸金元本9000万円等の支払を求める訴えを提起した（以下「別件訴訟事件」という。）。Y_4は、Y_2の代理人として別件訴訟事件の訴え提起及び訴訟追行を行った。しかし、別件訴訟事件において請求棄却の判決が確定し、そのため、Y_2は別件仮差押事件の申立てを取り下げた。

4 その後、Y_1は、Xらに対し、金員の支払を求める訴えを提起したが、同訴訟の中で、Xは、Y_1ないしY_4（Y_3はY_1の配偶者である。）に対し、①Y_1ないしY_3は、貸金債権が不存在であることを知悉しながらXから金員を騙取しようと共謀のうえ、Y_2において別件仮差押事件の申立て等をし、又は過失により貸金債権の不存在を認識せずに同申立て等をした、②Y_4は、弁護士としての注意義務を怠ってXに対する貸金債権の不存在を

認識せず、漫然と別件仮差押事件の申立て等を行ったなどと主張して、別件差押事件の執行等により被った損害や信用毀損等による精神的損害の賠償を求めた。

判　旨

別件消費貸借契約に基づく貸金返還請求権が存在しないことを認定したうえで、別件仮差押事件の申立て等をしたことの違法性に関して、以下のとおり判示した[1]。

1 「仮差押え・仮処分等の保全処分は、……債務者にとって事実上重大な影響を与える結果となる場合もあり、しかも、主として債権者側の主張及び疎明資料に基づいて審理され、債務者に十分な防御の機会が与えられないこともあるから、その申立てには慎重さが要求される。」したがって、「本案訴訟において、当該保全事件の被保全権利の存在が否定され、右判決等が確定した場合には、被保全権利を基礎づける事実関係が容易に理解しがたいとか、法律関係の解釈が困難であるとか、申請者が被保全権利が存在すると信じたことについて、相当の理由がある場合などの特段の事情がない限り、申請者に過失があったことが推定される」。

　以上の判断枠組みのもと、Y_1については別件貸金元本債権の不存在を認識しなかったとは考えられないとし、Y_2については同債権の不存在を認識可能な状態にあったとして、両名の不法行為責任を肯定し、他方、Y_3については共謀が認定できないとして責任を否定した。

2 訴訟等の代理人である弁護士の場合、「保全処分の申立て・訴えの提起が違法であることを認識しながら、あえてこれらに積極的に関与したり、または、違法な提訴又は申立てであることを容易に認識できるのに、漫然とこれを看過したような場合に初めて、相手方に対する不法行為責任を負うことになる」のであり、「単に提訴者の言を信じて訴訟行為を行ったという一事をもって、応訴者に対し不法行為責任を負うということはできない」。

以上のとおり述べ、Y_4については、「別件仮差押え申立時、別件訴訟の提起時に、弁護士として提訴や仮差押えの申立てが違法であると容易に認識できる状況にあったとは認められない」として、不法行為責任を否定した。

解 説

1　不当な民事執行・民事保全の救済

不当な民事執行については、請求異議の訴え（民執35条）や第三者異議の訴え（民執38条）により争うことが可能であり、これに伴って、強制執行の停止又は執行処分の取消決定の申立て（民執36条1項、38条4項）が可能である。

一方、民事保全においては、債務者の関与がないまま保全命令が発令されるのが一般的であり、不当な保全命令ないし保全執行に対しては、保全異議（民保26条）等の救済手段があるものの[2]、事後的な損害賠償により救済が図られることが通常であると思われる。なお、債務者は、債権者に対する損害賠償請求権につき、保全命令発令のための担保（民保14条）から優先的に弁済を受けることができる（民保4条2項、民訴77条）。

2　不当な保全命令・執行と債権者の損害賠償責任

保全命令の発令後、本案訴訟で被保全権利の不存在が確定した場合には、保全命令の債権者は債務者に対して損害賠償責任を負い得る。この場合、債務者が取得する権利は不法行為に基づく損害賠償請求権であるが[3]、当該損害賠償責任の性質については、過失責任説と無過失責任説の対立がある。

学説においては、保全命令が原則として口頭弁論を経ないで発令されること及び立証が疎明で足りること等から、仮執行宣言に関する民事訴訟法260条2項の規定を類推して無過失責任説が有力となっているが[4]、判例は、不法行為の原則どおり過失責任説を採りつつ故意又は過失の存在を事実上推定し、立証責任の転換を図っている（最判昭和43・12・24民集22巻13号3428頁〔27000861〕等）。

本判決は、保全命令が債務者にとって事実上重大な影響を与える結果となる場合もあること等債務者側の不利益を指摘しながら、判例の見解である過失責任説に依拠しつつ過失を事実上推定している。なお、過失の推定を破る特段の事情について、いくつかの具体例（被保全権利を基礎付ける事実関係が容易に理解し難い場合、法律関係の解釈が困難である場合、申請者が被保全権利が存在すると信じたことについて相当の理由がある場合）を示している点が本判決では注目される[5]。

3 不当な保全命令・執行の申立てと弁護士の責任

(1) 保全命令を申し立てた債権者について過失の推定が働くとしても、債権者代理人たる弁護士の責任はどのように解されることになるのだろうか。

　この点につき、本判決は、弁護士としては法律の専門家としての立場から保全命令の申立ての可否、当否を検討すべきことを述べ、その結果、「保全処分の申立て・訴えの提起が違法であることを認識しながら、あえてこれらに積極的に関与したり、または、違法な提訴又は申立てであることを容易に認識できるのに、漫然とこれを看過したような場合」に初めて不法行為責任を負う旨判示して、代理人たる弁護士の責任の範囲を限定的に解した。

(2) 民事保全の特質として密行性の要請があり、保全命令の申立てを代理する弁護士にとって、依頼者からの事情聴取以外に有効な証拠収集手段はないことも多い。また、民事保全の迅速性の要請から、緊急での対応が必要となり、事実関係の把握にかけられる時間に乏しいことも想定される。このような申立代理人たる弁護士の実情を踏まえると、保全命令の申立てをするに当たって申立代理人弁護士の過失を安直に認めることはできないはずであり、弁護士の責任の範囲を限定した本判決は妥当な判断を示したものと評価できる。

(3) 前記のとおり、申立代理人弁護士の不当な保全命令・執行への関与が

違法とされるのは、違法な申立てであることを認識し又は容易に認識できる場合であることを本判決は判示した。

　弁護士としては、密行的かつ迅速な対応が求められる保全命令・執行を受任する場合であっても、可能な限り事実関係を把握して保全命令の申立ての適否を判断すべきである。十分な事実調査もせず、容易に把握できる事情を看過して漫然と申立てを行った場合には、弁護士が損害賠償責任を問われる可能性も大きいといわなくてはならない。そして、仮に不当な申立てであると判断したならば、漫然とこれを実施することは許されず、弁護士としては、むしろ依頼者に十分説明するなどして不当な申立ての抑止に努めることも必要となってくるであろう。

4　他の裁判例

　弁護士の責任を肯定した裁判例として、東京地判平成7・10・9判時1575号81頁〔28011300〕がある。他方、責任を否定した裁判例として、水戸地判平成13・9・26判時1786号106頁〔28071967〕、大阪高判平成26・8・27判時2252号50頁〔28231759〕、大阪高判平成27・5・21判時2279号96頁〔28231799〕等がある。

> **Key Point**
> 本判決は、保全命令の申立てが違法であることを認識しながらあえて関与し、又はこれを容易に認識できるのに漫然と看過したような場合に初めて、申立人代理人たる弁護士は同申立てに関する不法行為責任を負うことを示した。保全命令に関与する弁護士は、速やかに事実関係を把握して保全命令の申立ての適否を判断すべきであり、もし不当な申立てと判断される場合には、安易に申立てに及んではならず、むしろその抑止に努めることを検討すべきであろう。

[注]
(1)　本件では別件訴訟事件の訴え提起の違法性についても問題とされているが、本判決は、この論点に関するリーディングケースである最判昭和63・1・26民集42巻1号1頁〔27100072〕とほぼ同様の判示をして違法性を判断している。この点は前掲 事例34 を参照。
(2)　保全異議の申立てに伴う保全執行の停止（民保27条1項）は、厳格な要件のもとで認められる。瀬木比呂志『民事保全法〈新訂第2版〉』日本評論社（2020年）355頁
(3)　前掲(2)80頁。
(4)　本判決を紹介する判例タイムズ970号（1998年）201頁のコメント参照。前掲(2)80頁も、学説には無過失責任説を採るものが多いとする。
(5)　前掲(4)202頁

（上原　裕紀）

2　破産管財業務における責任

事例36　破産管財人による債権者保護

最判平成18・12・21（事件①：民集60巻10号3964頁〔28130140〕、事件②：裁判集民222号643頁〔28130143〕）

事案の概要

　株式会社Ａ社は、Ｂ社から事務所、社宅、駐車場等を賃料月額688万7680円で賃借し、敷金6050万8750円を差し入れていた。Ａ社は、債権者である銀行（5行）に対して、敷金返還請求権に質権を設定した。

　その後、Ａ社の破産管財人に選任された弁護士であるＹは、破産宣告後もＢ社との賃貸借契約を解除することなく建物を使用したが、賃料、共益費等を支払わず、破産宣告から2～10か月後に賃貸借契約を順次合意解約した。その際、ＹはＢ社との間で、敷金のほぼ全額を未払賃料、共益費、原状回復費用等に充当した。Ｙは、このような処理を行うについて、破産裁判所の許可を得ていた。

　Ａ社の破産財団にはこれらの賃料等を支払うのに十分な金額の銀行預金が存在していた。またこれを支払うことに法律上支障はなかったが、Ｙは破産財団の維持を図るため、あえてこのような処理を行った。

　Ａ社に対する債権者であった各銀行が債権譲渡を行うなどして質権者となったX_1（事件①：最高裁平成17年(受)276号）や質権者から債権回収の委託を受けたX_2（事件②：最高裁平成17年(オ)184号、最高裁平成17年(受)210号）が、破産財団が賃料等の支払を免れたことによって質権が無価値となって優先弁済権が害されたとして、Ｙに対して損害賠償請求又は不当利得返還請求を求めて訴えた。

判　旨

　以下のとおり判示してYの善管注意義務違反を否定した。

1　質権設定者の担保保持義務について（事件①、②共通）

　「債権が質権の目的とされた場合において、質権設定者は、質権者に対し、当該債権の担保価値を維持すべき義務を負」う。敷金返還請求に質権を設定した「賃借人が、正当な理由に基づくことなく賃貸人に対し未払債務を生じさせて敷金返還請求権の発生を阻害することは、質権者に対する上記義務に違反する」。

　「質権設定者が破産した場合において、質権は、別除権として取り扱われ（旧破産法92条⁽¹⁾）、破産手続によってその効力に影響を受けない」。「破産管財人は、質権設定者が質権者に対して負う上記義務を承継する」。

　Yは、「破産財団に本件賃料等を支払うのに十分な銀行預金が存在しており、現実にこれを支払うことに支障がなかったにもかかわらず、これを現実に支払わないでB社との間で本件敷金をもって充当する旨の合意をし、本件敷金返還請求権の発生を阻害したのであって、このような行為（以下「本件行為」という。）は、特段の事情がない限り、正当な理由に基づくものとはいえない」。

　「破産宣告の日以後の賃料等の債権は」「財団債権となり、破産債権に優先して弁済すべきものであるから」「本件行為に正当な理由があるとはいえない。」

　Yは、上記義務に違反する。

2　破産管財人の善管注意義務（事件①）

　「善管注意義務違反に係る責任は、破産管財人としての地位において一般的に要求される平均的な注意義務に違反した場合に生ずる」。「本件行為が質権者に対する義務に違反することになるのは、本件行為によって破産財団の

減少を防ぐことに正当な理由があるとは認められないからであるが、正当な理由があるか否かは、破産債権者のために破産財団の減少を防ぐという破産管財人の職務上の義務と質権設定者が質権者に対して負う義務との関係をどのように解するかによって結論の異なり得る問題であって、この点について論ずる学説や判例も乏しかったことや、Yが本件行為……につき破産裁判所の許可を得ていることを考慮すると、Yが、質権者に対する義務に違反するものではないと考えて本件行為を行ったとしても、このことをもって破産管財人が善管注意義務違反の責任を負うということはできない」。

解　説

1　はじめに

本件は、平成16年法律75号による破産法改正以前の判決であるが、解説では、特に必要がない限り改正後の破産法に従い解説する。

本件訴訟においては、破産財団に対する不当利得の返還も請求された。上記判旨のとおり、損害賠償請求については棄却されたが、不当利得返還請求については、認容された。本書のテーマが弁護過誤であることにかんがみ、不当利得については解説の最後に触れることにし、ここでは破産管財人に対する損害賠償請求について中心に解説する。なお、本件は、原告がそれぞれ異なる2つの事件であるが、被告も事件の争点も共通であるため、必要のない限り併せて論じる。

2　破産管財人の善管注意義務

破産管財人が負う善管注意義務の性質は、民法上の善管注意義務と変わらないと解される。

破産管財人が善管注意義務（破85条1項）に違反して損害賠償責任を負う場合（破85条2項）、その損害賠償請求は、財団債権として破産財団に対して行使することができる（破148条1項4号）。なお、不当利得返還請求は破産財団に対して行使される財団債権である（破148条1項5号）。

破産財団に対して訴えが提起された場合、破産管財人は、職務上の当事者として被告になる（破80条）。本件でもＹは、個人としてではなく、職務上の当事者として被告となっている。

3　破産管財人の水準論

債権質権設定者は、明文はないものの、質権者のために目的債権の担保価値を維持すべき義務を負うと解されている[2]。第三債務者が相殺を主張した事案ではあるが、判例も同様の前提に立っている（大判大正5・9・5民録22輯1670頁〔27522256〕）。

本判決は、Ｙが質権設定者の地位を承継することを前提に、Ｙの本件処理が質権設定者の担保保持義務に違反すると判断した。

他方で、破産管財人は、破産債権者のために破産財団の減少を防ぐ義務も負っていることから、担保保持義務に違反したことが、破産管財人の善管注意義務にも違反するかが問題となった。

本判決は、善管注意義務違反に係る責任について、「破産管財人としての地位において一般的に要求される平均的な注意義務に違反した場合に生ずる」とした。そして、本件のような論点について、学説や判例も乏しかったことやＹが破産裁判所の許可を得ていたことを考慮して、善管注意義務に違反しないと判断した。

この判旨は、医療訴訟や弁護過誤訴訟において、裁判所が平均的な医療水準や弁護水準を設定して、その水準以下の義務違反が認められる場合に注意義務違反を認める実務とパラレルに理解できる。本件のような利益状況が生まれた場合に、担保設定者の地位を承継した破産管財人が別除権者との関係で担保保持義務を負っており、破産債権者について、優先弁済を受けるべき別除権者より優先して処理することが許されないとの認識が少なくとも我が国の破産管財人の間で一般的ではなく、破産管財人の平均水準を下回っている処理とは考えられないと判断したものと思われる。

もっとも、本判決が先例となって、全国の破産管財人が本件問題を認識し

た以上、今後は本件と同様の処理を行った場合には善管注意義務違反と判断されてもやむを得ないと思われる。

4 破産管財人が弁護士である場合の善管注意義務について

本件判決（事件①）には、才口千晴裁判官の補足意見が付されている。

破産管財人は、「各種の権利関係に細やかな目配りをして公平かつ適正な処理をすべきであり、特に法律の専門家である弁護士が破産管財人となっている場合には、その要請は高度のものとなるというべきである」。「破産管財人が、法律の無知や知識の不足により利害関係人の権利を侵害した場合には、善管注意義務違反の責任を問われることはいうまでもな」い。

実務上、破産管財人には弁護士が就任することが多い[3]が、法律上は、法律の素人でも就任できるし、法人も選任され得る（破74条2項）。本件判決が、平均的な破産管財人の水準を基準にして、注意義務違反を否定したところ、本補足意見は、弁護士に求められる高度な注意義務を確認し、管財人業務における重い責任を再認識するべきであるとのメッセージであると思われる。

5 不当利得返還請求について

X_1、X_2は、Yの本件行為により、質権者の損失において破産財団が減少を免れたのであり、破産財団に不当利得が現存するとして返還請求を行っていたところ、本件判決は、これを認めた。

特に事件①では、「本件質権の被担保債権の額が本件敷金の額を大幅に上回ることが明らかである本件においては、本件敷金返還請求権は、別除権である本件質権によってその価値の全部を把握されていたというべきである」。「破産財団は、本件充当合意により……本件敷金返還請求権が消滅し、質権者が優先弁済を受けることができなくなったのであるから、破産財団は、質権者の損失において本件宣告後賃料等に相当する金額を利得したというべきである。」と判示した。

また、事件②において、Yは、「法律上の原因のないことを知りながら本件行為を行ったということはできず、Yを悪意の受益者であるということはできない」として、民法704条の適用を否定した。

> **Key Point**
> 本件では、議論が十分なされていない争点に遭遇した破産管財人を免責した結論となったが、再度同様の論点が問題となった場合の結論は異なるだろう。また、Yが、なじみのない処理を行うに際して、裁判所の許可を事前に得ていたことがポイントになったと考えられる。管財業務に課せられた重い責任を意識して慎重に業務に当たられたい。

[注]
(1) 現行破産法65条2項
(2) 道垣内弘人『担保物権法〈第4版〉』有斐閣（2017年）116頁
(3) 伊藤眞『破産法・民事再生法〈第5版〉』有斐閣（2022年）210頁

（尾高　健太郎／石原　博行）

第2章　第三者との関係

事例37

破産管財業務の迅速処理の懈怠

札幌地判平成14・3・25判タ1138号306頁〔28095044〕

事案の概要

本件は、刑事事件である。

弁護士Yは、破産者有限会社Aの破産管財人に選任されたが、業務を長期にわたり放置した[1]。破産裁判所は、平成13年1月下旬以降、業務遂行を強く督促し、破産財団の売掛債権を回収するために、期限を指定されたうえ、2件の売掛金請求訴訟を提起するよう求められ、Yはこれを了承した。しかし、Yは業務を懈怠し続けてその期限を徒過させる一方で、破産裁判所に対しては、訴えを提起し、勝訴したなどと、虚偽の報告を行って、売掛金請求訴訟の勝訴判決文を偽造してファクシミリで送信した。

Yの当該行為について、有印公文書偽造罪及び同行使罪に問われた事件である。

判　旨

主　文

懲役2年、執行猶予4年

「基本的人権の擁護と社会正義の実現を使命とする弁護士が、司法の根幹をなす判決正本を偽造、行使したという前代未聞の事件」である。

解　説

1　本判決の意義

弁護過誤を超えて弁護士の不祥事とでもいうべき事案である。ただし、預り金の横領などのように、自らの利得のために犯行を犯した事案とは異なり、自らの業務執行の遅れを糊塗するために犯した不祥事であり、その意味

では弁護過誤の延長にある不祥事といえる。

　弁護過誤とも評価し得るような不適切な業務遂行を行ってしまったものの、事後処理を適切に行うことで挽回し、事なきを得た経験を持つ弁護士は少なくないと思われる。本件は、(違法とまではいえないような) 不適切な業務遂行の事後処理を誤り、最悪の形に結実した格好になった極端な事例であるが、ここにあえて紹介して、適切な事後処理の重要性を再認識されたい。

　なお、本判決は、ファクシミリを用いて複数の偽造文書を作成・行使するという行為態様について、実行行為の着手時期、罪数関係を判断した1事例という刑事実務上の意義がある。しかし、本書のテーマである弁護過誤から離れることになるので、ここではあえて触れないこととする。

2　破産管財業務の迅速処理

　およそ弁護士は、受任した事件について、速やかに着手し、遅滞なく処理しなくてはならないという迅速処理義務を負う (規程35条)。

　破産管財人は、就職の後、直ちに破産財団に属する財産の管理に着手しなければならない (破79条)。破産管財人の最も重要な職務は破産財団の維持・増殖にある。そのために速やかに破産財団の換価業務に着手し、迅速に換価することが求められる。時間の経過とともに散逸のおそれが高まり、価値劣化も進み、消滅時効など法律上請求不可能な事態も起こり得る[2]。

　破産管財人が、破産財団に属する債権の回収を迅速に行わずに損害賠償責任を負った裁判例として東京地判昭和36・9・19判時276号24頁〔27420921〕がある。

　破産管財人は、「その破産財団に属する財産が主として債権であるときは、その取立回収に力を尽し必要に応じ法律上の手段をも講じて破産財団の充実拡大をはかるべき……職務を有する」。破産管財人は、「債権の確保、回収のための確固たる手段を執らず、遂に一銭の回収もできなかつたばかりでなく、すべて消滅時効の完成を許し」た。「破産管財人として尽すべき善良なる管理者の注意義務を怠つたものといわれても仕方がない」。なお、当該事

案では、詐害行為に対して否認権を行使しなかった注意義務違反も主張されたが、証拠が不十分であるとして排斥されている。

3　迅速な事務処理を図るために

　破産財団の維持・増殖を図るという業務の性質からして、迅速処理の重要性は、いうまでもない。なお、破産管財人が迅速に処理すべき業務は、債権の回収や否認権の行使にとどまらない。必要のない双務契約を解除して支払を抑えたり、雇用しておく必要のない従業員を解雇して法人の給与債務を軽減することも就任直後から検討して着手すべき事務といえる。

　業務に迅速に着手できない理由には、種々のものがあると思われるが、事務処理の方法を知らなかったり、交渉をためらったりして、時間を無駄に経過させることは避けるべきである。遭遇したことのない問題点に遭遇して、事務処理に迷った場合、最終的には破産裁判所に相談して指示を仰ぐこともできる。破産管財人が誤った処理を行ったが、事前に裁判所の許可を得ていたことなどを理由に破産管財人の善管注意義務を否定した判例もある（最判平成18・12・21民集60巻10号3964頁〔28130140〕）。破産管財人は、破産財団に属する債権を行使するに当たり、回収に費やす時間と費用がかかりすぎる等、デメリットが大きい場合には放棄もできるので、権利の根拠が薄弱で、権利行使がためらわれるようなケースでは、場合によっては放棄することも考えられる。ただし、100万円を超えた放棄を行うには、裁判所の許可が必要である（破78条2項12号）。

　単に業務を放置していたということであれば問題外であるが、破産管財人には、業務を滞りなく進めていくための手段が用意されているのであるから、それらを駆使して迅速な処理を心がけたい。

4　適切な事後処理

　迅速な処理を怠って権利を消滅させてしまったような場合、通常の弁護過誤事案であれば、依頼者と交渉を行い、示談をすることによって、紛争が顕

在化することを未然に防ぐことも可能である。弁護士賠償責任に加入しているのであれば、事故報告を早期に行い、損害額の填補を受けることも可能であろう。

　破産管財人は、私人が依頼者の事件の受任と異なり、裁判所によって選任される（破31条1項）。破産管財人の任務懈怠によって影響を受けるのは破産財団であるが、その増減に経済的利害を有するのは、債権者である。

　一部の債権者への配当を懈怠する誤配当は、破産管財人に特徴的な弁護過誤である。債権者一覧表の記載の中で、配当を受けるべき債権者を見落としたというような過誤が典型的なパターンであるが、その中にも原因は種々のものがある[3]。誤配当については、破産管財人に過失はあるものの、配当先である債権者から回収（配当を本来受けるべきでなかった部分については不当利得になる。）できる限り、損害は発生していない。そこで破産管財人としては、速やかな回収を心がけ、回収できたものから配当を受けていない債権者への配当に充てることにより損害を回復できる。全額回収できれば、追加配当を行えばよい（破215条）。債権者が返還に応じないなど、回収ができなかった誤配当分が最終的な損害となる。

　申立人代理人の過誤ではあるが、破産開始決定前に破産者の父親が死亡して破産者がその遺産を相続したケースで、破産申立代理人が、いつでも相続放棄できるから大丈夫だと誤った説明[4]をした責任を追及されることがある。このような場合、破産申立人代理人は、破産者に法定相続分に相当する示談金を支払い、その示談金をそのまま破産管財人に送金するというような手続をとることで、紛争を沈静化させ得る。

　破産管財人が、自らの過失による損害を放置すれば、債権や裁判所からいずれ責任追及されることになる。迅速な処理を必要とする職務だけに、事後処理も迅速かつ適切に行いたい。

　本件では、Yは破産管財人名義の口座に、自らが偽造した判決認容額相当の金員を振込み入金している。どの程度の認容額にしたのかが不明だが、一定程度支払う資力があるのであれば、判決文を偽造する前に紛争解決のため

にもう少し有用な使い方ができたのではないかと悔やまれる。

> **Key Point**
> 個々に具体的な事情があるにせよ、弁護士がその業務を迅速に処理しなければならないことは当然である。破産管財人の場合、その要請は特に高い。かといって、事故の事実を隠してまで収束を図ることは望ましくない。事案に応じてまずは損害が発生したところに塡補して損害の回復を図るとともに、場合によっては破産裁判所に相談して指示を仰ぐことを検討してもよい。

[注]
(1) 判決文からは、どの程度の期間放置したのか不明である。
(2) 野村剛司＝石川貴康＝新宅正人『破産管財実践マニュアル〈第2版〉』青林書院(2013年)127頁
(3) ほとんどの原因が書類の管理に関するミスだとの報告もある(加藤愼「弁護過誤と賠償保険の実情」『現代法律実務の諸問題〈平成7年版〉』第一法規出版(1996年)771頁)。
　債権者一覧表が複数枚に及んでおり、最後の1枚を見ていなかったとか、パソコンで何度も作成し直しているうちにデータを一部転写し忘れたというような原因もあるようである。
(4) 破産開始決定後にされた破産者の相続放棄は、破産管財人の許可がない限り、限定承認の効力しか生じない(破238条2項)。

（尾高　健太郎／石原　博行）

事例38　破産管財人の調査義務の懈怠

東京高判昭和39・1・23下級民集15巻1号39頁〔27421211〕

事案の概要

Xは、A株式会社に対して売買代金債権を有していたところ、A会社が支払不能に陥ったため、破産を申し立てた（債権者申立て）。破産宣告がなされ、弁護士であるYが破産管財人に選任された。破産財団に属する財産は、主として売掛代金債権だけであったが、Yは債務者に対して、口頭や普通郵便で支払意思を確認しただけで、一切回収を行わなかった。また、A会社は、破産宣告前に、取引先に対して商品による弁済を行っていたが、かかる弁済に対してもYは否認権を行使しなかった。

破産財団に属する債権はすべて時効消滅したので、破産裁判所は、費用不足による破産廃止決定を行った。これに対し、XがYを善管注意義務違反で訴えた。

本件の原審は、Yによる否認権の不行使については善管注意義務違反を認めなかったが、売掛金の回収を行わなかった点に善管注意義務違反を認めてXの請求を一部認容した。原審判決に対して、Yが控訴し、Xも棄却部分に対する附帯控訴を行ったものが本件である。

判旨

以下のとおり判示して、Yの控訴を棄却し、Xの附帯控訴を一部認容した。

Yが否認権行使の手段に出なかった点について破産管財人としての善管注意義務違反がある旨の主張は「採用し難い」。

「破産会社の破産宣告当時における売掛債権」中に、「相当額の回収見込のある債権が含まれていたこと、およびこれらのことを認識することは破産会社の破産管財人であり、かつ弁護士を業とするYにとつて必ずしも難かしい

事情になかつた」。

　Yは、「相当額の取立可能な債権が存在することを認識しうべき事情にあつた」のだから、「破産会社の有する財産、とくに債権の存否、その取立可能額を十分に調査し、取立可能と認め得るものについては可及的速やかに取立を実現する方策を講ずべきであつたことは当然である」。

　Yは、「債務者に対しあるものは口頭で、あるものは普通郵便でその支払の意思の有無を確かめたのみで、債権回収のための適切な調査や必要な手段を講じなかつたことが認められ」る。Yは、「債権額の比較的多い……債権についてはその債務者の住所地まで赴き債権支払の意思、能力の有無を調査していることが分るけれども、その際債務者から弁済ずみを理由に支払を拒絶されるやその受取証の提示をすら求めた形跡がなく、またその際一部の債務者等……が一部なら支払に応ずるといつているのにもかかわらず、その一部についてすら回収のための何らの手段をとつていない」。

　「これらの結果、結局債権の回収は一銭もできず、すべて消滅時効の完成を許し、その回収は全く不可能となり、唯一の破産債権者である被控訴人に対する配当が皆無のまま……破産裁判所たる東京地方裁判所によつて……費用不足による破産廃止決定がなされるにいたつた」。

　Yは、「善管義務を尽さなかつたものと言わざるをえ」ない。

　「損害額はYが破産管財人として善管注意義務を尽したならばXが受けうべかりし配当額と一致する」。

解説

1　破産管財人の善管注意義務

　本件は、破産管財人が、破産財団に属する取立て可能な債権の存在を認識できた状況にあったにもかかわらず、債権回収のための適切な手段を講じなかったために、当該債権がすべて時効により消滅してしまったとして破産債権者の破産管財人に対する損害賠償請求が認められた事案である。なお、Xは否認権を行使しなかった点についても注意義務違反を主張しているが、理

由は不明であるものの、判決では当該主張は排斥されている。

　破産管財人は、職務を執行するに当たり、総債権者の公平な満足を実現するため、善良な管理者の注意をもって、破産財団をめぐる利害関係を調整しながら適切に配当の基礎となる破産財団を形成すべき義務を負う（破85条1項）。この善管注意義務に違反した場合には、利害関係人に対する損害賠償責任が発生するほか（破85条2項）、解任事由（破75条2項）ともなり得る。善管注意義務に係る責任は、破産管財人としての地位において「一般的に要求される平均的な注意義務」に違反した場合に生ずるが、破産管財人が弁護士である場合、その義務は高度のものとなる[1]。

2　破産管財人の調査義務

　破産管財人の最も重要な職務は破産財団の維持・増殖にあり、破産管財人は、就職の後、直ちに破産財団に属する財産の管理に着手しなければならない（破79条）。破産管財人の管理下に入った破産財団を本来あるべき財団の範囲と一致させ、配当の基礎となる財団を作り出さなければならない[2]。そのため、破産管財人は、破産財団に属する債権の存否を調査し、回収可能なものについて回収を行う。

　破産財団に属する財産が債権であった場合には、迅速な回収が必要となる。破産管財人は、早期に管理に着手して時効についても把握しなくてはならない。

　債権の額、口数や性質にもよるが、内容証明郵便を用いて、期限を切って訴訟提起を警告しつつ督促を行い、それでも弁済に応じない債務者に対しては、早期に訴訟を提起するなどの手段をとって時効を中断して回収することが望まれる。

　本件では、破産会社の経理、特にその帳簿の整理等が不完全であったことがうかがわれる。しかし判旨は、弁護士を業とするYにとって「必ずしも難かしい事情になかつた」。「むしろ、そういう場合にこそ通常考えられるべき破産管財人の適切な活動が期待される」と述べる。破産管財人に一般的に要

求される平均的注意義務を前提にすると破産財団を形成する職務の重要性に照らし、帳簿が不完全であった程度の障害では、弁護士である破産管財人の調査義務を免除することはできず、かえって回収可能な債権の存在がうかがわれる事情がある以上、調査を行い、必要な回収事務を行うべきであったと判断したものと思われる。

　破産管財人には、破産財団に属する財産を調査するために、回送された破産者あての郵便物を開封するなどの権限が与えられており（破82条1項）、これらの権能を駆使して破産申立書に添付された財産目録に記載されていない債権について調査することが期待されている。もっとも、これらの権限も当然ながら万能ではない。帳簿や財産目録に記載がなく、郵便物のやりとりもないような債権であれば、発見は至難の業である。判例（最判平成18・12・21民集60巻10号3964頁〔28130140〕）は、破産管財人の注意義務について、「一般的に要求される平均的な注意義務」を基準としており、債権の発見がほぼ不可能な場合にまで破産管財人の責任を追及することは妥当ではない。

3　その他の参考判例

　本件以外にも、破産管財人の善管注意義務が問題とされた主な裁判例をここで紹介したい。

　(1)　破産債権の調査

　　破産管財人が、破産者が債権調査期日に極力債権につき異議を述べたにもかかわらず漫然その債権を破産者の不利益に承認することは善管注意義務に違反する。このような場合、その実体的権利関係について破産者の主張も十分考慮して、債権確定のための訴訟において慎重に審理を受けて終局的に確定するべきである（名古屋地判昭和29・4・13下級民集5巻4号491頁〔27487019〕）。

　　破産管財人が、どの程度「漫然」と処理したのかが不明であるが、異議を述べられた以上、債権の存否について確定的な証拠があるなどの事

情がない限り調査する必要があることは、「一般的に要求される平均的な注意義務」に照らし、当然であろう。

(2) 破産者から動産の占有を承継した場合の管理

破産管財人が売掛金について留置権を主張して破産会社から占有を承継した金型を引き渡さなかったために寸法精度の高い金型が腐食した事案で、裁判所は、善管注意義務違反について以下のように判示した。

破産管財人は、破産者から第三者の取戻権の対象となる動産の占有を承継した場合、取戻権者にこれを引き渡すまでは、毀損、紛失等をすることのないよう保管すべき注意義務がある。その注意義務は「動産の性質、性状に基づく一般的な保管管理の方法をもとに、取戻権者と破産者との間のその動産に関する……保管管理の方法のほか、破産管財人が破産管財業務を遂行する上で知り又は知りえた事情等をも総合的に勘案して判断すべき」である（東京高判平成9・5・29判タ981号164頁〔28033231〕）。

特殊な動産などの占有を引き継いだ場合、その保管管理に悩んだ破産管財人は少なくないであろう。本件裁判例からすると、動産の保管について、動産の性質・性状等から考えられる一般的な保管方法を原則とし、破産者が動産を占有するに至る経緯で得た保管についての合意や破産管財人が知り得た保管方法についての事情があれば、それらを勘案して保管する必要がある。他方、予想外の事情で保管物が毀損したような場合にまで破産管財人が責任を負う必要はないのである。

(3) 破産管財人による換価処分

大型破産事件で、破産管財人が高額不動産を95億円で売却換価したところ、他の買受申出人よりも低額で処分した責任を問われた事案がある。裁判所は、「時間的・労力的に限られた条件の下で行動する破産管財人としてやむを得ない判断であった」として破産管財人の責任を認めなかった（東京地判平成8・9・30判タ933号168頁〔28020774〕）。

破産財団を増殖する必要性からすれば、高額提示を行った買受人がい

るにもかかわらずそれより低額で処分を行うことは許されないとも解し得る。しかし、当該物件については、物件をめぐる訴訟が上告審に係属中であり、不法占有者もいる状態であった。破産管財人は、当該上告を取り下げさせたうえで不法占有者がいる状態のままで引き渡して構わないとの条件を提示されて売却に踏み切っており、任意売却が困難な事情にかんがみると、善管注意義務違反に問うことは相当でないと判断したものと思われる。

(4) 租税債務の未弁済

交付要求を受けた国税を弁済しないで破産手続を終結させた破産管財人に善管注意義務違反を認めた判例がある。

最高裁は、破産管財人が税務署の係官との交渉において、国税債権が認められる資料の呈示を強く求めたような事情がないことなどを理由に国税債務を弁済しないで破産手続を終結したことは善良な管理者としての注意を怠ったものであると判断した原審の判断を是認した（最判昭和45・10・30民集24巻11号1667頁〔21034561〕）。

本件は、国税債権の交付要求が、他の財団債権者の交付要求から3年以上遅れてなされており、しかも債権の存否が破産者の帳簿上明確ではなかったという事情がある中で、減額の交渉も行ったようであり、いささか破産管財人に酷な判断とも思える。しかし、帳簿上明らかでなかったとはいえ、債権の存在を示す記載もされていたようであり、財団債権の存在がうかがわれる以上、破産管財人としては、それを無視することはできないということであろう。

租税といえば、破産管財人の源泉徴収義務を明らかにした判例（最判平成23・1・14民集65巻1号1頁〔28170098〕）もあり、税務にも最大限の注意を払いたい。

> **Key Point**
> 破産管財人は、就職後直ちに破産者の財産を管理して調査を開始する。財産の散逸を防止することも重要だが、債権については、消滅時効期間の把握も重要である。帳簿等が整理されていない破産者も多く、破産財団に属する債権の存否が明確でない場合も多い。存否が明らかでなくとも、その存在をうかがわせる事情がある場合には、放置することは破産管財人の責任となるおそれがあるので、最低でも内容証明郵便等で督促を行い、必要に応じて回収のための訴訟を提起するべきである。

[注]
(1) 最判平成18・12・21民集60巻10号3964頁〔28130140〕の才口千晴裁判官の補足意見
(2) 伊藤眞『破産法・民事再生法〈第5版〉』有斐閣（2022年）212頁

（尾高　健太郎／松尾　貴雅）

3 刑事事件における問題

事例39 被告人の利益擁護と刑法上の名誉毀損

最決昭和51・3・23刑集30巻2号229頁〔24005404〕

事案の概要

1　弁護士であるA及びBは、Cらを被告人とする強盗殺人被告事件（以下「別件事件」という。）につき、Aは控訴審段階、Bは上告審段階から弁護人に就任した。A及びBは、事件記録及び証拠を検討した結果、真犯人は被害者Vの兄Pとその妻Q、弟Rら同居の親族であるとの見解を抱くに至った。

　そこで、A及びBは、その旨を記載した上告趣意補充書を最高裁判所に提出する一方、最高検察庁検察官に対しても同補充書の写しを提出し、別件事件につき再捜査をされたい旨を申し入れた。

2　しかし、最高検察庁では再捜査をする意思がないと聞き、A及びBは、新聞報道などを通じて真犯人がPら内部の者であることを世人に訴えて世論を喚起し、冤罪の証拠の収集に協力を求めることを企図し、最高裁判所内の司法記者クラブ室に各社の新聞記者を集めたうえ、前記上告趣意補充書の内容を説明するなどして、真犯人がPらである旨を発表した。

3　当該記者発表につき、A及びBはPから名誉毀損罪で告訴され、また、別件事件につき上告棄却の決定を受けた。そのため、A及びBは、新聞記者に発表した事実を一般に公表して、冤罪を証明する資料の収集につき世人の協力を求め、再審請求の途をひらくほかはないとの結論に達し、真犯人はPらである旨等を記載した単行本を共同執筆して出版した。

4　以上の経過につき、A及びBは、前記記者発表及び上記単行本の出版に

よって、P、Q及びRの名誉を毀損したとして起訴され、第一審及び控訴審で有罪判決を受けたため、A及びBが上告した（なお、Bは上告審係属中に死亡し、公訴棄却となった。）。

判　旨

本件の争点は複数あるが、そのうち、本件Aらの行為は被告人の利益を擁護するためにした正当な弁護活動であって、正当行為（刑35条）として違法性が阻却されるかという点につき、本判決は以下のとおり判示して上告を棄却した。

1　「名誉毀損罪などの構成要件にあたる行為をした場合であつても、それが自己が弁護人となつた刑事被告人の利益を擁護するためにした正当な弁護活動であると認められるときは、刑法35条の適用を受け、罰せられない」。しかし、「刑法35条の適用を受けるためには、その行為が弁護活動のために行われたものであるだけでは足りず、行為の具体的状況その他諸般の事情を考慮して、それが法秩序全体の見地から許容されるべきものと認められなければならないのであり、かつ、右の判断をするにあたつては、それが法令上の根拠をもつ職務活動であるかどうか、弁護目的の達成との間にどのような関連性をもつか、弁護を受ける刑事被告人自身がこれを行つた場合に刑法上の違法性阻却を認めるべきかどうかという諸点を考慮に入れるのが相当である」。

2　本件については、「弁護人が弁護活動のために名誉毀損罪にあたる事実を公表することを許容している法令上の具体的な定め」は存在しない。

　また、本件各行為は、「Cらの無罪を得るために当該被告事件の訴訟手続内において行つたものではないから、訴訟活動の一環としてその正当性を基礎づける余地もな」く、結局本件各行為は、「訴訟外の救援活動に属するものであり、弁護目的との関連性も著しく間接的であり、正当な弁護活動の範囲を起えるもの」である。

　さらに、「被告人らの摘示した事実は、真実であるとは認められず、ま

た、これを真実と誤信するに足りる確実な資料、根拠があるとも認められない」ため、「たとえCら自身がこれを公表した場合であつても、名誉毀損罪にあたる違法な行為」である。

「その他、本件行為の具体的状況など諸般の事情を考慮しても、これを法秩序全体の見地から許容されるべきものということはできない。」

解　説

1　はじめに

本件は「丸正名誉毀損事件」と呼ばれる事件であり、弁護士の名誉毀損行為が正当な弁護活動として違法性阻却されるかが争点の1つとして争われた事案である。本件では、第一審から上告審まで一貫して正当行為性が否定され、弁護士である被告人らに有罪の判決が下された。弁護人の弁護活動が名誉毀損に当たるとして刑事責任を問われたのは本件が初めてであるようであり[1]、弁護活動の限界を考察するうえで意義を有する判決であろうと思われる。

なお、本件のもう1つの大きな争点として、名誉毀損罪における真実性の証明に関する事項があるが、ここでは触れないこととする[2]。

2　名誉毀損と弁護活動の正当性

(1)　まず本判決は、一般論として、名誉毀損行為が正当な弁護活動として違法性を阻却され得ることを認めた。この点はおそらく異論のないところであろう。

次いで、本判決は、違法性阻却が認められる判断基準として、当該行為が弁護活動のために行われたものであるだけでは足りず、「行為の具体的状況その他諸般の事情を考慮して、それが法秩序全体の見地から許容されるべきものと認められなければならない」との立場を示した。そして、具体的判断要素として、①法令上の根拠を持つ職務活動であるかどうか、②当該行為と弁護目的達成との間の関連性があるかどうか、③

被告人自身がこれを行った場合に違法性阻却を認めるべきかどうか、という3つを挙示している。

(2) ①の法令上の根拠を持つ職務活動であるかどうかとは、問題となる弁護活動が弁護権本来の内容に含まれる内在的行為に当たるか否かの検討にほかならないとの見解が示されている[3]。しかし、名誉毀損に当たる事実摘示行為は、本来弁護権が想定している弁護活動とはならないはずであり、弁護権の内在的行為に当たるとして違法性阻却を認める余地はほとんどない[4]。そうであるとすれば、①の要素は、違法性阻却の判断基準としての意味をほとんどなさないように思われる。

また、③の被告人自身が当該行為を行った場合の違法性阻却の成否という要素についても、違法性阻却の成立する余地をほとんど否定することになるとの指摘がなされている[5]。論じられるべきは、違法な名誉毀損となるべき行為について、弁護人の弁護活動であるがゆえに違法性阻却されるかという点であるはずである。その議論において、被告人自身が当該行為を行った場合にどうなるかを判断要素とするのは、弁護人の弁護権を軽視したものと評価されるべきではなかろうか。

弁護人の弁護を受ける権利が憲法上も保障されているとおり（憲34条、37条3項）、被告人の権利・利益を擁護する者として、弁護人の任務・職責は極めて重要なものである。したがって、弁護人の弁護活動の自由は最大限保障されるべきである。しかるに、正当行為として違法性阻却の成立する範囲が過度に狭められるとすれば、自由な弁護活動が阻害され、正当な弁護権行使の障害となるおそれがある。そのようなことのないよう慎重な配慮が必要であるとの指摘[6]は正鵠を射ているといえよう。

(3) ②の当該行為と弁護目的達成との間の関連性について、本判決は、本件各行為が当該被告事件の訴訟手続内において行われたものではないことを理由に、訴訟活動の一環としてその正当性を基礎付ける余地もないとしている。

確かに、訴訟手続外での活動が、訴訟手続内の活動に比して正当な弁護権との関連性が希薄であることは否定できないと思われるが[7]、個別具体的な事実関係のもとでは、一定程度の関連性を有する場合もあり得よう。本件については、真犯人の指摘がまず上告趣意補充書で行われており、その上告趣意補充書の説明という形で名誉毀損行為の1つである記者発表が行われていることにかんがみると、訴訟外の活動であることの一事をもって「訴訟活動の一環としてその正当性を基礎づける余地」が否定され、「弁護目的との関連性も著しく間接的」であるとの評価を受けたことは疑問が残るところである[8]。

なお、本件の原審である東京高判昭和46・2・20高裁刑集24巻1号97頁〔24005406〕においては、「たとえ被告人のためであつても、弁護人が訴訟手続の場以外の場においてなす行為は、その訴訟手続の場における弁護人の行為とは区別して評価すべき」であり、「刑事訴訟法において一定の訴訟手続が定められている以上、弁護人は、その手続内において被告人の利益の保護を図るべき」と判示されており、ここでも訴訟手続内の行為であるか否かで違法性判断が大きく異なることが示されている。

その判断の適否はともかく、弁護士としては、訴訟手続内の行為か否かを重視する裁判所の態度を念頭に置き、訴訟手続外の行為については慎重に判断し対応することが必要であろう。

> **Key Point**
> 名誉毀損行為が正当な弁護活動として違法性を阻却されるのは、行為の具体的状況等諸般の事情を考慮して法秩序全体の見地から許容されるべきものと認められる場合であり、当該名誉毀損行為と弁護目的達成との間の関連性の有無等に照らして判断される。ただし、訴訟手続外の行為は、目的達成との関連性が希薄と評価される可能性も高く、弁護士としては慎重な判断・対応が必要である。

[注]

(1) 香城敏麿「本件解説」『最高裁判所判例解説刑事篇〈昭和51年度〉』法曹会（1980年）109頁、小田中聰樹「弁護活動の限界：丸正事件」『刑法判例百選Ⅰ総論〈第2版〉』別冊ジュリスト82号（1984年）63頁

(2) 当該争点については、前掲(1)香城97頁以下のほか、本判決の原審の評釈である竹内正「名誉毀損罪における真実性証明の程度：いわゆる丸正名誉毀損事件控訴審判決（東京高判昭和46・2・20）」昭和46年度重要判例解説（ジュリスト臨時増刊509号）（1972年）147頁、福井厚「挙証責任」『刑事訴訟法判例百選〈第3版〉』別冊ジュリスト51号（1976年）138頁等を参照されたい。

(3) 前掲(1)香城109頁

(4) 前掲(1)香城110頁

(5) 前掲(1)小田中63頁

(6) 庭山英雄「刑事弁護の限界をめぐって（丸正名誉毀損事件）」ジュリスト616号（1976年）53頁、前掲(1)小田中63頁

(7) 前掲(1)香城111頁

(8) 前掲(1)小田中63頁、前掲(6)庭山51頁参照

（上原　裕紀）

告訴による名誉毀損

東京地判平成5・11・18判タ840号143頁〔27818534〕

事案の概要

1 X₁は、Aに対し、土地所有権移転登記抹消登記手続等請求訴訟を提起した（以下「甲事件」という。）。同訴訟において、X₁の訴訟代理人はX₂及びX₃、Aの代理人はYであった。

 なお、Yの主張によれば、同訴訟中、X₂らの訴訟行為が詐欺罪を構成するなどとYが主張したことについて、平成2年8月、X₂は、Yを所属弁護士会に懲戒請求したとのことであった。

 また、X₁及びX₂は、Yらに対し、損害賠償請求訴訟を提起した（以下「乙事件」という。）。乙事件において、X₁らの訴訟代理人はX₃が務めた。

2 平成2年12月、Yは、甲事件におけるX₁らの訴訟活動について、甲事件を勝訴に導くため変造した文書を証拠として提出し、また、裁判所を欺罔して勝訴判決を得、訴訟の目的たる土地を騙取しようとしたなどとして、有印私文書変造・同行使、詐欺未遂等の各罪名で告発した。さらに、X₂がYを懲戒請求したことについて、Yは、X₂を誣告の罪名で告訴した（以下上記告訴と告発を併せて「本件告訴告発」という。）。

 本件告訴告発については、平成4年8月、「嫌疑なし」を理由とする不起訴処分がなされた。

3 平成3年12月、Yは、上記2と同様の理由で、X₂及びX₃を所属弁護士会に懲戒請求した（以下「本件懲戒請求」という。）。本件懲戒請求については、平成4年6月、所属弁護士会綱紀委員会において「懲戒不相当」の議決がなされた。

4 以上の事実経過のもと、X₁らは、Yの行った本件告訴告発及び本件懲戒請求がX₁らに対する不法行為を構成するとして、Yに対して損害賠償

請求の訴えを提起した。

判　旨

本判決は、本件告訴告発に係る事実をいずれも真実とは認められないと認定したうえで、以下のとおり判示した。

1　「告訴、告発及び弁護士に対する懲戒請求はそれを受けた者の名誉を著しく損う危険を伴うものであるから、それらを行うには慎重な注意を要し、犯罪（懲戒事由）の嫌疑をかけるのに相当な客観的根拠があることを確認せずに告訴、告発及び懲戒請求をした場合には、相手方に対して不法行為に基づく損害賠償責任を免れない。

　加えて、弁護士は、犯罪（懲戒事由）の嫌疑をかけるのに相当な客観的根拠の調査、検討について一般人より高度な能力を有するといえるから、弁護士が告訴告発及び懲戒請求をする場合には、右根拠の確認につき、一般人より高度な注意義務が課せられるというべきである。」

2　（本件について、Yの調査内容を認定したうえで）、「Yが弁護士であり、犯罪の嫌疑をかけるのに相当な客観的な根拠の確認つき一般人より高度な注意義務を課せられることからすれば、本件でYのした調査はあまりに不十分であり、かつ告訴告発及び懲戒請求をした判断もあまりに軽率であったといわざるを得」ず、「本件告訴告発及び本件懲戒請求は、Yが犯罪（懲戒事由）の嫌疑をかけるにつき相当な客観的根拠の確認をせずにしたものであり、X_1らに対する不法行為が成立する」。

3　損害について、「本件事実の内容、X_1らの防御の負担、並びにX_2及びX_3については、懲戒請求により同人らの弁護士としての名誉も傷つけられたことを考慮」して、弁護士でないX_1らには30万円、弁護士であるX_2及びX_3には50万円の慰謝料を認めた。

> 解 説

1 弁護士の行為による不法行為

　本判決は、下級審の判断ではあるが、告訴が違法となる判断基準を示すとともに、弁護士がより高度の注意義務を負うことを認め、結論として不法行為の成立を肯定した。

　なお、本判決では、弁護士であるYのX₂らに対する懲戒請求についても不法行為が成立する旨述べているが、懲戒請求による不法行為については、事例46（最判平成19・4・24民集61巻3号1102頁〔28131155〕）を参照されたい。

2 違法性の判断基準

　告訴・告発は他人の犯罪行為を捜査機関に指摘するものであり、そのこと自体によって、被告訴人・被告発人の名誉や信用が毀損されることは当然考えられることである。ましてや、犯人でないのに告訴・告発された場合や犯罪が成立しない状況で告訴・告発された場合など、いわれのない告訴・告発であれば、被告訴人・被告発人の名誉が毀損される危険性は非常に大きいといえる。

　したがって、告訴・告発そのものは犯罪の端緒を捜査機関に提供する公益的な制度であるものの、告訴・告発を行おうとする者は、注意深く諸般の状況を考慮し、犯罪の嫌疑をかけるに相当な客観的根拠を確認する必要がある[1]。本判決も、上記の見解とほぼ同じ見解に立ち、客観的根拠の確認をしないまま告訴・告発をした場合には不法行為が成立すると判示して、犯罪の嫌疑をかけるに相当な客観的根拠を確認すべきことが法的義務であることを示した。

　弁護士としては、依頼者から告訴・告発の相談を受けたり、告訴・告発に代理人として関与したりする場合もあるであろうが、犯罪の嫌疑をかけるのに相当な根拠もないままに告訴・告発を行うことが違法となることを十分認識し

ておくべきであろう。そして、社会正義の実現が弁護士の使命であること（弁護1条1項）を考えると、依頼者が違法な告訴に及ぶおそれがあるような場合には、犯罪の嫌疑をかけるに相当な客観的根拠を確認する必要があること等を依頼者に助言・説明することも弁護士に求められるように思われる。

3 弁護士が告訴・告発を行う場合における注意義務の程度

(1) 本判決は、弁護士が告訴・告発に及ぶ場合、犯罪の嫌疑をかけるのに相当な客観的根拠の調査、検討について一般人より高度な能力を有するといえることを理由に、弁護士には一般人より高度な注意義務が課せられるとする。いうまでもなく弁護士は法律実務の専門家であって、刑事法規や告訴・告発に関する知見を一般人よりも豊富に備えているはずであり、また、備えているべきであるから[2]、こうした結論に至るのも当然であるといえよう。

そして、その注意義務の基準は法律の専門家として平均的な技能を有する者が基準となると考えられるところであり[3]、平均的な弁護士が行う水準の調査、検討を欠く場合には、違法との誹りを受けるおそれがあることに注意すべきであろう[4]。

本件の被告Yについては、「専ら、○○（X_1の伯父）が脳軟化症ではなかったという確信にのみ基づいて、それに反する甲事件でのX_1らの主張及び書証の提出につき……犯罪を構成すると考えて本件告訴告発及び本件懲戒請求に及んだ」と認定されており、「あまりに不十分」な調査であったことがうかがえる。

(2) 本判決は、弁護士自らが告訴・告発の主体となっているケースであるが、弁護士が依頼者を代理して告訴を行う場合であっても同様の注意義務が課されるものと思われる。弁護士としては、依頼者から強く告訴を求められる場合があるかもしれないが、そのような場合でも依頼者の要望に安易に応じることは危険であり、弁護士として犯罪の嫌疑をかけるに相当な客観的根拠の調査・検討を経ることが必要であろう。

(3) なお、本件甲事件において、Yは、X₂らの行為が訴訟詐欺であり詐欺罪を構成するなどと主張したようである。このように、訴訟の場において相手方の行為が犯罪行為であるなどと指摘した場合にも、名誉毀損に当たるとして不法行為責任を問われ得るが、告訴・告発の場合と異なり、広く免責が得られることになる。

　弁論主義を基礎とする民事訴訟においては、当事者の訴訟活動の自由が保障される必要があるのであり、当該訴訟活動が社会的に許容される範囲を逸脱した場合でない限り、違法性が阻却されるものと理解されている[5]。

4　損　害

　過去の事例をみると、告訴・告発が不法行為を構成する場合、数十万円程度の慰謝料を認める例が多いようである（宮崎地判昭和62・10・20判時1270号130頁〔27801666〕は30万円、東京地判平成10・2・20判タ1009号216頁〔28042598〕は90万円の慰謝料をそれぞれ認めている。）。本件でも、告発による慰謝料として30万円（懲戒請求等もなされた弁護士らについては50万円）が認められている。

　なお、近時の裁判例には、告訴状における摘示事実を記者会見やブログで公表した事案について、150万円の慰謝料を認めたものがある（長野地上田支判平成23・1・14判時2109号103頁〔28173161〕）。

Key Point

告訴・告発は被告訴人・被告発人の名誉を毀損する危険性が大きく、告訴・告発を行うに当たっては、犯罪の嫌疑をかけるに相当な客観的根拠を確認する必要がある。殊に、法律実務の専門家である弁護士は、一般人よりも高度の注意義務を負うことが本判決により示されており、自ら告訴・告発をし、又はこれらの手続に代理人として関与する場合には、弁護士として十分な調査・検討を行わなければならない。

[注]
(1) 加藤一郎編集『注釈民法(19)債権(10)』有斐閣（1965年）188頁
(2) 弁護士法2条は「弁護士は、……法令及び法律事務に精通しなければならない。」と規定し、また、弁護士職務基本規程7条は「弁護士は、……法令及び法律事務に精通するため、研鑽に努める。」と定めている。
(3) 加藤新太郎「弁護士懲戒請求の規律」名古屋大學法政論集227号（2008年）16頁
(4) もっとも、どこまでの調査検討を行うべきかについては、個々の事案に即して、各弁護士が判断せざるを得ないであろう。
(5) 詳細は、前掲 事例30 「準備書面による名誉毀損」の項を参照されたい。

（上原　裕紀）

事例41 預り金の返還

高松高判平成20・1・31金融商事1334号54頁〔28160343〕

事案の概要

本判決は、弁護士Xが、その加入する弁護士賠償責任保険の保険者であるY損害保険会社に対し提起した保険金請求事件の控訴審判決である。

Xは、Bの恐喝被告事件の弁護人となり、B名義で保釈保証金(以下「保釈金」という。)5000万円を裁判所に納付したが、この保釈金はB以外の3者が出捐しており、うち1500万円はAが出捐したものであった。

Aは、Xと面会して、Bの保釈金のうち1500万円はAが出捐しており、Xが保釈金の還付を受けたときには、うち1500万円はAに支払ってほしい旨依頼した。その後、Aの要望により、BがXに依頼して覚書が作成された。覚書には、Bに対する保釈金5000万円のうち1500万円はAが資金提供しているので、Bの裁判終了後、XからAに対し提供資金を返納してほしい旨が記載されており、下部の余白部分には、Xの自署で「B殿」「上記承諾しました。」等と記載されていた。

その後、BはXに対し、保釈金の貸借関係は清算したとして、Aに1500万円を返還するとの指定を取り消し、Bに全額返還してほしい旨申し入れ、Xは了承した。そして、Bの刑事裁判が執行猶予付き判決で終了し、Xは還付を受けた保釈金5000万円全額をBに返還した。

Bの死亡後、AはXに対し、保釈保証金返還請求訴訟を提起し、一審は請求を棄却したが、控訴審は、Xは、Aが出捐した1500万円の代理受領委任契約上の利益を違法に侵害したとして、Aの請求を認容した(前掲平成20年高松高判〔28160343〕)。前件高裁判決確定後、XはAに対し、1500万円及び遅延損害金を支払った。

そこで、XはYに対し、弁護士賠償責任保険契約に基づく保険金支払請求

訴訟を提起した。原審は、Ｘの負った損害賠償責任は、他人に損害を与えるべきことを予見しながら行った行為に起因するものであり、同保険特約条項所定の免責事由に当たると判断して、Ｘの請求を棄却した。

判　旨

　高松高裁は、次のとおり判示して、Ｘの控訴を棄却した。
　「Ｘは、遅くとも平成７年８月31日までに、ＢとＡの間において、Ａが出捐した1500万円の同人への返還を確実なものとするため、本件保釈金がＸに還付された時点で、本件保釈金の中から1500万円をＡがＸから直接支払を受ける権限をＢがＡに付与する合意が成立していることを認識した上、本件保釈金の中から1500万円をＡに直接返還することをＡに対し承諾したと認められることからすると、Ｘが、1500万円の代理受領権限を有するＡの意向を確認することなく、Ｂからの依頼のみに基づき、漫然と本件保釈金の全額をＢに返還した行為は、ＡとＢとの間の1500万円の代理受領に関する合意上のＡの利益を侵害するものといわざるを得ない。」
　「Ｘは、本件保釈金全額を出捐者であるＡ……ではなくＢに返還すれば、Ａらが出捐額と同額の損害を被り、ＸとＡら出捐者との間で紛争が生じるであろうことを認識した上、現実に紛争が生じた場合にはＢに全責任を負わせることによりＸの責任を免れる意図の下、あえて本件保釈金全額をＢに返還したと認めるのが相当である。」「そうだとすると、前件高裁判決でＸが負うとされた本件賠償責任は、少なくとも、本件保釈金全額をＢに返還すればＡに出捐額1500万円相当の損害を与えるべきことをＸが予見した上で、あえて本件保釈金全額をＢに返還したという行為に起因するものと認められ、本件特約条項３条１号にいう『他人に損害を与えるべきことを予見しながら行った行為（中略）に起因する賠償責任』に当たると認めるのが相当であるから、Ｙは、本件賠償責任によって被ったＸの損害について、これをてん補すべき義務を免れるというべきである。」

解 説

1 預り金等をめぐるトラブル

　弁護士が受任事務を処理する過程において、預り金等を保管しこれを返還することは、よく経験するところである。弁護士職務基本規程38条（預り金の保管）は、「弁護士は、事件に関して依頼者、相手方その他利害関係人から金員を預かったときは、自己の金員と区別し、預り金であることを明確にする方法で保管し、その状況を記録しなければならない。」とし、同45条（預り金等の返還）は、「弁護士は、委任の終了に当たり、委任契約に従い、金銭を清算したうえ、預り金及び預り品を遅滞なく返還しなければならない。」と規定して、預り金をめぐる無用のトラブルを避けるための基本的な義務を定める。

　しかしながら、預り金をめぐるトラブルは弁護過誤事案、懲戒事例の中でも比較的多く[1]、本件のように預り金の返還後に、正当な受領権限をめぐってトラブルとなるケースもみられるので、注意が必要である。

　例えば、事故で死亡した子の両親から委任を受け交渉を行い、加害者から賠償金を受領したが、安易に両親の一方に預り金を返還したため、他の一方とトラブルになったケースや、過払金返還請求事案で、受任時に依頼者と同行しその後も事件を処理するうえで連絡を担当するなどしていた依頼者ではない者に、回収した過払金を返還し、依頼者とトラブルになったケースなどがみられる。

　弁護士からすると、受任事務処理の中で窓口となっていた者に預り金等を返還をすれば問題はないと軽信してしまいがちである。しかし、上記の例でいえば、実はその両親の夫婦関係が既に破綻していたという事情があったり、過払金事案で依頼者と同行していた者は、回収した過払金で自己の債権を回収しようと考えている者であり、依頼者と同行者には利益相反する事情があるなど、弁護士にとっての落とし穴となるのである[2]。

2 代理受領

本判決は、A・B間の代理受領に関する合意上のAの利益を侵害したものとして、Xに賠償責任を認めた。代理受領については、代理受領を承認した債務者が当該債務を本人に支払った場合に代理受領権限を有する者に対する不法行為の成立が認められるとするのが確立した判例（最判昭和44・3・4民集23巻3号561頁〔27000836〕）であり、本判決が認定するとおり、Bからの依頼のみに基づき、漫然と本件保釈金の全額をBに返還したXの行為が、Aの利益を侵害し、損害賠償責任を負うことはやむを得ないといえる。

なお、一般的にいえば、弁護士と委任契約を締結しているなど、その事件の依頼者が誰であるかをしっかりと確認し、その者に返還することによって、預り金等の返還をめぐるトラブルを避けることができる[3]といえようが、本件は逆のケースである。金銭の出捐者が誰であるのかも含めて、法的に正当な受領権者を確認、把握することが必要であり、また依頼者以外の者の法的利益についても侵害することがないよう配慮すべきである。

3 認識ある過失[4]

弁護士賠償責任保険では、弁護士特約条項（以下「特約条項」という。）において、「被保険者の……他人に損害を与えるべきことを予見しながら行った行為」に起因する損害の免責が定められている[5]。

この特約条項の性質については、学説上、同条項は賠償責任保険普通保険約款（以下「普通約款」という。）の故意免責を明確にしたものにすぎないとする見解[6]と、特約条項にいう「他人に損害を与えるべきことを予見した行為」とは、いわゆる「認識ある過失」の場合を意味し、故意免責とは別に定められたものであるとする説[7]とが対立している。

裁判例をみると、東京高判平成10・6・23金融商事1049号44頁〔28032866〕がリーディングケースとされる。同判決は、普通約款にいう「故意」とは「第三者に対して損害を与えることを認識しながらあえて損害を与えるべき行為に及ぶという積極的な意思作用」を意味するのに対し、特約条項の「他人に

損害を与えるべきことを予見しながらなした行為」とは、「他人に損害を与えるべきことを予測し、かつこれを回避すべき手段があることを認識しつつ、回避すべき措置を講じないという消極的な意思作用に基づく行為」であるとして、「故意による行為とは別個の行為を意味する」として、上記学説の第2説を支持する解釈を示した。

本判決は、「他人に損害を与えるべきことを予見しながら行った行為」の解釈について、立場を明確にしていないが、Xの主張した解釈（故意犯と同視できるほどの過失、すなわち、損害の発生を予見し、これを認容すること（認容ある過失）が要求され、また、犯罪行為と同程度の強度の違法性が要求される。）に対して、「文言解釈上、Xが主張するような解釈をすることには疑問が残る」としていることから、上記東京高裁の解釈を踏襲したものと思われる。

4　預り金の返還と弁護士賠償責任保険

弁護士賠償責任保険は、「被保険者が……法律上の賠償責任を負担することによって被る損害をてん補」するものである（保険17条2項、特約条項3条1項）。

ところで、弁護士が預かった現金の所有権は弁護士にあり、弁護士の預り金口座の預金債権の権利者も弁護士であって[8]、依頼者ではない。

そうすると、弁護士が正当な権限を有しない者に預り金を返還してしまったとしても、弁護士は依然として正当な権限者に対して預り金の返還債務を負っているのであり、預り金返還債務が損害賠償責任に転化するものではない[9]。

したがって、一般的にいうと、預り金の返還をめぐるトラブルについては、法律上の賠償責任を負担することによって被る損害に該当せず、保険金が支払われないので、注意されたい。

> **Key Point**
>
> 事件も終盤となり預り金等を返還する段階になると、弁護士としての役割はもはや終了したものと安易に考え、預り金等の返還の事務については、法律事務所の職員にすべて任せてしまいがちである。しかし、最後に気を抜くと、せっかくの成果を台なしにすることとなる。
> 事件処理の過程で中心となって関与した者が、必ずしも正当な受領権限を有するものではないのであり、慎重な対応が必要である。

[注]

(1) 塚原英治ほか編著『プロブレムブック法曹の倫理と責任〈第2版〉』現代人文社（2007年）〔塚原英治〕215頁

(2) 事件の当事者が必ずしも当該事件の実質的依頼者であるとは限らない。例えば、利害関係を有する第三者からの依頼、家族の一部からの依頼、多数当事者からの依頼等の場合、誰が事件の実質的依頼者かを峻別する必要がある。今野昭昌「事件委任契約の諸問題」判例タイムズ495号（1983年）21頁

(3) 日本弁護士連合会弁護士倫理委員会編著『解説「弁護士職務基本規程」〈第3版〉』日本弁護士連合会（2017年）132頁は、「預り金等の返還の相手方は、原則として、預り金等を弁護士に寄託した者である。」とする。

(4) 「認識ある過失」の詳細については、後掲 事例48 参照。

(5) 全国弁護士協同組合連合会と契約を締結している損害保険ジャパン株式会社の約款（2024年7月改訂）による。

(6) 甘利公人「判批」損害保険研究61巻1号（1999年）219頁、竹濱修「判批」旬刊商事法務1620号（2002年）33頁など

(7) 平沼髙明『専門家責任保険の理論と実務』信山社出版（2002年）23頁、山下典孝「弁護士賠償責任保険における免責条項」法學新法114巻11・12号（2008年）718頁など

(8) 最判平成15・6・12民集57巻6号563頁〔28081748〕

(9) 金銭債務は、その性質上、履行不能とはならない（中田裕康『債権総論〈第4版〉』岩波書店（2020年）59頁）。債務者が無資力で支払えないとしても、履行遅滞による遅延損害金が発生するにすぎない。

（平沼　大輔）

4 その他弁護士業務上の責任

依頼者の違法行為を防止する義務

東京地判昭和62・10・15判タ658号149頁〔27801301〕

事案の概要

1 本件土地はY₁ないしY₃（以下この3名を「Y₁ら」という。）の共有であり、本件土地上の建物（以下「本件建物」という。）には、X、Y₁及びY₂の共有（各持分はそれぞれ3分の1）とする登記がなされていた。ただし、Xが3分の1の持分を有することについては、Y₁、Y₂との間で争いが生じていた。

2 Y₁らは、本件土地及び本件建物の持分3分の2の売却一切を弁護士であるY₄に委任した。Y₄は、本件建物の権利を放棄するようXに申し入れたが、Xは、これを拒絶し、Y₁らを債務者として本件建物の取壊し禁止等を求める仮処分を申請した。同事件において、Y₄はY₁らの代理人を務め、昭和58年1月、取壊しの禁止等を内容とする暫定的な和解が成立した。

3 不動産業者であるY₅は、Y₄と接触したうえ、更地ならば本件土地を買い受けるとするA社の存在を把握した。そこで、Y₅はY₆に本件建物の解体を依頼し、Y₅とY₆との間では、Y₆がいったん本件土地及び本件建物の持分を買い受け、本件建物を取り壊して更地にしたうえでA社に売却することとされ、同年2月、B社（Y₆が代表取締役を務める会社である。）とA社との間で、本件土地を目的とする売買契約書が取り交わされた。

4 その後、Y₁らとB社との間で、本件土地及び本件建物の持分3分の2を譲渡する旨の契約が成立し、同年3月、Y₆は、解体業者に依頼して本件建物を取り壊した。

5　以上の事実経過につき、Xは、Y_1ないしY_6に対し、本件建物の取壊しにより得べかりし賃料収入等の損害を被ったとして、不法行為に基づく損害賠償を求める訴えを提起した。

判　旨

裁判所は、Y_1らについては不法行為責任を否定したが、Y_4ないしY_6については、いずれも不法行為責任を肯定した。このうち、弁護士であるY_4に係る判旨は以下のとおりである。

1　（本件の事実関係を摘示したうえで、）「Y_4は、Y_5及びY_6が何らかの違法な手段、場合によつてはXに全く無断で本件建物を取壊すという方法でY_1ら所有土地を更地にしてこれをA社に転売する意図を有していることを察知しながら、これを黙認し、右土地及び本件建物の持分3分の2のB社への売却に関与したものと推認せざるをえない」。

「Y_4がY_1らに代つて右売却を承諾した結果、本件建物はY_5、Y_6によつて取壊されたのであるから、Y_4の行為と本件建物の取壊しとの間には相当因果関係があり、また、これについてY_4には少なくともY_5、Y_6に対してXとの紛争をどのように解決したのか、あるいは今後解決するのか確認しなかつた点に過失がある。」

「弁護士は社会正義を実現すること等の使命に基づき、誠実にその職務を行い、社会秩序の維持に努力しなければならないとされている（弁護士法1条）のであるから、自己の受任した法律事務に関連して違法な行為が行われるおそれがあることを知つた場合には、これを阻止するように最大限の努力を尽すべきものであり、これを黙過することは許されないものであると解される。そして、これは単に弁護士倫理の問題であるにとどまらず、法的義務であるといわなければならない。」

2　損害について、本判決は、得べかりし賃料収入及び慰謝料の賠償は否定したが、「本件建物の昭和58年3月7日当時の価格……は696万円である」として、建物評価額の3分の1に当たる232万円を損害として認めた。

解 説

1 はじめに

本判決は、弁護士が、受任事件の関係者(依頼者ではない。)に対して、紛争をどのように解決したのか、あるいは今後どのように解決するのか確認しなかった点に過失を認め、弁護士の不法行為責任を肯定した事案である。

本判決で注目されるのは、弁護士の注意義務に関し、弁護士法1条の規定を根拠にして「自己の受任した法律事務に関連して違法な行為が行われるおそれがあることを知つた場合には、これを阻止するように最大限の努力を尽すべき」とし、かつこれが弁護士の法的義務であると判示した点である。同判示については、弁護士の誠実義務を法規範であると判断したものだと理解されている[1]。

2 弁護士の誠実義務

(1) 誠実義務の法規範性

弁護士法1条2項は「弁護士は、前項の使命[2]に基き、誠実にその職務を行い、社会秩序の維持及び法律制度の改善に努力しなければならない。」として誠実義務を規定している。ここにいう誠実義務については、法的義務を規定したものか、それとも倫理的義務にとどまるものかが議論されているが、弁護士の専門性・公益性にかんがみれば、誠実義務は、委任契約に基づく善管注意義務を加重したものであり、法規範性を有するものと解すべきであろう[3]。前述のとおり、本判決も誠実義務を法的義務として肯定したものと理解されている。

(2) 誠実義務の内容

誠実義務の内容につき、依頼者に対しては忠実義務という形であらわれ、他方、第三者に対する関係では一般的損害発生回避義務(専門的知識・技能を活用して依頼者の利益のみならず関わりを生じた第三者の利益をも害することのないようにすべき注意義務)という形であらわれる

ものであるとする見解がある[4]。この見解の立場から、本判決について、弁護士の公益的役割及び従前から紛争に関与してきた点に着目して、一般的損害発生回避義務違反を肯定したものと解される旨指摘されている[5]。

　上記見解の当否は今後の議論の集積を待ちたいが、弁護士の社会的使命・公益的役割の重要性にかんがみれば、上記のような一般的損害発生回避義務が弁護士の負うべき法的義務として肯定されることになる。また、専門職たる弁護士の責任を拡大することは、弁護士の有責行為の抑止につながり、ひいては社会に対する損害防止に寄与することになるという考え方[6]からも上記の結論が支持されるであろう。

　弁護士としては、自らの職責がこうした法的義務を伴うものであることを十分自覚しておくことが肝要であろう。依頼者でなくとも事件関係者が違法・不正な行為に及ぶこと（又はそのおそれがあること）を知った場合には、それを漫然と見過ごすことは注意義務違反たり得ることを心にとどめ、弁護士として違法・不正行為の抑止に努力するようにしなければならない[7]。

(3)　弁護士が責任を負う範囲

　もっとも、依頼者であればともかく、依頼者以外の事件関係者に対して、弁護士は影響力を行使し得る立場にないはずであり、一般的に自己の受任した法律事務に関連した違法行為がなされることを制止すべき義務があると本判決が解した点は行き過ぎであるとの批判がある[8]。確かに、弁護士にとって違法行為による第三者の損害が予見できる場合には常に責任を負うべきであるとすると、弁護士の責任が無限定に広がってしまいかねない[9]。

　そこで、弁護士が責任を負う範囲をどのように画するかの検討が必要となる。

　この点、本判決は、弁護士Y_4は、Y_5及びY_6が何らかの違法な手段によって本件建物を取り壊してA社に転売する意図を有していることを察

知しながら、これを黙認したものと推認されると判断した。その判断の前提として、Y_4が本件紛争に従前から深く関与し、A社が更地で買い受けることを希望していたこと、Xが話合いに容易に応じない意向であること等をY_4が知っていた等の事実が認定されている。

以上のような本判決の判断からすれば、弁護士が従前の経過に関与してきた態様及び程度が義務の発生根拠となると解される[10]。そうであるとすると、弁護士が責任を負う範囲を一般化して論じるのは困難であり、結局のところ、事案ごとの個別的な認定・判断にならざるを得ないと思われる。同種事例の集積が待たれるところである。

> **Key Point**
> 本判決は、弁護士には、自己の受任した法律事務に関連した違法行為がなされることを制止すべき法的義務があることを示した。これは弁護士の社会的使命ないし公益的役割に基づくものと理解できる。弁護士としては、自らの職責がこうした法の義務を伴うものであることを自覚し、依頼者の利益のみならず関わりを生じた第三者の利益を害することのないように最大限の努力を尽くすべきである。

[注]
(1) 加藤新太郎『弁護士役割論〈新版〉』弘文堂（2000年）362頁。なお、同書146頁にも本判決に関するコメントが付されている。
(2) 弁護士法1条1項は「弁護士は、基本的人権を擁護し、社会正義を実現することを使命とする。」と規定する。
(3) 日本弁護士連合会調査室編著『条解弁護士法〈第5版〉』弘文堂（2019年）12－13頁参照
(4) 前掲(1)361頁以下。なお、近時、誠実義務を根拠として、第三者に対する関係では「公益配慮義務ないし一般的損害発生回避義務」（第三者に一般的に損害が発生したり、公益を侵害するというような状況があれば、委任関係はなくとも弁護士としてはそれらの損害発生を回避し、公益にかなう方向で対応するように配慮するという規範）が発生するとの考えが示されている（加藤新太郎・高中正彦「裁判官と弁護士の視点からみた弁護過誤」『現代法律実務の諸問題〈平成27年度研修版〉』第一法規（2016

年) 835頁)。
(5)　前掲(1)363頁
(6)　岡孝「専門的職業人（弁護士）の責任」判例タイムズ643号（1987年）126頁
(7)　弁護士職務基本規程14条が、「弁護士は、詐欺的取引、暴力その他違法若しくは不正な行為を助長し、又はこれらの行為を利用してはならない。」と規定していることも想起されたい。
(8)　日本弁護士連合会調査室「依頼人以外の第三者に対する弁護士の責任」自由と正義49巻9号（1998年）143頁以下
(9)　前掲(6)126頁
(10)　前掲(1)364頁

（上原　裕紀）

第2章 第三者との関係

事例43　契約相手方に対する責任

大阪地判平成22・10・21判時2106号83頁〔28171773〕

事案の概要

　弁護士Yは、本件土地の所有者であるA社から依頼を受け、本件土地上の建物のテナントとの間の紛争処理を受任していた。X社は分譲マンション用地として本件土地を購入する旨表明し、Yは、本件土地の売買契約交渉についてもA社から委任を受け、X社との契約交渉を行うこととなった。

　その契約交渉の過程で土地上の既存建物はA社において解体する方針となり、A社は既存建物の解体工事の見積りをとった。解体工事業者B社は解体工事の見積金額を3500万円とする見積書を提示したが、その見積書の備考欄には「地中障害物撤去は含まれません。」と記載されていた。

　A社はB社に解体を依頼することとし、その前提でYを通じて売却希望価格をX社に伝え、X社は、その希望価格（2億7800万円）を入れた売買契約書案をYに送付した。当該契約書案には、引渡しの日までに売主の責任と負担において既存建物、既存杭、立木、塀等を解体・撤去すべきことが明記されており、最終的に締結された売買契約書においても同内容の規定が記載された。なお、Yは本件売買契約の締結に立ち会っていた。

　本件売買契約締結後、B社による既存建物の解体が実施され、本件土地がX社に引き渡された。本件土地には地表より2～3メートル掘り下げた所から34本の地中杭が埋められていたが、B社は当初の見積りどおり地中杭の撤去は行わなかった。

　その後X社においてマンション建設工事が開始されたが、地中杭のため工事を進めることができなかった。これらの杭をすべて取り除くための撤去費用は1億3850万円と見積もられた。X社は地中杭の一部を切断・撤去することにより本件工事を進め、その撤去費用として2835万円を要した。

X社はA社に対して債務不履行に基づく損害賠償を請求したが、A社は既に清算結了の登記を経ており損害賠償に応じる資力はなかった。そこで、X社は、①Yは買主に損害を与えないように地中障害物を除去する旨の解体工事契約を締結すべき義務があったのにこれを怠った、②A社はYに対して善管注意義務違反に基づく損害賠償請求権を有しており、X社がこれを代位行使するなどと主張して、Yに対して損害賠償請求の訴えを提起した。

判　旨

 大阪地裁は以下のとおり判示して、X社の請求を全部棄却した。

1　本件売買契約書の「規定の文言上は、既存杭……を撤去する売主の義務が記載されているが、売主も買主も、地中杭の調査もしていないしその存在も知らずに契約を締結したことを前提として契約当事者の合理的な意思解釈をすれば、……予めその全部を抜本的かつ徹底的に撤去する義務まで規定したものと解するのは困難であ」り、「Yが本件土地のXへの売買契約交渉の委任を受けていた弁護士であるとしても、……A社が……Xの主張する方法で予め全ての地中杭を撤去すべき義務を負っていたとまでは認められない以上、YがA社に対し、弁護士として、引渡し前に、全ての地中杭を予め全て撤去する内容の既存建物の解体契約を締結するように助言すべき注意義務があったとはいえない。」

2　本件土地の地中杭を徹底的に撤去する場合、その撤去費用は本件売買契約における売買代金の半分を超える。地中杭の存在は既存建物を施工した建設会社に確認すれば杭伏図から明らかになったはずであるが、それも調べないで売主も買主も地中杭の存在に気づかないまま売買契約が締結されている。「このような契約締結の事情からすれば、売主の通常の予測の範囲を超える過大な負担を生じさせるようなX主張のような極端な契約解釈の可能性を認識することは、売買契約交渉について受任していた法律の専門家である弁護士とはいえ、Yにとっても殆ど不可能であ」り、Yに「Xの主張するような契約解釈の可能性を認識して、売買契約交渉を委任した

依頼者であるA社に対し、解体契約にあたって地中杭をすべて撤去すべきことを助言すべき義務があったと断ずるのも相当でない。」
3 「以上によれば、……Yが受任者としての善良な管理者の注意を怠り、必要な助言をしなかったものとはいえない。まして契約の相手方当事者であるXとの関係で、そのような助言をしなかったことが不法行為法上要求される注意義務を怠ったものということはできないから、Xに対する関係でも過失があったとはいえない。」

解説

1 はじめに

本事案においては、弁護士と委任関係にない第三者が直接弁護士に対して損害賠償請求する構成（不法行為責任）と、当該第三者が債権者代位権に基づき依頼者の弁護士に対する損害賠償請求権を代位行使する構成（債務不履行責任）の2つの法律構成で責任追及がなされた。

本稿では、主として前者の不法行為責任について述べることとする。

2 第三者に対する損害発生回避義務

(1) 本件において、X社は、Yにおいて、B社と解体工事契約を締結する際、売買契約の買主に損害を与えないように地中障害物を除去する旨の契約を締結すべき義務がある旨を主張した。

弁護士の誠実義務（弁護1条2項）に基づき[1]、弁護士には第三者に対する関係で公益配慮義務ないし一般的損害発生回避義務を負うとする見解が提唱されている[2]。本判決は、契約締結業務を受任した弁護士の契約相手方に対する一般的損害発生回避義務が問題となった事案であると理解することができよう。

(2) 本件売買契約の契約書には、売主の責任と負担において、既存建物、既存杭等を解体・撤去すべきことが明記されていた。X社は、本件売買契約の締結交渉を受任したYは、かかる契約書の記載からA社が本件土

地の地中杭の撤去義務を負うことを十分に知悉していた旨を損害発生回避義務の根拠として主張した。

　これに対し、本判決は、本件売買契約書が本件土地の地中杭についてあらかじめその全部を抜本的かつ徹底的に撤去する義務まで規定したものと解するのは困難であるとして、本件売買契約に基づくA社の地中杭の撤去義務を認めなかった。本判決が契約書の文言をこのように制限的に解釈したのは、本件土地の地中杭を抜本的・徹底的に撤去する場合の費用が本件土地の売却価格の半額を超えること、地中杭の存在は容易にわかったはずであるのに売買当事者が地中杭の存在に気づかないまま契約を締結していること、引渡し後に地中障害物が発見された場合には事後的に瑕疵担保責任等による調整をする方法が一般的な取扱いないし取引慣行であると考えられること等による。

　本判決は、A社の地中杭撤去義務が否定される以上、Yにおいて地中杭を撤去する内容の解体工事契約を締結するよう助言すべき注意義務があったとは認められず、まして、契約の相手方当事者であるX社との関係において、かかる助言を行うべき不法行為法上の注意義務があったとも認められないとして、X社の請求を棄却した。

(3)　本判決が判示するとおり、A社の地中杭撤去義務が否定されるのであれば、Yに撤去に係る助言義務が発生することは考え難い（なお、本事案において、X社はA社に対し債務不履行に基づく損害賠償請求の訴えを提起し全部認容判決を得ているが、A社は当該訴え提起前に清算結了登記を経ており、実質的な審理はなされなかったものと推察される。）。

　もっとも、本件売買契約書上は地中杭の撤去義務が明記されていたのであり、一般論としては、同種の事案で地中杭の撤去義務が肯定される可能性もあり得ると思われる。また、撤去義務の有無は事後的な裁判所の判断によるのであって、弁護士の業務水準としては、撤去義務が肯定される可能性を考慮してしかるべき対応をすべきであると考えることもできよう。この点、本判決は、「売主の通常の予測の範囲を超える過大

な負担を生じさせるような……極端な契約解釈の可能性を認識することは、売買契約交渉について受任していた法律の専門家である弁護士とはいえ、Yにとっても殆ど不可能であったというべき」と判示し、予見可能性の見地からも地中杭の撤去に係る助言義務があったとはいえないと判断している。

(4) 弁護士は、依頼者の権利及び正当な利益を実現するように努めるべきであり[3]、契約相手方の利益を考慮して業務を行う立場にはないことからすれば、契約相手方に対して責任を負うことは限定的であるはずである[4]。本件事案においても弁護士の責任は否定されている。

　もっとも、前述のとおり、誠実義務に基づき第三者に対する一般的損害発生回避義務が肯定されるとの見解もあり、「自己の受任した法律事務に関連して違法な行為が行われるおそれがあることを知った場合には、これを阻止するように最大限の努力を尽すべき」とする裁判例[5]も現われていることからすれば、仮に、売買契約書の文言に基づきA社の撤去義務が肯定されるような事案であった場合には、弁護士の契約相手方に対する損害賠償責任が肯定される可能性も排除はできないように思われる。

　このような損害賠償責任の発生を回避するために必要なのは、契約相手方に対して何らかの対応を行うということではなく、依頼者が債務不履行責任を負わないよう依頼者に対する助言・指導等を行うことである。つまり、依頼者の権利・利益を擁護するために必要な対応を尽くすことが、第三者に対する関係でも責任の回避につながるといえる。

3　関連裁判例

　本件と類似の事例として、PからQ社、Q社からRへと不動産が売却されたところ、Pにおいて無権代理行為があった等の理由でRが不動産を取得できなかったことから、Rが、Q社から依頼されて2つの売買契約に立ち会った弁護士に対して損害賠償を請求したという事案がある（東京地判昭和60・

9・25判タ599号43頁〔27800125〕)。同事案においては、契約締結の立会人は後日契約締結の事実を証明するための証拠とする目的で契約締結の場に立ち会わせる者であり、立会人が弁護士であっても、契約当事者の代理人あるいは仲介人とは異なり、契約当事者の権限の有無等を自ら調査したりする義務はない旨、また、立会人として期待される指導、助言を一応尽くしているものと認められる旨判示され、弁護士の責任が否定されている。

> **Key Point**
> 弁護士の社会的使命ないし公益的役割に照らし、業務遂行に関連して、委任関係にない第三者から弁護士が損害賠償責任を追及される可能性、ひいては責任が肯定される可能性もある。依頼者の権利・利益の擁護のために誠実に職務を行うことが、ひいては第三者の損害発生回避につながり、それがそのまま弁護士自身の責任回避につながることにもなり得る。

[注]
(1) 誠実義務は単なる倫理規定ではなく法規範性を有すると解されている。日本弁護士連合会調査室編著『条解弁護士法〈第5版〉』弘文堂（2019年）12−13頁参照。
(2) 加藤新太郎＝高中正彦「裁判官と弁護士の視点からみた弁護過誤」『現代法律実務の諸問題〈平成27年度研修版〉』第一法規（2016年）835頁。なお、加藤新太郎『弁護士役割論〈新版〉』弘文堂（2000年）361頁以下において「一般的損害発生回避義務」が紹介されている。
(3) 弁護士職務基本規程21条は「弁護士は、良心に従い、依頼者の権利及び正当な利益を実現するように努める。」と規定する。
(4) YのA社に対する注意義務に言及した文脈ではあるが、本判決も「売買契約交渉の法律事務の委任を相手方契約当事者であるA社から受けていたにすぎない弁護士であるYの立場において、買主であるXの立場を斟酌してA社に対する注意義務が加重されるべき根拠はない。」と判示している。
(5) 東京地判昭和62・10・15判タ658号149頁〔27801301〕。事例42 の裁判例である。

（上原　裕紀）

第2章　第三者との関係

事例44

面会交流に関する誠実協議義務

福岡高判平成28・1・20判時2291号68頁〔28240510〕

事案の概要

　夫Ｘと妻Ｙ₁は、平成19年3月15日に婚姻した夫婦であり、その間には長男Ａ（以下「長男」という。）及び二男Ｂ（以下「二男」という。）がいる。

　ＸとＹ₁は、平成24年10月29日以降別居し、Ｘが、Ａ市内に居住し長男を監護し、Ｙ₁が、Ｂ市内の実家に居住し二男を監護する状態が継続していた。

　Ｙ₁は、平成24年11月、Ａ家庭裁判所に夫婦関係調整（離婚）調停を申し立てた（以下「第一調停事件」という。）。その際、Ｘは代理人弁護士を選任していたが、Ｙ₁は代理人弁護士を選任していなかった。

　平成25年4月15日、第一調停事件において、要旨次のとおり調停が成立した（以下「本件調停」という。）。

　ア　当事者双方は、当分の間、別居を継続する。
　イ　当事者双方は、婚姻解消又は同居するまでの間、長男の監護者をＸ、二男の監護者をＹ₁と定める。
　ウ　当事者双方は、Ｙ₁が長男と、Ｘが二男とそれぞれ月2回程度（原則として第2、第4土曜日）の面会交流をすることを認め、その具体的日時、場所、方法等については子の福祉を慎重に配慮して、当事者間で事前に協議して定める。

　同年4月中旬及び同年6月15日に、Ｂ市内で面会交流が行われたが、同年7月6日に予定されていた面会交流は、弁護士Ｙ₂が断ったため、実施されなかった。

　Ｙ₁は、同年8月2日、甲県弁護士会に所属しＢ市で開業していたＹ₂に対し、夫婦関係調整（離婚）調停の申立てを委任し、Ｙ₂は、同年8月5日、Ｙ₁の代理人として、Ｃ家庭裁判所に対し、夫婦関係調整（離婚）調停の申

立てをした（以下「第二調停事件」という。）。

Y₂は、同年8月9日、Y₁の代理人としてXに対して電話し、Y₁の体調不良により同月10日の面会交流は実施できないこと、第二調停事件の期日で面会交流の方法等について話し合いたい旨を伝え、同月12日付けで、Xに対して受任通知を送付した。

C家庭裁判所は、同年10月1日、第二調停事件につきA家庭裁判所に移送する旨の審判をし、現在、A家庭裁判所において調停手続が行われている。

Xは、Y₁及びY₂（以下「Yら」という。）に対し、本件調停によりY₁が監護する二男と月2回程度の面会交流が認められたにもかかわらず、Yらが不当に面会交流を拒否したなどと主張して、不法行為に基づき、慰謝料500万円及びこれに対する遅延損害金を請求する訴訟を提起した。

原審は、Xの請求のうち、Yらに対し慰謝料20万円及びこれに対する遅延損害金の連帯支払を求める限度で認容し、その余の請求をいずれも棄却した。

これを不服としたX及びYらが控訴した。

判旨（本稿の目的上、Y₂関与後に係る判旨を中心に紹介するにとどめる。）

控訴審は、要旨以下のとおり判示し、原審におけるYらの敗訴部分を取り消し、XのYらに対する不法行為に基づく損害賠償請求をいずれも棄却した。

1 「本件調停においては、面会交流の実施回数と実施日を月2回程度（原則として第2、第4土曜日）と具体的に定めた上で、その具体的日時、場所、方法等の詳細については当事者間の協議に委ねている。そして、面会交流が子の福祉のために重要な役割を果たすことに鑑みれば、当事者は、本件調停を尊重し、これに従って面会交流を実施するため具体的日時、場所、方法等の詳細な面会交流の条件の取決めに向けて誠実に協議すべき条理上の注意義務（誠実協議義務）を負担していると解するのが相当であ

る。そして、一方当事者が、正当な理由なくこの点に関する一切の協議を拒否した場合とか、相手方当事者が到底履行できないような条件を提示したり、協議の申入れに対する回答を著しく遅滞するなど、社会通念に照らし実質的に協議を拒否したと評価される行為をした場合には、誠実協議義務に違反するものであり、本件調停によって具体化された相手方当事者のいわゆる面会交流権を侵害するものとして、相手方当事者に対する不法行為を構成するというべきである。」

2 平成25年8月2日から同年9月末までの期間

月2回程度の面会交流を認める旨の本件調停が成立していたので、その内容を変更する旨の合意成立や審判がされない限り、本件調停の効力は存続しており、Y_1代理人かつ法律の専門家たる弁護士Y_2は、本件調停内容の遵守を前提に、Xと誠実に協議するか、少なくとも、第二調停事件の申立てに先立ち、Xとの間で、面会の回数等を含め面会交流の実施に向けた具体的協議をしてしかるべきであったところ、Y_2は、第二調停事件の調停期日での面会交流に関する協議を考え、同事件申立てに先立ち、Xと協議することなく、申立後も、面会交流の具体的条件は同事件の調停期日で話し合いたいと述べるにとどまり、本件調停が成立した熊本家庭裁判所の履行勧告に対しても、調停の場で協議したいとして応じなかったものであり、Y_2の行為は本件調停の存在に照らし適切さを欠く。

しかし、当時、既に当事者間の感情的対立等により面会交流のための協議自体が困難になっており、その経緯に照らすと、その原因を専らYらに帰することはできない。そもそも、交互に相手方の住所地で行うことを前提とすれば、少なくとも毎月1回、1歳の幼子の二男を抱え、休憩を含むとはいえ4時間半もの時間をかけて、自家用車でC県B市からA市へ移動することが、二男及びY_1にとって大きな負担となっていたと推察される。したがって、Yらが、面会の回数を含め、第二調停事件の調停の場で面会交流について協議しようとしたことは相当な措置であったといえ、それ自体を不合理ということはできない。

また、その後、管轄裁判所でないC家庭裁判所に調停を申し立て、自庁処理を求めたことも、Yら自身の裁判所への出頭の便を考慮すると相応の理由があり、特に面会交流の遅延を目的とした不当なものということはできない。

　さらに、9月24日からXとY₂の間で直接協議がされ、Y₂も、9月30日、第二調停事件の手続が進まないことから、早期の面会交流を実現すべく、B市内のY₂の事務所での面会交流案を提示している。この面会交流は結局実施されなかったが、その原因が専らY₂にあるとはいえない。

　これらの点を考慮すれば、Y₂の上記行為につき、その手法に不適切なところはあったが、Xに対する不法行為責任を生じさせる誠実協議義務違反があったということはできない。

3　平成25年10月以降

　上記1の説示に加え、当事者間での感情的対立等によって面会交流のための協議自体がますます困難になっていたこと（協議の前提となる信頼感が失われていたこと）、移送審判書のXへの送達遅延はYらの不注意によるXの住所の誤記にありそれ以上にYらが面会交流実施を意図的に遅延させる故意によりしたものではないこと、Y₂とXとの間で、同年10月初めから同月21日までの間、合意に至らなかったが面会交流の協議がなされたこと、Y₂は同年10月21日以後Xに対して書面郵送の方法も含め連絡しなかったが、これはC家庭裁判所からXに移送審判書を送達できないとの連絡を受け、Xが受領拒否しているのではと考え、一度は受領を求める書留郵便を送ったが届かなかったためであること、Y₂は、Xに対し、第二調停事件初回期日前の12月17日に面会交流を提案したが、いずれも実施されず、その不実施が一方的にYらの責めに帰すべきものとはいえないこと等に鑑みると、Y₂につき、その手法に不適切なところはあったものの、Xに対する不法行為責任を生じさせるような誠実協議義務違反があったと認めることはできない。

　Xは、Y₂との面会交流の協議に際し、Y₂がメールでなく専ら書面郵送

の方法によりXに連絡していることが、面会交流不実施を目的とする意図的な遅延行為と主張する。確かに、メールに比して書面郵送は時間がかかり、特に、面会の日時、場所、方法等に関する単なる事務的な打合せには、必要に応じて1日に何度もやりとりが可能なメールの方法が便宜であるが、書面郵送の連絡方法が、面会交流の実質的拒否に匹敵するほどの遅延を招くものとは通常考えにくい。本件でY_2受任後に面会交流が実施されなかった原因は、双方の感情的対立等から面会条件の具体的協議が困難になったことによるものであって、Y_2が書面郵送による連絡方法をとったことによるものでなく、書面郵送の連絡方法が面会交流の協議の進展に実質的な影響があったとはうかがわれない。また、内容によっては慎重さを期すため書面による方法が適切な場合もあり、XのY_2に対する質問には、事務的打合せの範囲を超える直ちに回答困難な事項が含まれていた。そもそもXは、当初、連絡は書面又はメールで行うことを求めていた。

したがって、Xの上記主張は採用できない。

解　説

1　本判決の意義

本件は、監護者の面会交流不実施について、監護者のみならず、その代理人弁護士の不法行為責任の有無に関しても、争点になった事例であり、面会交流事案に関わるうえで参考となるため紹介する次第である。

2　原審の判断

原審（熊本地判平成27・3・27判時2260号85頁〔28232896〕）は、監護者及び代理人弁護士の双方の不法行為責任を認めた。

すなわち、原審は、控訴審（前記判旨1）とほぼ同様の判断基準を述べたうえで、平成25年8月2日から同年9月末までの期間の面会不実施については、Y_2において第二調停事件の期日における協議を求めたことが事実上の協議拒否や不当な遅延行為に該当するには当たらないとして不法行為の成立

を否定したが、同年10月以降の面会不実施については、連絡方法として、時効中断や形成権行使等の書面による証拠化が必要な事案でなく、メールも可能であり、書面郵送を用いることに関して合理的な理由がないこと、10月12日以降は書面郵送による協議すら行った形跡がないこと（家裁からの履行勧告に対しても応対していないこと）等から、弁護士が交渉手段の選択について裁量の幅を有していることを考慮しても、第二調停事件の調停期日が指定されるまで面会交流を行わない目的をもってする意図的な遅延行為であると推認できるとし、弁護士の専門家としての裁量の範囲を考慮してもなお社会通念上の相当性を欠くものとして誠実協議義務違反があり、不法行為を構成するとして、Y_1及びY_2に共同不法行為責任を認め、慰謝料20万円の賠償を命じた。

3 原審判決に対する批判

面会交流に関する責任論については、そもそも監護者に係る責任論に関しても、「一般的にいえば、面会交流の許否の判断には微妙な要素が多々あり、一刀両断的にはいかないことからすれば、監護者拒否の判断にも形式的・画一的に扱うのではなく、当該個別的な事情を丁寧に検討して、慎重に吟味されるべきである。基本的には面会交流は監護者の監護教育内容と調和する方法と内容に従うべきものである以上、その場その場の監護者の判断に強度の違法性がない限り、軽々に違法性を認めるべきでない。面会交流の許否の判断には面会交流に強制的要素を持ち込むことには慎重であって然るべきであり、違法性が顕著でなければ損害賠償義務まで認めるのは行きすぎだと思われる。」との指摘があった[1]。

このような指摘もある中で、前記のとおり監護者代理人弁護士の責任まで判断した原審判決に対しては、再調停申立の必要性や母の面会交流負担役務の実態などにつき、審理を深めた形跡はうかがわれないなどの批判を受けた[2]。

4 控訴審の判断

控訴審判決は、上記批判も考慮してか、平成25年10月以降の面会不実施に至った原因や背景を慎重に検討し、前記判旨3のとおり、当時、当事者間での感情的対立等によって面会交流のための協議自体がますます困難になっていた（協議の前提となる信頼感が失われていた）など面会交流不実施が一方的にYらの責めに帰すべきものとはいえない、書面郵送の連絡手段が面会交流協議の進展に実質的な影響があったとはうかがわれないとして、Yらに不適切なところはあったもののXに対する不法行為責任を生じさせるような誠実協議義務違反があったと認めることはできないとの結論に至っている。面会交流協議に係る実態や代理人弁護士の苦悩を十分踏まえた妥当な判断といえる。

特に、交渉の相手方に対する連絡手段については、連絡に要する時間だけでなく、控訴審判決が指摘するような様々な事情を総合考慮して決するものであり、安易に不法行為を基礎付ける事情とすることは、交渉の硬直化など交渉実務に悪影響を与えかねない危険があるため、この点に関する原審の判示を否定ないし修正した控訴審の判断の意義は大きい。

なお、原審判決は、Y_2のXに対する誠実協議義務及びその違反を認めたように読めるところ、調停によって面会交流が決まりその具体的実施要領を協議により定めることが合意された場合に、その合意の効果として、誠実協議義務を当事者同士で負うことはあるにしても[3]、一方当事者の代理人弁護士までもが、他方当事者に対し、直接に、誠実協議義務を負うことについては大いに疑問がある。すなわち、一方当事者の他方当事者に対する誠実協議義務違反が肯定された場合に、一方当事者代理人として協議に携わった弁護士が、一方当事者より、債務不履行責任や不法行為責任を追及され得る場合があることは観念し得なくないが[4]、一方当事者が他方当事者に対して誠実協議義務を負っているがゆえに、その一方当事者の代理人弁護士までもが、他方当事者に対し、直接に誠実協議義務を負っているとするのは、論理に飛躍があるのではないかと思われる。

5　上告審

本件は、その後、Xが、上告及び上告受理申立てをしたが、上告棄却及び上告不受理で確定した（最決平成28・6・17平成28年（オ）652号等公刊物未登載〔28263895〕）。

6　子を巡る弁護士業務の関連トラブル

子を巡る弁護士業務の関連トラブルとして、昨今、弁護士が、子ら及びその親権者と同居していた親権を有しない親に対し、親権者に無断で子らを連れて別居することを肯定する助言をしたことが親権者に対する不法行為を構成するとした裁判例が出ている（東京地判令和4・3・25平成31年（ワ）20号判時2554号81頁）。なお、同判例時報の解説によれば、控訴審（東京高判令和5・1・26公刊物未登載）の結果も控訴棄却とのことである。子の関わる紛争は、依頼者の感情が特に激化しやすく、弁護士としても対応に苦慮する場面が少なくないと思われるが、注意が必要である。

Key Point

依頼者の代理人として依頼者のため熱心に業務に励むことは弁護士としての本分であるが、熱心になるあまり依頼者や弁護士自身が法令に違反することとならぬよう、法律の専門家として、一歩引いた冷静な視点から客観的に判断することを忘れないようにする。

[注]
(1) 梶村太市『裁判例からみた面会交流調停・審判の実務』日本加除出版（2013年）314頁
(2) 渡辺義弘「高葛藤事案における代理人弁護士の任務」判例時報2260号（2015年）19頁
(3) 「本件解説」判例時報2291号（2016年）68頁
(4) なお、その場合でも、単に、一方当事者の誠実協議義務違反という悪しき結果の発生のみで代理人弁護士の過失を肯定すべきでなく、弁護士一般の通常の注意を基準とした、悪しき結果の具体的予見可能性、具体的予見義務、具体的結果回避可能性、具体的結果回避義務が慎重に検討されるべきと考える。

（石原　博行）

第3章　その他

1　懲戒をめぐる裁判例

事例45　懲戒取消しを求めた裁判例

最判平成18・9・14裁判集民221号87頁〔28111956〕

事案の概要

1　A（外国法人）は、都内の建物（以下「本件建物」という。）をCから賃借していたが、Cの代理人であるD弁護士から本件建物賃貸借契約の更新拒絶の通知を受けたため、弁護士であるXに本件建物の賃貸借に関する交渉等を委任した。Xは、D弁護士との間で、平成6年10月、CがAに対し、同年12月28日まで明渡しを猶予し、造作買取代金その他の一切の解決金として合計2500万円を3回に分割して支払うこと（第2回分割金は同年11月30日に300万円を支払うと約定された。）等を内容とする合意を成立させた。

2　Xは、平成6年11月頃から、B（Aの日本における業務について執行権限を有していた。）からの求めに応じ、造作買取代金の増額を求める等の再交渉を行ったが、その中で、同年11月30日、第2回分割金300万円の小切手を受領した。しかし、Xは、当該小切手の受領について報告せず、かえって、いまだ受領していないことを前提とする連絡を2度にわたり行い、最終的には、平成7年1月6日、小切手で上記300万円を同日受領した旨の報告をした（なお、Xは、事実に反する報告をしたのは、外国送金

に関する外国為替及び外国貿易法の規制のもとで、大蔵大臣の許可を要しない少額の金員に仮装して送金しようとしているのではないかとの不審を取扱銀行に抱かれないようにすべく、受領の日を偽る意図からであったと主張しているが、Bにはその意図を説明していなかった。）。

3　Xは、平成7年1月、CのこのEから、年末に要求のあった積増保証金が必要なら負担するとして現金300万円の追加支払を受けた。後日、Xは当該金員の返還を申し出たが、Eから、当該金員を預かるよう求められ承諾した。Xは、これらの顛末をBに報告しなかった。

4　以上の事実経過につき、Aは、①第2回分割金300万円を平成6年11月30日に受領していながら虚偽の報告をしたこと、及び②独断で本件建物の明渡しに関して再交渉し、追加立退料300万円を受領しながらそれを報告しないで秘匿したことを理由に、Xを所属弁護士会に懲戒請求した。Xは、同弁護士会から業務停止3月の懲戒処分（以下「本件懲戒処分」という。）を受け、また、審査請求についても、日弁連から審査請求棄却の裁決（以下「本件裁決」という。）を受けたため、懲戒事由がないこと等を主張して、本件裁決の取消しを求めた。

第一審である原判決（東京高判平成14・12・4平成13年（行ケ）401号裁判所HP〔28081161〕）は、事実経過を全体としてみると、弁護士倫理に違反する点は見当たらず、弁護士の品位を失うべき非行に当たるということはできないとして本件裁決を取り消したため、上告がなされた。

判　旨

本判決は、以下のとおり判示して原判決を破棄し、本件裁決を是認する判断を示した（自判）。

1　「ある事実関係が……懲戒事由に該当するかどうか、また、該当するとした場合に懲戒するか否か、懲戒するとしてどのような処分を選択するかについては、弁護士会の合理的な裁量にゆだねられているものと解され、弁護士会の裁量権の行使としての懲戒処分は、全く事実の基礎を欠くか、

又は社会通念上著しく妥当性を欠き、裁量権の範囲を超え又は裁量権を濫用してされたと認められる場合に限り、違法となるというべきである。」

2 「事件処理の報告義務は、委任契約から生ずる基本的義務（民法645条）であり、依頼者に対し適切な自己決定の機会を保障するためにその前提となる判断材料を提供するという趣旨で、事件を受任した弁護士が負うべき重要な義務である。また、金品の引渡し等の義務も、委任契約から生ずる基本的な義務である（民法646条）。そうすると、特に依頼者のために預かった金品に関する報告は重要なものというべきである。さらに、依頼事項に関連して相手方や第三者から金品を預かった場合、そのことを依頼者に報告することも報告義務の内容となるというべきである。」

3 本件のXの各行為は、「弁護士倫理規定31条、40条の趣旨に反し、依頼者に不審感を抱かせるに足りるものといわざるを得ず」、本件の経緯やXの主観的意図を考慮しても、Xの各行為が「弁護士法56条1項所定の『品位を失うべき非行』に当たるとし、業務停止3月の懲戒処分を相当とする旨の判断が社会通念上著しく妥当を欠くものとはいえない。したがって、本件懲戒処分が裁量権の逸脱又は濫用に当たるということはできない」。

解説

1 弁護士の依頼者に対する報告義務

(1) 弁護士・依頼者間の法律関係は、通常、委任契約ないし準委任契約と解されており[1]、同契約上の義務として、弁護士は、依頼者に対して、「委任事務の処理の状況」を報告する義務（民645条）、及び「委任事務を処理するに当たって受け取った金銭その他の物」の引渡し義務（民646条1項前段）を負う。本判決は、最高裁判所がこれらの義務が委任契約から生じる基本的義務であることを指摘し、かつ依頼者に対する事件処理の報告が弁護士の負うべき重要な義務であることを判示したという点で、大きな意義を有するものといえよう。

(2) 弁護士職務基本規程は、従来の弁護士倫理規定（平成2年3月2日日

弁連臨時総会決議による。）31条の規定を受け、「弁護士は、必要に応じ、依頼者に対して、事件の経過及び事件の帰趨に影響を及ぼす事項を報告し、依頼者と協議しながら事件の処理を進めなければならない。」とし（規程36条）、また、「弁護士は、委任の終了に当たり、事件処理の状況又はその結果に関し、必要に応じ法的助言を付して、依頼者に説明しなければならない。」と定める（規程44条）。これらの規定による報告義務は、民法上の報告義務より加重されたものであり、自己規律としてより厳格な報告義務を自らに課したものであると理解される[2]。弁護士としては、今一度報告義務の重要性を心にとどめておきたい。

(3) 近時、医療の現場では、患者の自己決定権に基づくインフォームド・コンセントの考え方が急速に普及している。医師は患者の自己決定に必要な情報を提供すべきということが強く謳われており、医療訴訟においても医師の説明義務違反[3]が認定されるケースはままみられるようである。

　弁護士と依頼者との関係も、インフォームド・コンセントの法理によって規律していくことが相当であるとの見解も有力に示されているところ[4]、本判決においても、「依頼者に対し適切な自己決定の機会を保障するためにその前提となる判断材料を提供するという趣旨」から、弁護士の事件処理の報告義務の重要性が導かれている。依頼者によっては、弁護士がいくら説明しても十分な理解に至らないと思われる場合もなくはないだろうが、依頼者の自己決定を尊重するという観点が強調されるようになっている現在、依頼者に対する報告・説明については、特に慎重な配慮が必要というべきであろう。

2 報告義務と懲戒事由

　前記のとおり、弁護士職務基本規程36条及び44条は、依頼者に対する報告義務を定めている。これらの規定については、行動指針又は努力目標ではなく、弁護士が遵守すべき行為規範・義務規定であるとされている（同規程82

条2項[5]）。したがって、これらの規定に違反する行為は懲戒事由に該当する行為であり、懲戒の対象となり得ることになる[6]。

3 弁護士会の懲戒処分に対する司法審査

(1) 弁護士会による懲戒処分に対し、被懲戒者は、日弁連に審査請求をすることができ（弁護59条）、その審査請求を却下又は棄却する日弁連の裁決に対しては、東京高等裁判所にその裁決の取消訴訟を提起することができる（弁護61条。なお、弁護士会による懲戒処分そのものが取消訴訟の対象になるわけではない。）。

本判決は、弁護士会の懲戒処分における懲戒事由該当性や懲戒処分の程度等について、弁護士会及び日弁連の合理的な裁量判断にゆだねられている旨を、最高裁として初めて判示したものである[7]。

(2) 弁護士会による懲戒処分に対する救済手続は、前記のとおり、行政処分に対する救済手続と同様の定めとなっている。行政庁の裁量処分については、「裁量権の範囲をこえ又はその濫用があつた場合に限り、裁判所は、その処分を取り消すことができる。」と規定されており（行訴30条）、本判決でも、裁量権の逸脱・濫用がある場合に限って違法となる旨判示している。

もっとも、行政庁の裁量権は行政庁の専門性や技術的判断の尊重に基づくものであるのに対し、弁護士会が懲戒処分について裁量権を有するのは、弁護士会の自主性・自律性に基づくものであると理解することができる[8]。弁護士の使命は基本的人権の擁護と社会正義の実現にあるが（弁護1条1項）、弁護士が国家権力の監督に服していたのでは、国家権力を相手にして十分な弁護活動ができず、弁護士の使命を果たせなくなる。そのため、弁護士に関する諸々の規律を弁護士自身にゆだねる制度（弁護士自治）が確立された。弁護士自治における自治権は、個々の弁護士でなく弁護士が構成する団体（弁護士会）に認められるものであり[9]、弁護士の規律保持については、弁護士会の自主的・自律的な判断

が尊重されることになる。

> **Key Point**
> 依頼者に対する事件処理の報告義務が弁護士の負うべき重要な義務であること、特に依頼者のために預かった金品に関する報告は重要なものであることが本判決によって示された。依頼者の自己決定権を重視するというインフォームド・コンセントの観点からも、弁護士としては、適時に依頼者に対する十分な報告を欠かさず行うことが肝要である。

[注]
(1) 加藤新太郎『弁護士役割論〈新版〉』弘文堂（2000年）347頁
(2) 馬場健一「本件判批」判例時報1971号（判例評論583号）（2007年）175頁
(3) 医師と患者の間に成立する診療契約は準委任契約と解されるところ、医師の説明義務の実定法上の根拠は受任者の報告義務（民645条）に求めることができるとする見解がある。秋吉仁美編著『リーガル・プログレッシブ・シリーズ8 医療訴訟』青林書院（2009年）228頁参照
(4) 前掲(1)17頁
(5) 日本弁護士連合会弁護士倫理委員会編著『解説「弁護士職務基本規程」〈第3版〉』日本弁護士連合会（2017年）221頁には、82条2項は倫理規程・努力規定に当たる条文を個別に列挙し、行為規範・義務規定との区別を明確にしようとする趣旨の規定であると説明されている。
(6) 前掲(5)222頁参照
(7) 清水正憲「本件判批」民商法雑誌136巻3号（2007年）72頁。なお、加藤新太郎「弁護士会の懲戒処分における裁量とその範囲」NBL1239号（2023年）85頁も、「弁護士の懲戒処分について弁護士会に合理的な裁量権があることを明示した点において、規範的意義を有する」と本判決を評する。
(8) 前掲(2)178頁
(9) 日本弁護士連合会調査室編著『条解弁護士法〈第5版〉』弘文堂（2019年）336頁

（上原　裕紀）

事例46 懲戒申立てと不法行為

最判平成19・4・24民集61巻3号1102頁〔28131155〕

事案の概要

1　Aは、Bを債務者、Cを第三債務者として債権仮差押えを申し立てたが、その後の本案訴訟において、第一審、控訴審とも請求棄却の判決となり、同判決は確定した。同訴訟において、Aの訴訟代理人がY_2、Bの訴訟代理人がXであった。

　Bは、前記仮差押えの担保につき権利行使の催告を受けたことから、平成14年3月、Aを被告として、前記仮差押えの申立てが違法であるとして損害賠償請求訴訟を提起した。同年9月、第一審はBの請求を全部認容（50万円）し、平成15年2月、控訴審で裁判上の和解が成立した（20万円）。ここでも、XがBの訴訟代理人を、Y_2がAの訴訟代理人をそれぞれ務めた。

2　Aは、前記和解に先立つ平成15年1月、Xの所属弁護士会に対し、前記損害賠償請求訴訟がY_1（Aの代表者。80歳で視力が微弱。）に耐え難い負担を強いることになるのに乗じて提起されたものであるとして、Xの懲戒を求める申立てをした。Y_2は、当該懲戒請求書を作成し、Aの代理人として当該懲戒請求に関与した。

　同弁護士会は、同年3月、当該損害賠償請求訴訟の提起は正当であるとして、Xを懲戒しない旨の決定をした。これに対し、Aは、日弁連に対し、懲戒請求書及び異議申立書と題する書面を提出し（いずれもY_2が作成した。）、前記決定に対する異議の申出をしたが、日弁連は、本件異議の申出を棄却する旨の決定をした。

　その後、Aは、東京高等裁判所に対し、日弁連を被告として前記異議棄却決定の取消訴訟を提起した。Y_2は当該訴訟の訴状を作成し、訴訟代理

人を務めた。これに対し、同裁判所は、異議申出を棄却する旨の日弁連の裁決の取消しを求めることは許されないとして、訴えを却下した。

3　以上の経過を受け、Xが、Y_1及びY_2を被告として、Aによる懲戒請求等の申立てや取消訴訟の提起等がXの名誉又は信用を毀損することを理由に、500万円の損害賠償を請求したところ、第一審は50万円の限度でXの請求を認容した。ところが、X及びYらの双方から控訴された控訴審では、第一審を取り消し請求棄却の判断となったため、Xが上告受理申立てをした。

判　旨

本判決は、以下のとおり判示して原判決を破棄し、50万円の限度でXの請求を認めた第一審の判断を是認した。

1　「弁護士法58条1項は、……広く一般の人々に対し懲戒請求権を認めることにより、自治的団体である弁護士会に与えられた自律的懲戒権限が適正に行使され、その制度が公正に運用されることを期したものと解される。」しかしながら、懲戒「請求をする者は、懲戒請求を受ける対象者の利益が不当に侵害されることがないように、対象者に懲戒事由があることを事実上及び法律上裏付ける相当な根拠について調査、検討をすべき義務を負うものというべきである」。

そうすると、「同項に基づく懲戒請求が事実上又は法律上の根拠を欠く場合において、請求者が、そのことを知りながら又は通常人であれば普通の注意を払うことによりそのことを知り得たのに、あえて懲戒を請求するなど、懲戒請求が弁護士懲戒制度の趣旨目的に照らし相当性を欠くと認められるときには、違法な懲戒請求として不法行為を構成すると解するのが相当である」。

以上の判断枠組みのもと、本判決は、①懲戒請求、及び懲戒しない旨の決定に対する異議の申出、②取消訴訟の提起のいずれについても、事実上又は法律上の根拠に欠けるものであることを知り得たとして、Xの名誉や

信用が毀損されたことについて、Y_1及びY_2が連帯して不法行為責任を負うと判断した。

2 「Y_1らの上記不法行為によりXが被った精神的損害に対する慰謝料の額は、前記確定事実に照らし、第一審判決が認容した50万円が相当というべきである。」

解説

1 法的手続の実施と不法行為

弁護士は依頼者を代理して諸々の法的手続を実施するが、手続を実施したこと自体が違法性を帯びる場合がある。本判決は、懲戒請求を申し立てた者及びその代理人弁護士に不法行為が成立することを認めた事例であり、弁護士としても安易な懲戒請求を厳に慎まなければならない。

なお、訴え提起による不法行為については、前掲 事例34 「不当訴訟」の項を、また、告訴による不法行為については、前掲 事例40 「告訴による名誉毀損」の項をそれぞれ参照されたい。

2 懲戒請求が不法行為を構成するか否かの判断基準

本判決は、弁護士に対する懲戒請求（弁護58条1項）がいかなる場合に不法行為を構成するかについて、初めて最高裁の基準を示したものである[1]。

本判決以前の裁判例は、訴え提起がいかなる場合に不法行為を構成するかについて判断した最高裁の基準[2]（最判昭和63・1・26民集42巻1号1頁〔27100072〕）に依拠して判断するものが主流であり、本件の控訴審判決（東京高判平成17・8・25民集61巻3号1139頁〔28132097〕）[3]もおおむね当該基準に則して判断をしたものと考えられる[4]。

しかし、本判決は、懲戒請求をしようとする者に「対象者に懲戒事由があることを事実上及び法律上裏付ける相当な根拠について調査、検討をすべき義務」があることを認めるなど、より厳しい注意義務を設定している。その結果、前掲昭和63年最判〔27100072〕の基準に比べ、より広い範囲で不法行

為が成立し得る基準が示された。

3 懲戒請求に関与する弁護士の責任

(1) 本判決では、懲戒請求を受任した弁護士Y_2について、「本件懲戒請求が事実上、法律上の根拠に欠けるものであることを認識し得る立場にあったことは明らかである」として、Y_2が不法行為責任を負う旨判示されている。本件において、Y_2は、懲戒請求以前からA・B間の紛争に関与しており、懲戒請求に至る事実経過を十分把握していると思われるが、仮に、懲戒請求のみを受任した場合はどうであろうか。

この点、「法律実務の専門家である弁護士」であることが、判決文中でも指摘されていることにかんがみると、懲戒請求の時点で初めて依頼を受けた場合であっても、懲戒請求が事実上、法律上の根拠に欠けるものであることを認識し得る立場にあると判断される可能性は十分にある。本件事例に即してみても、仮差押えを受けたBが、本案判決で請求棄却となった後、Aに対して損害賠償請求をすることは、何ら不適切な権利行使ではないのであるから、当該損害賠償請求を理由とする懲戒請求を弁護士が受任し実際に懲戒請求に及んだ場合には、同弁護士に不法行為責任が成立する可能性は高いであろう。

弁護士は、懲戒請求を受任するに当たっては、「懲戒事由があることを事実上及び法律上裏付ける相当な根拠」があるかどうか、十分精査・検討すべきことを心得ておく必要がある。

なお、懲戒申立てを行った弁護士の責任を否定した近時の裁判例として、東京地判平成20・8・26判タ1283号157頁〔28150096〕がある。

(2) 本判決では、弁護士出身である田原睦夫裁判官が、弁護士が他の弁護士に対する懲戒請求に関与する場合に考慮すべき問題点に関して、補足意見を述べている。

同補足意見は、「懲戒請求がなされたという事実が第三者に知れるだけでも、その請求を受けた弁護士の業務上の信用や社会的信用に大きな

影響を与えるおそれがある」こと、登録換えや登録取消しが禁じられるなど「被請求者たる弁護士の身分に非常に大きな制約が課され」ること、及び、被請求者が「反論のために相当な時間を割くことを強いられるとともに精神的にも大きな負担を生じることになること」を指摘して、懲戒請求者が「被請求者に懲戒事由があることを事実上及法律上裏付ける相当な根拠について、調査、検討すべき義務を負うことは当然のことと言わなければならない」と論じている。また、弁護士が懲戒請求に関与することについて、「根拠のない懲戒請求は、被請求者たる弁護士に多大な負担を課することになることにつき十分な思いを馳せるとともに、弁護士会に認められた懲戒制度は、弁護士自治の根幹を形成するものであって、懲戒請求の濫用は、現在の司法制度の重要な基盤をなす弁護士自治という、個々の弁護士自らの拠って立つ基盤そのものを傷つけることとなりかねないものであることにつき自覚すべきであって、慎重な対応が求められる」と指摘して、濫用的懲戒請求を戒めている。

　弁護士は田原意見を真摯に受け止めるべきであるが、懲戒請求をいたずらに控えることもまた適切な対応ではないであろう。この点、田原意見について、制度目的をわきまえた自律的な執務を要請するものと受け止めるべきであるとの指摘がなされているところである[5]。

(3)　弁護士は、依頼者から懲戒請求に関する相談を受け、あるいは、懲戒申立てを受任してほしいと依頼を受けることもあると思われるが、十分な根拠もないまま懲戒請求することが違法性を帯びることをよく認識し、依頼者にもその旨説明することが重要であると思われる。田原意見の示唆するところとして、弁護士は依頼者に対し、弁護士懲戒の意味合いについて応分の説明責任を負うと解する見解もある[6]。さらには、依頼者の懲戒請求が理由のないものと判断される場合には、当該懲戒請求を思いとどまらせるよう依頼者を説得することも必要といえよう。

> **Key Point**
>
> 懲戒請求をしようとする者は、懲戒事由があることを事実上及び法律上裏付ける相当な根拠について調査、検討をすべき義務を負うことが本判決により示された。懲戒請求に関与する弁護士は、懲戒請求の濫用の弊害を自覚すべきであり、依頼者から懲戒請求に関する相談や依頼を受けた場合には慎重に対応しなければならない。

[注]
(1) 高橋譲「本件解説」『最高裁判所判例解説民事篇〈平成19年度〉上』法曹会（2010年）369頁。なお、従前の裁判例、学説の展開についても同解説に詳しい。
(2) 最高裁は、訴え提起が違法となる基準について、「提訴者の主張した権利又は法律関係……が事実的、法律的根拠を欠くものであるうえ、提訴者が、そのことを知りながら又は通常人であれば容易にそのことを知りえたといえるのにあえて訴えを提起したなど、訴えの提起が裁判制度の趣旨目的に照らして著しく相当性を欠くと認められるときに限られる」と判示した。
(3) 本件控訴審は、「懲戒請求をする者が、懲戒事由が存在しないことを認識し、あるいは容易にこれを認識することができたにもかかわらず、当該弁護士の名誉を毀損したり、その業務を妨害するなどの意図に基づいてしたものであるなど、当該懲戒請求が、弁護士の懲戒請求制度の趣旨を逸脱し、懲戒請求権の濫用と認められる等特段の事情が認められる限りにおいて、違法性を帯び、不法行為を構成する場合があり得るが、上記のような特段の事情が認められない限り、当該懲戒請求が不法行為を構成するとはいえない」との判断基準を示している。
(4) 前掲(1)373頁
(5) 加藤新太郎「弁護士懲戒請求の規律」名古屋大學法政論集227号（2008年）25頁
(6) 前掲(5)26頁

（上原　裕紀）

2　弁護士会会務と弁護士個人の責任

事例47　資格審査会及び弁護士会の会長としての活動と弁護士個人の責任

京都地判平成21・11・19判タ1339号94頁〔28161887〕

事案の概要

　Xは、大阪弁護士会所属の弁護士であったが、平成11年8月、破産宣告決定を受け、平成12年5月に同決定は確定した。その後、破産財団をもって破産手続費用を償うに足りないことを理由に、平成15年11月、破産法（平成16年法律75号改正前）353条による破産廃止決定をし、同年12月に同決定は確定した。

　Xは、平成18年5月、京都弁護士会を経由して、日弁連に弁護士登録を請求した。これに対し、Yを会長とする京都弁護士会資格審査会は、Xが、弁護士の欠格事由である「破産者であつて復権を得ない者」（弁護（令和元年法律37号改正前）7条1項5号）に該当するとして、Xの弁護士名簿登録請求の進達を拒絶すると議決し、これに基づき、Yを会長とする京都弁護士会は、同年8月、Xの弁護士名簿登録請求の進達を拒絶するとの決定を行った。

　そこで、Xは、資格審査会及び京都弁護士会の会長であるYに対し、破産手続廃止決定により復権したものであり、弁護士名簿登録請求の進達の拒絶が違法であるとして、不法行為に基づき、過去及び将来の逸失利益並びに慰謝料の合計2億7800万円余りの損害賠償を請求した。

判　旨

　本判決は、Xの復権の有無について判断することなく、以下のとおりYがXに対して損害賠償責任を負わない旨判示した（なお、本判決の控訴審（大

阪高判平成22・5・12判タ1339号90頁〔28170460〕）もほぼ同旨の判示をしてXの控訴を棄却し、本判決は確定した。）。

1 「弁護士法は、弁護士については、基本的人権を擁護し、社会正義を実現することを使命とするものであって、その職務が、社会公共の利益に必要不可欠なものであることから、この社会公共の利益を保護するために、職域の独占を認める一方で、国の機関等の指揮監督を受けない弁護士会や日弁連の設置を定め、これに権限を委ねているのであるから、弁護士会、日弁連は、国家賠償法1条1項にいう『公共団体』であると認められる。」

2 弁護士名簿登録請求の進達の拒絶は、「広い意味での行政処分として扱われていること、弁護士会の会長・資格審査会の会長及び資格審査会の委員は、刑法その他の罰則の適用については、法令により公務に従事する職員とみなされていることからすると、弁護士会による上記登録請求の進達拒絶は、国家賠償法1条1項にいう『公共団体の公権力の行使』であり、その会長としてのYの行為は、『公共団体の公権力の行使にあたる』ものとしてなされたものであると考えられる」。

3 「国家賠償法1条1項にいう『公務員』とは、国家公務員法や地方公務員法にいう公務員に限定されるものではなく、広く、公権力を行使する権限を委託された者をいうと解すべきであ」り、「弁護士法は、Yについて、国家賠償法1条1項にいう『公務員』の地位を認めているものというべきである」。

4 「公務員の行為について、国家賠償法1条1項の適用がある場合には、その行為が違法であったとしても、公務員個人が損害賠償責任を負うものではない」。そのため、Yが「Xの上記登録請求の進達拒絶について関与した行為が違法であったとしても、Y個人にその賠償を求めることはできない」。

> 解　説

1　弁護士名簿登録請求の進達拒絶の制度

まず、弁護士名簿登録請求の進達拒絶の制度について簡潔に触れておく。

(1)　弁護士となるには、日弁連に備えた弁護士名簿に登録されなければならず（弁護8条）、そのためには、入会しようとする弁護士会を経て、日弁連に登録の請求をしなければならない（弁護9条）。

　これに対し、登録の請求を受け取った弁護士会は、一定の事由がある場合、資格審査会（弁護7章51条以下）の議決に基づき、日弁連への登録の請求の進達を拒絶することができる（弁護12条1、2項）。資格審査会とは、各弁護士会及び日弁連にそれぞれ置かれ、その置かれた弁護士会又は日弁連の請求により、登録、登録換及び登録取消しの請求に関して必要な審査をする機関であり（弁護51条）、会長はその置かれた弁護士会又は日弁連の会長をもって充てられる（弁護52条2項）。

(2)　なお、弁護士法は、弁護士会の進達拒絶事由として4つの事由を挙げており（弁護12条1、2項）、欠格事由（弁護7条）の存否についても弁護士会に審査権限があるのかどうか、明文を欠くため問題となり得るが、これを肯定するのが相当である[1]。

　本件においても、京都弁護士会は、「破産者であって復権を得ない者」という欠格事由に該当するとして、Xの登録請求の進達を拒絶している。

2　国家賠償法1条1項の適用の有無

(1)　国家賠償法の適用と個人の責任

　最高裁判所は、国家賠償法の適用を受ける不法行為について、公務員個人は直接被害者に対して責任を負わないとの立場を一貫して示している（最判昭和30・4・19民集9巻5号534頁〔27003054〕、最判昭和53・10・20民集32巻7号1367頁〔27000225〕等）。本判決は、Yが、弁護士会

会長又は資格審査会会長として、Xの登録請求の進達拒絶について関与した行為につき、国家賠償法1条1項の適用があると判断して、Y個人がXに対して責任を負わない旨を判示したものであり、弁護士個人が責任を負う範囲を示した事例として意義を有するものであると思われる。

なお、同様の先例として、弁護士会の懲戒委員会の構成員である委員長その他の委員が「公権力の行使に当たる公務員」に該当すると判示した裁判例がある（東京地判昭和55・6・18下級民集31巻5=8号428頁〔27662355〕[2]、東京高判平成19・11・29判時1991号78頁〔28140548〕）。

(2) 弁護士会の活動と「公権力の行使」該当性

ア 本判決は、「公共団体」、「公権力の行使」、及び「公務員」該当性を順次検討し、これらをいずれも肯定して国家賠償法1条1項の適用を認めているが、同条項の適用については、「公権力の行使」の要件が中核となる。「公務員」とは、本判決も述べるように、公権力の行使をゆだねられた者を意味すると理解されているし、公権力を行使する団体であれば結果的に「公共団体」に当たるといい得るからである[3]。

「公権力の行使」該当性について、本判決は、①弁護士名簿登録請求の進達拒絶の場合には、行政不服審査法による審査請求をすることができ、日弁連はその資格審査会の議決に基づき裁決をしなければならず（弁護12条の2第1項）、この裁決につき、東京高等裁判所に取消訴訟を提起することができることから（弁護16条）、請求の進達の拒絶は、広い意味での行政処分として扱われていること、並びに②弁護士会の会長、資格審査会の会長及び資格審査会の委員は、刑法その他の罰則の適用については、公務に従事する職員とみなされていること（弁護35条3項、54条2項）に着目して、登録請求の進達拒絶が「公権力の行使」であり、弁護士会及び資格審査会会長としてのYの行為が「公共団体の公権力の行使にあたる」ものとしてなされたものであると判断した。

「公権力の行使」につき、判例は広義に解しており、例えば、公立

学校における教師の教育活動も公権力の行使に含まれるとしている（最判昭和62・2・6裁判集民150号75頁〔27800005〕）。弁護士名簿登録請求の進達拒絶は、登録請求をした者から弁護士として活動する機会を（少なくとも一定期間）奪うことになるのであるから、弁護士会による登録請求の進達拒絶が公の権能の行使であると認められれば、「公権力の行使」というに十分である。前記①及び②は、進達拒絶が公の権能の行使であることを指摘するものであるといえよう。

イ 弁護士名簿の進達拒絶及び懲戒処分については、その手続が弁護士法に明定されており、弁護士会が公の権能の行使としてこれを行うものだということができる。他方、その他の弁護士会としての行為は、弁護士法に手続が明定されているわけではない。そのため、たとえ個人の利益を害するような権力的な行為であっても、国家賠償法1条1項の適用が認められるかどうか大いに問題となるように思われる。

> **Key Point**
> 弁護士会が行う弁護士名簿登録請求の進達拒絶及び懲戒処分については、下級審ではあるが、国家賠償法1条1項の適用があると判断され、弁護士個人の責任が否定されている。それ以外の弁護士会としての行為について、同法の適用が否定される可能性も多分にあると思われるので、弁護士個人が会務活動に関する責任リスクを認識しておくことも有益であろう。

[注]
(1) 日本弁護士連合会調査室編著『条解弁護士法〈第5版〉』弘文堂（2019年）110頁。東京高判昭和40・1・29行裁例集16巻1号103頁〔27602895〕も弁護士となる資格の有無や欠格事由の存否について弁護士会に審査権限があることを肯定した。
(2) この事案では国が被告とされているが、懲戒処分は公共団体である弁護士会の公権力の行使であるとして、国に対する請求を棄却した。
(3) 塩野宏『行政法Ⅱ〈第6版〉行政救済法』有斐閣（2019年）320頁

（上原 裕紀）

3　弁護士賠償責任保険約款をめぐる問題

事例48　認識ある過失（セイクレスト事件）

大阪高判平成28・2・19判時2296号124頁〔28240647〕

事案の概要

1　分譲マンションの企画、販売等を主たる事業とするジャスダック上場の株式会社Aは、債務超過となり、上場廃止が避けがたい状況にあった。そこで、A社は、合同会社Bから不動産（本件山林）の現物出資を受け募集株式の第三者割当発行をすることとし、顧問弁護士であったCに対し、検査役の調査に代わる会社法207条9項4号に基づく弁護士等の価額証明を依頼した。

Cは、いずれもD不動産鑑定士が作成した、本件山林を含む別荘地の評価額を105億3000万円とする鑑定書、次いで本件山林の評価額を31億4750万円とする鑑定書（D鑑定）を示されたものの、鑑定書が本件山林の所有者の依頼により作成されたなどの理由でいったんは依頼を断った。しかし、A社取締役から、本件山林の地元不動産鑑定士協会会長であるEがD鑑定に意見を表明する（E意見書）と聞き、依頼を承諾した。Cは、D鑑定及びE意見書を参考に本件山林の価額を20億円が相当である旨の証明を行った。そして、本件山林の現物出資が実行されたが、おおよそ1年後にA社は破産手続開始決定を受けた。

2　A社破産管財人Xは、本件山林の実際の価値は5億円を上回ることはなかったとして、現物出資したB社と価額証明をしたCに対して、不足額である15億円のうち4億円の支払を求める訴訟を提起した（Cとは後に3億4800万円にて裁判上の和解が成立）。

3 Cは、Y損害保険会社との間で、一事故当たりの保険金の限度額を3億円とする弁護士賠償責任保険（本件保険）を締結していた。そこで、Xは、Y社に対し、Cに代位して、保険金請求権3億円の支払を求める訴訟を提起し、B社及びCの事件と併合された。

本件保険には、故意免責（普通保険約款4条1号）のほか、「他人に損害を与えるべきことを予見しながら行った行為に起因する賠償責任」を免責とする旨が規定されていた（弁護士特約条項3条1号）。

4 原審大阪地裁は、XのB社、Y社に対する請求を全部認容したため、Y社が控訴した。Y社は、上記免責事由を主張したほか、弁護士等の価額証明行為は本件保険の対象業務ではない、価額証明責任は法律上の賠償責任とはいえず本件保険のてん補対象ではない、などとして争った。

判旨

大阪高裁は以下のとおり判示して、Y社の控訴を棄却した。

1 「『予見しながら行った行為』とは、被保険者が、その行為によって他人に損害を与えることや他人に損害を与える蓋然性が高いことを認識して行った行為、及び一般的な弁護士としての知識、経験を有する者が、他人に損害を与えることや他人に損害を与える蓋然性が高いことを当然に認識すべきである行為を指す」

⑴　C弁護士について

「C弁護士が本件証明行為を受任するに至った経緯、D鑑定、現地検分及びE意見書の検討経過などからすれば、C弁護士が、本件証明行為によって破産会社に損害を与えることやその蓋然性が高いことを認識していたとは、到底認められない。」

⑵　一般的な知識、経験を有する弁護士について

「D鑑定士が作成したD鑑定に加え、……不動産鑑定士協会の会長であるE鑑定士がE意見書を作成しており、本件別荘地では傾斜地を利用して別荘が建てられている状況などがあったのであるから、これらの事

情からすると、一般的な知識、経験を有する弁護士が、本件山林が20億円よりも著しく低額であることやその蓋然性が高いことを当然に認識することができたとは認められない。」

2(1) 「現物出資に当たり、弁護士等の価額証明をすることができるのは、弁護士、弁護士法人、公認会計士、監査法人、税理士又は税理士法人に限られている（会社法207条9項4号）。その理由は、当該価額証明が現物出資財産の価額に関する会社法207条1ないし8項所定の検査役による調査に代わるものであることから、その職務内容に照らし、的確にそのような証明を行う能力を有していると考えられる財産評価の専門家に限定したものであると解される。したがって、弁護士が行う上記証明は、弁護士としての資格に基づき行われる業務というべきである。」

(2) 「価額証明責任は、債務不履行責任と比較し、立証責任が転換されており、注意を怠らなかったことを証明できない場合には、評価価額と現物出資財産の実際の価額との差額をてん補すべき義務を課すものである。すなわち、価額証明責任は、弁護士等の価額証明行為に基づき法律上課せられる責任であり、その意味で法律上の賠償責任というべきであるから、本件保険の対象から除外すべき理由はない。」

解説

1 はじめに[1]

本件現物出資の実態は、A社が債務超過による上場廃止を免れるため計画した「水増し増資」に他ならない。本件山林の価値について、破産管財人は5億円を上回らないとしていたが、担保不動産競売手続における売却基準価額は約6000万円、買受可能価額は約4800万円であり、実際の価値は1億円にも満たなかった可能性が高い。現物出資したB社は、割り当てられた530万株をすぐにジャスダックで売り抜けており、億単位の利益を得たと思われる。A社の破産申立時の債務総額は約23億円であった。

A社の代表取締役及びB社の実質的支配者である経営コンサルタントは、

金融商品取引法違反(偽計取引)で有罪判決を受け、A社の社外監査役(公認会計士)も賠償責任を負うとされた[2]。D不動産鑑定士は、不当な鑑定を行ったとの理由で業務禁止の懲戒処分を受けている。

このようなA社による水増し増資計画の一環として、顧問弁護士であるCが検査役による調査に代わる現物出資の価額証明を求められ、1億円の価値もないであろう山林を20億円と評価した事案である。このことをまずは念頭に置く必要がある。

2 「他人に損害を与えるべきことを予見しながら行った行為」の意義

(1) 本件保険の弁護士特約条項3条1号は、「他人に損害を与えるべきことを予見しながら行った行為に起因する賠償責任」を免責と規定する(以下「本件免責条項」という。)。主観的認識を理由に免責としていると読めるところ、保険法17条2項は故意によって生じた損害を免責としており、本件保険普通保険約款4条1号も故意免責を規定する。

そこで、本件免責条項をどう解釈すべきか、故意免責との関係を中心に議論がある。多くの弁護士賠償責任保険の保険金請求訴訟で本件免責条項の解釈が争われており、同保険の最大の論点といえる。

(2) 本件免責条項の適用が問題となったリーディングケースである東京高判平成10・6・23金融商事1049号44頁〔28032866〕は、「『故意』とは、第三者に対して損害を与えることを認識しながらあえて損害を与えるべき行為に及ぶという積極的な意思作用を意味するのに対し、『他人に損害を与えるべきことを予見しながらなした行為』とは、他人に損害を与えるべきことを予測し、かつこれを回避すべき手段があることを認識しつつ、回避すべき措置を講じないという消極的な意思作用に基づく行為を指す」とし、故意による行為とは別個の行為で両者は異なるとした。

また、大阪高判平成19・8・31金融商事1334号46頁〔28160341〕は、「他人に損害を与える蓋然性が高いことを認識しながら行為すること」とし、「通常の弁護士の知識水準を前提として」判断を行った。

その後の裁判例[3]においても、本件免責条項と故意免責を同じとするものはなく、実務の大勢は決したものと思われる。

(3) 学説は、大きく、故意免責と同義とする見解[4]と故意免責とは別個に規定されたとする見解[5]に分かれる。

もっとも、両見解で前提とする故意、過失概念は一致しておらず、実質的な相違はそれほど大きくないとの指摘がなされている[6]。とはいえ、実務的観点からは、故意免責の主張は悪質性がよほど明らかな事案以外、保険者としては躊躇われるのであり、また、故意免責が裁判所に認められることもまれである。両説に差異はないと片付けるわけにもいかない。

思うに、故意免責と同義とする見解は本件免責条項の趣旨につき故意の意義を具体化・明確化したものとするが、弁護士賠償責任保険など専門家の責任保険についてだけ、約款で故意を具体化・明確化する意味、理由が明らかとは言いがたい。仮に具体化・明確化する趣旨だとすれば、故意免責の注記ないし例示という形式で規定するのが通常と思われる。

専門家には高い職業倫理が求められ高度な注意義務が課されているところ、そのような注意義務違反の一部、すなわち「認識ある過失」を免責とした趣旨と解されるところである[7]。かかる趣旨の理解からは、他人に損害を与える「高度の蓋然性」の認識までは不要と考えられる。

3 本判決の特色

本判決は、被保険者と一般的な弁護士としての知識、経験を有する者という2つの判断基準を立て、それぞれあてはめを行っているところに特色がある。一般的な弁護士を基準とすることには批判もあるが、本判決の基準は妥当と思われる。

実務において、保険者が本件免責条項の適用を主張するケースは、単に、弁護士に著しい注意義務違反があったとか、依頼者の信頼を裏切ったという

のではなくて、依頼者や関係者に弁護士の高い社会的信用を利用する意図があり、弁護士がその思惑や利害に取り込まれてしまっているという状況が透けてみえるケースが多い。例えば、不動産所有者に成りすました地面師事件において、弁護士に本人確認情報の作成を依頼する場合や、本件のように水増し増資計画の一環として現物出資財産の過大評価が必要とされる状況下で、弁護士に価額証明を求める場合などである。

このようなケースでは、客観的に不自然な状況があり、専門家として当然に疑義を正すべき事情が見受けられることがほとんどである。にもかかわらず、当該弁護士が専門家として求められる手法（事情聴取などの調査）を履践していないことが多い。しかしながら、本件免責条項の適用において、当該弁護士の認識のみを問題としても、「知らぬ存ぜぬ」で通されてしまいがちである。そうすると、原審大阪地判平成27・2・13判時2296号134頁〔28231335〕が述べるとおり、「保険の対象となる行為が弁護士によって専門的な知識等に基づいて行われる行為であることを前提としているという本件保険契約の性質」を考慮するならば、一般的な弁護士としての知識、経験を有する者を基準として判断するのが正当であると思われる。

なお、本件免責条項の改訂により現行の約款では、「弁護士であれば認識もしくは予見していたと判断できる合理的な理由がある場合を含みます。」との明確化が図られている[8]。

4　小　括

本判決は、被保険者、一般的な弁護士のいずれの基準によっても、A社に損害を与えることやその蓋然性が高いことを認識できたとはいえないとしたが、疑問が残る。

C弁護士は、A社が債務超過であることも上場廃止の危機にあることも知らなかったという。しかし、開発対象の不動産を売買ではなく現物出資という方法で取得すること自体、普通ではなく、長年顧問弁護士を務めていたCにとっても初めてのことであった。一般的な弁護士の知識、技能水準を前提

とすれば、まずはそのことの疑義を正すはずである。また、A社にとって、開発・販売のため仕入れる不動産の取得額は低い方が有利に決まっている。他方、現物出資者は評価額が高い方がよく、利害が対立する。にもかかわらず、CはA社取締役に急かされて本件山林所有者が作成させたD鑑定に依拠して価額証明を行っている。一般的な弁護士の基準からすれば、D鑑定の妥当性に多大な疑念を持つはずである[9]。

5　弁護士法3条の業務該当性[10]

本件保険の塡補対象は、弁護士法3条に規定される業務に起因して賠償責任を負担したことによる損害である。本判決は、現物出資財産の価額証明は、検査役に代わり的確に証明を行う能力を有していると考えられる財産評価の専門家に限定したものであるから、弁護士としての資格に基づき行われる業務であるとする。

しかし、検討すべきは、現物出資財産の価額証明という行為が、弁護士法3条の「一般の法律事務」に該当するのかどうかであり、判示はこの点を明確にしていない[11]。

6　法律上の賠償責任[12]

責任保険は、被保険者が損害賠償の責任を負うことによって生ずる損害を塡補するものであり、当然のこととして、賠償を請求する者に損害が発生していることが前提条件である。では、本件で誰にいくらの損害が発生していたのであろうか。

会社法213条3項は、現物出資財産の価額証明をした者に不足額のてん補責任を負わせており、破産管財人Xの主張に従えば、CにはA社に対し15億円の塡補責任があったことになる。

しかし、A社は、期待した価値の財産が取得できなかったというにすぎず、15億円もの損害は発生していない[13]。既存株主については、現物出資財産が過大評価されると持株の価値が希釈化される損害を受けるといえるが、本件

では現物出資時点でA社は債務超過状態であり、やはり損害は発生していない。会社債権者に至っては、現物出資財産の過大評価によって損害が発生していないどころか、3億円もの保険金が支払われたことで利得を得ただけである[14]。

以上、A社、既存株主、会社債権者のいずれについても本件現物出資による損害はほぼ発生していない[15]。本件保険が対象とする損害賠償責任と会社法の現物出資財産の不足額填補責任とは、性質の異なる責任と考えるべきといえよう。本判決の結論は、弁護士賠償責任保険の健全な運営の観点からみて、極めて問題があるといわざるを得ない。

7　まとめ

本件水増し増資計画は、A社代表取締役が違法性を認識しつつ主導的に行ったものであり、D鑑定はC弁護士を欺くための道具であった。そうだとすれば、破産管財人Xからの請求に対し、Cは、A社による詐欺等を主張してA社に対する損害賠償請求権との相殺を主張することもできたのではないかと思われる。

Key Point

弁護士には社会から高い信頼が寄せられていると考える。残念ながら、その信頼を利用しようとする者たちも存在している。そのような者たちの思惑や利害に弁護士が取り込まれてしまった事案において、保険金を支払うことは保険者に損害を与えるにとどまらず、違法行為を助長することにつながり社会全体に損害を被らせる結果となる。本件免責条項が機能する場面の1つである。

弁護士は間違っても違法行為を行う者たちに加担してはならないのであり、弁護士賠償責任保険による保護も受けられないことを肝に銘ずる必要がある。

［注］

(1) 本判決の評釈として、山本哲生「判批」損害保険研究78巻4号（2017年）349頁、井上健一「判批」ジュリスト1503号（2017年）103頁、山下典孝「判批」速報判例解説〔19〕（法学セミナー増刊）（2016年）147頁、高橋陽一「判批」判例評論700号（2017年）169頁、山下徹哉「判批」私法判例リマークス〔55〕〈下〉（2017年）98頁、加藤新太郎「判批」ＮＢＬ1117号（2018年）70頁など

原審の評釈として、塩野隆史「判批」法律時報87巻10号（2015年）86頁、弥永真生「判批」ジュリスト1487号（2015年）2頁、清水真希子「判批」平成27年度重要判例解説（ジュリスト臨時増刊1492）（2016年）113頁、山下典孝「現物出資の財産価格填補責任と弁護士賠償責任保険」丸山秀平ほか編『永井和之先生古稀記念論文集　企業法学の論理と体系』中央経済社（2016年）1021頁、勝野真人「判批」共済と保険58巻2号（2016年）30頁など

(2) 大阪高判平成27・5・21判時2279号96頁〔28231799〕

(3) 裁判例の詳細は、前掲(1)山下典孝「現物出資の財産価格填補責任と弁護士賠償責任保険」1036頁、山田拓広「賠償責任保険契約における故意免責(2)—弁護士賠償責任保険における『他人に損害を与えることを予見しながら行った行為』に関する考察—」立命館法学398号（2021年）349頁

(4) 甘利公人「弁護士賠償責任保険における免責条項の解釈」損害保険研究61巻1号（1999年）219頁、竹濱修「弁護士賠償責任保険の免責条項の解釈」旬刊商事法務1620号（2002年）33頁、李芝妍「弁護士賠償責任保険契約に関する若干の考察」東洋法学53巻2号（2009年）161頁、前掲(1)勝野34頁、前掲(3)山田382頁。藤本和也「成年後見監督人に選任された弁護士の任務懈怠と弁護士賠償責任保険における免責条項適用の可否」共済と保険57巻1号（2015年）27頁は「未必の故意」だとする。

(5) 平沼髙明『専門家責任保険の理論と実務』信山社出版（2002年）23頁、峰島徳太郎「弁護士賠償責任保険」『平沼髙明先生古稀記念論集　損害賠償法と責任保険の理論と実務』信山社出版（2005年）374頁、前掲(1)山下典孝「現物出資の財産価格填補責任と弁護士賠償責任保険」1042頁、山下典孝「弁護士賠償責任保険契約における免責条項についての一考察」青山法学論集61巻4号（2020年）394頁。金岡京子「弁護士賠償責任保険約款における『他人に損害を与えるべきことを予見しながら行った行為』の意義」損害保険研究72巻3号（2010年）287頁は、重過失かつ認識ある過失の免責と解するようである。

(6) 前掲(1)清水114頁、前掲(1)高橋171頁、前掲(1)山下（徹）100頁

(7) 前掲(1)勝野33頁は、同様の問題意識から出発しつつ、免責範囲が広がり過ぎるとして、故意と同義との説を採る。

(8) 前掲(5)山下典孝「弁護士賠償責任保険契約における免責条項についての一考察」390頁。前掲(5)金岡289頁は、弁護士の職業倫理に反する行為を免責とする趣旨がより明確でわかりやすい条項へと改善することが望まれるとする。

(9) E意見書はD鑑定についての意見書にすぎず、また、CはE意見書中D鑑定に不利な記載をなぜか軽視している。

⑽　この問題の詳細は前掲⑴山下典孝「現物出資の財産価格填補責任と弁護士賠償責任保険」1030頁
⑾　税理士職業賠償責任保険に関し、その対象業務である「税務相談」について厳密に解釈した裁判例に東京地判平成24・7・13平成23年（ワ）13229号公刊物未登載〔28300598〕がある。山下友信＝永沢徹編著『論点体系保険法1〈第2版〉』第一法規（2022年）〔平沼大輔〕467頁
⑿　この問題の詳細は前掲⑴山下典孝「現物出資の財産価格填補責任と弁護士賠償責任保険」1027頁、1032頁。
⒀　厳密には、A社には株式発行による変更登記や不動産登記の費用といった損害が発生している。前掲⑴山下典孝「現物出資の財産価格填補責任と弁護士賠償責任保険」1028頁
⒁　前掲⑾山下（友）ほか〔平沼大輔〕469頁
⒂　B社がジャスダックで売り抜けたA社株式を取得した者が被害を被ったといえようか。

（平沼　大輔）

事例49 争訟費用

東京高判平成19・2・28金融商事1322号45頁〔28152117〕

事案の概要

弁護士であるXは、弁護士の資格に基づいて遂行した業務に起因して損害の賠償等を求める訴えを提起され、当該事件について他の弁護士を訴訟代理人として選任することなく、自ら訴訟活動を行って勝訴した。

Xは、Y社を保険者とする弁護士賠償責任保険に加入していたところ、同保険では「被保険者が当会社の承認を得て支出した、訴訟費用・弁護士報酬・仲裁・和解または調停に関する費用」が填補されることになっていた。

そこでXが、Yに対し、弁護士報酬相当額の保険金支払を請求したのが本件訴訟である。

第一審は同保険の約款上、「被保険者が……支出した、訴訟費用」が填補の対象となっていることから、「被保険者が現実に他の弁護士に弁護士報酬支払債務を負った場合でなければ、当該約款の定める場合には該当しない」として、Xの請求を棄却した。

Xは、

① XはYに対し、事前に自ら訴訟追行することが可能であることを問い合わせ、可能であるとの回答を得ていたのであるから、XY間で自己代理の場合にも弁護士費用相当額の保険金を支出する旨の合意が成立していた。

② 「被保険者が……支出した、訴訟費用」とは、現に他の弁護士に対し報酬を支出した場合のみでなく、これと同視すべき場合を含む。また、弁護士が自ら代理人として訴訟を遂行した結果、弁護士報酬相当額の損害を被った。

③ 自ら代理人として訴訟遂行した場合に保険金が出ないとすると、被保

険者たる弁護士は他の弁護士に事件を依頼せざるを得ず、保険会社にとってコスト増となるばかりか、被保険者たる弁護士にとっても自己の評価に関わる問題を他の弁護士に知られるという不利益を甘受せざるを得ないことになり、制度として不合理である。

等を主張して控訴した。

判 旨

次のとおり判示してＸの控訴を棄却した。

「普通約款２条１項４号は、Ｙがてん補する損害の範囲として、『被保険者が当会社の承認を得て支出した、訴訟費用・弁護士報酬・仲裁・和解または調停に関する費用』と定めており、これによれば、被保険者たる弁護士が実際に他の弁護士に弁護士報酬を支払うこととなった場合でなければ、同号にいう『弁護士報酬』に該当せず、弁護士賠償責任保険によりてん補される損害ということはできないことが明らか」である。

Ｘは「自ら弁護士を代理人として選任することができる」旨定めた弁護士特約条項６条１項を根拠に、被保険者自ら代理人となることもできる旨主張するが、同項は、「被保険者に代理人選任権があることを定めたものにすぎず、弁護士賠償責任保険であるという特殊性を考慮しても、訴訟等の当事者本人が自分を代理人として選任する場合の弁護士報酬なるものが想定されているものとは解することができない」（上記主張②に対し）。

Ｘはそれが制度として不合理であるなどと主張するけれども、各約款をみれば「弁護士報酬相当額の保険金を請求し得るのは他の弁護士に訴訟遂行を依頼した場合に限られることは至極当然のこととして理解される」のであって、「合理的、平均的な弁護士」の期待を裏切る解釈ではない（上記主張③に対し）。

ＸはＹに対し自ら訴訟追行する意向を伝えていたようであるが、Ｘが「『自らを代理人とする』という特異な説明をしたものとは認められず、……（Ｙは）他の弁護士に依頼しないという控訴人の意向を了解したにすぎ」ず、支

払合意は認められない。また、自ら訴訟追行するのであれば「所定の弁護士報酬が発生する余地がないことは本件保険契約上当然である」ので、Yに特段の説明義務があったともいえない（上記主張①に対し）。

　よって、Xの請求はいずれも認められないとした。

解　説

1　訴訟費用等の填補

　弁護士賠償責任保険[1]では、「被保険者が当会社の承認を得て支出した、訴訟費用・弁護士報酬・仲裁・和解または調停に関する費用」（以下「争訟費用」ともいう。）が保険金による填補の対象となっている。

　これは同保険に適用される賠償責任保険普通保険約款（以下「普通約款」という。）（2条1項4号）に規定されており、同保険のみならず、自動車損害賠償責任保険、あるいは医師賠償責任保険など、いわゆる賠償責任保険には広く同様の規定が置かれている。

　この争訟費用は、「一種の損害防止軽減費用」であり、被保険者が自ら費用をかけて防御を行うことは保険者にとっても有益であることから、保険で填補されている[2][3]。

2　弁護士賠償責任保険の特殊性

　通常の賠償責任保険であれば、被保険者が賠償請求訴訟を提起された場合には、第三者の弁護士に依頼して防御権を行使するのが通常であり、争訟費用が保険で填補されることに疑問はない。また、被保険者が自ら防御権を行使した場合に、被保険者に対し、実費を超える日当等の手当がないことも当然とされる。

　しかしながら本件でXも指摘しているとおり、弁護士賠償責任保険の場合、被保険者は弁護士であり、能力的に自ら十分な防御権を行使することが可能であるうえ、自らの職務上のトラブルを他の弁護士に知られたくないという意識も働くことから、実際には代理人を選任することなく、被保険者で

ある弁護士自ら訴訟追行するケースが多い。

そうすると保険者は、被保険者が自ら防御することで、争訟費用を支払って弁護士を選任した場合と同様の防御の利益を得ることになるが、他の保険と違ってたまたま被保険者が弁護士であるというだけで、保険者が無料で防御の利益を享受することが許されるか否か（保険契約上許容ないし予定されているか否か）が、本件でXの提起した問題である。

3　本判決の枠組み

Xは上述の問題意識から、理論的には「自己代理」なる概念まで持ち出して、弁護士賠償責任保険においては被保険者自ら訴訟追行したとしても、弁護士費用相当額の保険金が支払われるべきである旨主張したが、本判決は普通約款の文言上、「被保険者たる弁護士が実際に他の弁護士に弁護士報酬を支払うこととなった場合でなければ、同号にいう『弁護士報酬』に該当せず、弁護士賠償責任保険によりてん補される損害ということはできないことが明らか」として、Xの主張を容れなかった。

本判決に対しては、被保険者に対し弁護士報酬相当額を支出しても保険者は実質的に何らの損失も被らない旨の批判が寄せられているところであり[4]、Xの指摘する問題は、なるほど実質論としては説得的な部分もあるものの、普通約款の文言からは外れた解釈といわざるを得ず、立法論に属する議論というべきである。

上述のとおり争訟費用の填補はあくまで普通約款に置かれる普遍的な条項である以上、他の賠償責任保険における解釈と平仄を合わせる必要があるのであり、本判決は普通約款の性質及び文言に即した妥当な判断を示しているものと思われる。

4　「承認を得て支出した」の意味

本件ではそもそもXは争訟費用を支出していないとして、争点となっていないが、保険者が填補義務を負うのは、あくまで「被保険者が当会社の承認

を得て支出した……費用」である。

　ここでいう「承認」の意味については、単に承諾がなかったというだけで保険者が争訟費用全額の塡補を免れるという意味ではないが、他方で「被保険者の支出した争訟費用を漫然と承認する義務を負つているわけではな」く、「係争物の価格、事件の内容、事件の難易、防御に要する労力の多寡及び被保険者が損害賠償請求訴訟を提起されるに至つた経過等諸般の事情を総合考慮して、適正妥当な訴訟費用の範囲を判定することができるという裁量権を有している」ものとされる（大阪地判平成5・8・30判時1493号134頁〔27818341〕）。

　保険者との協議・承認なく争訟費用を支出した場合には、保険で塡補されない場合もあり得ることに注意すべきである。

> **Key Point**
> 弁護士賠償責任保険においては、弁護士たる被保険者は賠償請求に対し、他の代理人を選任することなく、自ら防御権を行使する場合が多い。しかしながら、保険金で塡補される争訟費用は、現に支出された費用である必要があり、弁護士たる被保険者が自ら時間・労力を費やして防御を尽くしたとしても、保険金で塡補されるべき争訟費用は発生しない。

[注]
(1)　本件は損害保険ジャパン株式会社が保険者となる「弁護士賠償責任保険」の適用約款の解釈が問題となった事例であることから、本項では特に断りのない場合、同社作成の「弁護士賠償責任保険適用約款」を引用する。
(2)　保険毎日新聞社『自家用自動車総合保険の解説〈2005年版〉』（2005年）66頁以下等参照
(3)　したがって、当該保険事故による損害に対する保険者の塡補責任が免責される場合には、保険者は被保険者の防御に利益を有しないこととなるので、争訟費用についても保険者は免責される。
　　例えば弁護士賠償責任保険において免責条項の適用が認められた高松高判平成20・1・31金融商事1334号54頁〔28160343〕では、当該弁護士の支出した争訟費

用についても免責が認められた。また、大阪地判平成5・8・30判時1493号134頁〔27818341〕では、故意免責の場合には保険者は争訟費用についても免責されることを理由に、被保険者から争訟費用の請求があった場合でも、「故意責任に基づく疑いが相当程度あるときには、……故意責任の点が明確になるまで支払を拒める」としている。
(4) 矢澤昇治「判例研究　弁護士賠償責任保険契約による塡補の対象」専修ロージャーナル3号（2008年）46頁

（渡辺　周／石原　博行）

事項索引（五十音順）

あ 行

預り金 ……………………………… 301、303
遺言執行者 ………………………………… 58
遺産分割協議 …………………………… 219
慰謝料 …………… 48、90、113、160、322
一般の法律事務 ………………………… 348
委任契約 ………………… 67、177、230
委任契約書 ………………… 39、166、201
委任事項 ……………………… 39、41
委任状 …………………………………… 39
依頼者の本人特定事項等の確認及び記
　録保存等に関する規程 ……………… 34
遺留分減殺請求権 ………………………… 86
遺留分侵害額請求権 …………………… 170
医療過誤 ………………………………… 162
因果関係 ……………………… 16、159

か 行

解任 ……………………………………… 229
価額証明責任 …………………………… 344
過失相殺 ………………………………… 87
期間経過 ………………………………… 156
期間徒過 ………………………………… 166
企業（組織）内弁護士 …………………… 2
期待権侵害 ……………………… 19、81
　──による慰謝料請求 ………………… 79
旧弁護士報酬等基準規程 ……………… 39
協議義務 ………………………………… 146
業務該当性 ……………………………… 348
勤務弁護士と依頼者の法律関係 ……… 100

勤務弁護士との間の法律関係 ……… 101
刑事弁護委任契約 ……………………… 201
契約書作成義務 ………………………… 179
厳格（制限）説 ………………………… 133
権利制限説 ……………………………… 134
故意免責 ………………………………… 357
公序良俗 ………………………………… 183
控訴期間 ………………………………… 156
国選弁護人 ……………………………… 203
告訴 ……………………………………… 293
告発 ……………………………………… 295
国家賠償法 ……………………………… 339
誤配当 …………………………………… 278

さ 行

債権法改正（民法改正平成29年法律
　44号）…………………………………… 70
財産散逸防止義務 ………… 13、115、126
債務整理 ………………………………… 106
事件処理方針 …………………………… 106
時効待ち方針 …………………………… 108
私選弁護人 ……………………………… 203
示談交渉 ………………………………… 201
実質課税の原則 ………………………… 141
辞任 ……………………………… 68、69
私法上の効力 …………………………… 148
受任しない事件 ………………………… 43
受任事務処理状況の報告義務 ……… 146
受任者としての委任事務処理状況の報
　告義務 ………………………………… 145

受任範囲……………………… 38、46
受任範囲外………………………… 201
守秘義務………………… 4、226、255
紹介者……………………………… 229
証拠意見…………………………… 194
使用者責任………………………3、158
消滅時効… 86、107、164、170、276、281
処理結果の説明義務……………… 146
人格権……………………………… 247
迅速処理義務………5、164、170、276
信認関係…………………………… 152
信頼関係………………………68、69
制限（厳格）説…………………… 133
誠実義務…3、11、119、152、195、201、
　　　　203、250、255、307、313
誠実協議義務……………………… 317
誠実執務ルール…………………… 152
正当行為…………………………… 288
成年後見監督人…………………… 210
成年後見人………………………… 209
税務………………………………… 285
税務相談…………………………… 140
税理士業務………………………… 140
税理士業務に起因する賠償責任…… 142
説明義務………7、40、41、43、54、69、
　　　　108、179
専門外の事件………………………95
争訟費用…………………………… 352
相続法改正（民法改正平成30年法律
　　72号）………………… 59、62、173
組織（企業）内弁護士………………2
訴訟代理権の範囲………………… 133
訴訟内訴訟……………16、21、167、173

損害……………………… 172、204
損害発生回避義務… 119、248、307、313

た 行

代理受領…………………………… 302
諾否通知義務…………………………45
他人に損害を与えるべきことを予見し
　ながら行った行為…… 300、302、345
忠実義務…………………………… 152
中間説……………………………… 133
懲戒……………… 33、61、226、228、253
懲戒処分…………………………… 329
懲戒請求…………………………… 333
調査義務…………………………… 189
提訴不法行為……………………… 260
顛末報告義務………………… 145、146
特別代理人………………………… 218
特別代理人の裁量………………… 219

な 行

認識ある過失……… 25、213、302、346

は 行

破産管財人……………… 269、275、281
破産申立代理人………… 115、124、278
被告人…………………… 187、193、287
非弁提携…………………………… 147
不承諾通知義務………………………45
無制限説…………………………… 133
不当執行………………………………13
不当訴訟………… 13、71、75、254、257
プライバシー……………………… 245

紛議調停…………………………228
平均的弁護士の技能水準………94
弁護過誤の損害………………18
弁護義務………………………189
弁護士業務起因性……………24
弁護士職務基本規程………… 4
　——5条………………………61
　——6条………………………61
　——22条……………………32
　——23条……………………226
　——27条……………………61
　——28条……………………61
　——29条……………………33
　——30条……………………38
　——35条……………………170
　——36条……………………33
　——43条……………………69
　——44条……………………69
　——46条……………………201
　——49条……………………205
弁護水準……………… 6、80、171
弁護士の裁量………… 41、74、173
弁護士賠償責任保険……23、70、156、
　　　　　　　　　　213、303、350
弁護士法
　——1条……………201、203、255
　——3条……………………227
　——23条……………………226、255
　——25条……………………60
　——56条……………………226
弁護士報酬…………………177、184
弁護人…………………………189、194
報告義務……………………5、327

報酬等基準規程………………178、185
法律精通義務…………………… 4
法律相談………………………44、50
法令及び事実を調査する義務… 5
保険金請求訴訟………………157
本人確認………………………33

ま 行

未承認示談……………………157
民事執行………………………265
民事保全………………………265
名誉毀損………11、232、238、287、293
面会交流………………………317
免責………………70、142、213、356
免責事由………………………25
目的制限説……………………134

ら 行

利益相反………………………59、219
リターンマッチ………………167、253
リターンマッチ訴訟…………159
連絡方法………………………321

わ 行

和解意思の確認………………146
和解権限の範囲………………133

判例索引（年月日順）

※　判例情報データベース「D1-Law.com 判例体系」の判例IDを〔　〕で記載。

大　正

大判大正5・9・5民録22輯1670頁〔27522256〕 ……………………………… 272

昭　和

大判昭和5・3・4新聞3126号10頁〔27551727〕 ………………………………… 2
大判昭和9・5・1民集13巻875頁〔27510035〕 ………………………………… 183
名古屋地判昭和29・4・13下級民集5巻4号491頁〔27487019〕 ……………… 283
最判昭和29・8・24民集8巻8号1549頁〔27003138〕 ………………………… 190
最判昭和30・4・19民集9巻5号534頁〔27003054〕 ………………………… 339
最判昭和30・5・10民集9巻6号657頁〔27003049〕 ……………………… 58、59
東京地判昭和36・9・19判時276号24頁〔27420921〕 ………………………… 276
東京高判昭和36・11・29東高民時報12巻11号223頁〔27621378〕 …………… 10
最判昭和37・2・1民集16巻2号157頁〔27002202〕 ……………………… 177、180
東京地判昭和38・1・19下級民集14巻1号37頁〔27421057〕 ………………… 3
最判昭和38・2・21民集17巻1号182頁〔27002052〕 ………………………… 134
最判昭和38・6・13民集17巻5号744頁〔27002019〕 ………………………… 149
東京地判昭和38・11・28下級民集14巻11号2336頁〔27421193〕 ……… 187、205
東京高判昭和39・1・23下級民集15巻1号39頁〔27421211〕 ………………… 280
東京高判昭和40・1・29行裁例集16巻1号103頁〔27602895〕 ……………… 341
青森地判昭和40・10・9判タ187号185頁〔27817459〕 ……………………… 155
大阪地判昭和41・11・29判タ200号157頁〔27421562〕 ……………………… 3
東京地判昭和42・3・14判タ208号181頁〔27411094〕 ……………………… 134
最判昭和43・12・24民集22巻13号3428頁〔27000861〕 ……………………… 265
最判昭和44・3・4民集23巻3号561頁〔27000836〕 ………………………… 302
最判昭和44・7・8民集23巻8号1407頁〔27000800〕 ………………………… 252
東京高判昭和45・10・29判タ257号161頁〔27422595〕 ……………………… 253
最判昭和45・10・30民集24巻11号1667頁〔21034561〕 ……………………… 285
東京高判昭和46・2・20高裁刑集24巻1号97頁〔24005406〕 ……………… 291

361

東京地判昭和46・6・29判時645号89頁〔27403694〕	49、161、192
東京高判昭和49・7・18下級民集25巻5＝8号586頁〔27817562〕	152
最判昭和49・7・22裁判集民112号389頁〔27451998〕	222
東京地判昭和49・12・19下級民集25巻9=12号1065頁〔27404291〕	49、158、161、192
最判昭和50・10・24民集29巻9号1417頁〔27000352〕	159
最決昭和51・3・23刑集30巻2号229頁〔24005404〕	287
最判昭和53・10・20民集32巻7号1367頁〔27000225〕	339
東京地判昭和55・6・18下級民集31巻5＝8号428頁〔27662355〕	340
東京地判昭和55・9・30判タ435号124頁〔27405377〕	134
東京地判昭和56・5・20判タ465号150頁〔27405529〕	9
最判昭和57・3・30集民135号563頁〔27423848〕	6
東京地判昭和57・5・10判タ485号128頁〔27405752〕	50
最判昭和57・11・12民集36巻11号2193頁〔27000066〕	91、172
横浜地判昭和60・1・23判タ552号187頁〔27490879〕	158
東京高判昭和60・6・20高裁刑集38巻2号99頁〔27930762〕	192
東京地判昭和60・9・25判タ599号43頁〔27800125〕	315
最判昭和61・5・29裁判集民148号1頁〔27800401〕	183
最判昭和62・2・6裁判集民150号75頁〔27800005〕	341
東京地判昭和62・10・15判タ658号149頁〔27801301〕	3、305、316
宮崎地判昭和62・10・20判時1270号130頁〔27801666〕	297
最判昭和63・1・26民集42巻1号1頁〔27100072〕	13、75、255、258、259、260、268、333

平　成

東京高判平成元・3・22判タ718号132頁〔27805770〕	13
京都地判平成2・1・18判タ723号151頁〔27806200〕	242
東京地判平成2・3・2判時1364号60頁〔27807518〕	175
東京地判平成2・7・30金融商事872号27頁〔27811710〕	134
福岡地判平成2・11・9判タ751号143頁〔27808317〕	10、37、97、113、143
東京地判平成4・1・31判タ781号272頁〔27811330〕	4、150
東京地判平成4・2・25判時1444号99頁〔27814520〕	152
東京地判平成4・4・28判タ811号156頁〔27814838〕	9、49、84
東京地判平成4・8・31判タ819号167頁〔27815674〕	12

判例索引(年月日順)

大阪地判平成5・8・30判時1493号134頁〔27818341〕 ················ 25、26、356、357
大阪地判平成5・9・27判タ831号138頁〔27816973〕 ················· 8、14、43
東京地判平成5・11・18判タ840号143頁〔27818534〕 ························· 293
浦和地判平成6・5・13判タ862号187頁〔27825531〕 ·························· 232
東京地判平成6・11・21判タ881号190頁〔27827738〕 ············· 19、49、161、192
仙台高判平成6・12・15判タ886号248頁〔27827792〕 ··························· 7
広島地判平成7・7・17判タ895号153頁〔27828958〕 ····················· 47、53
東京地判平成7・10・9判時1575号81頁〔28011300〕 ·························· 267
東京地判平成7・11・9判タ921号272頁〔28011554〕 ··························· 30
東京高判平成7・11・29判時1557号52頁〔28010213〕 ··················· 234、237
東京地判平成8・9・30判タ933号168頁〔28020774〕 ·························· 284
千葉地判平成9・2・24判タ960号192頁〔28030487〕 ····················· 19、161
大阪地判平成9・3・28判タ970号201頁〔28031550〕 ····················· 15、263
東京高判平成9・5・29判タ981号164頁〔28033231〕 ·························· 284
東京高判平成9・12・17判タ1004号178頁〔28031950〕 ························· 12
東京地判平成10・2・20判タ1009号216頁〔28042598〕 ························ 297
大阪地判平成10・2・27判時1660号86頁〔28040621〕 ························· 181
最判平成10・6・11民集52巻4号1034頁〔28031248〕 ························· 171
東京高判平成10・6・23金融商事1049号44頁〔28032866〕 ············ 26、302、345
岡山地判平成10・7・6平成7年(ワ)272号公刊物未登載〔28233194〕 ········· 6、173
東京地判平成11・1・26判タ1041号220頁〔28052548〕 ······················· 192
大阪地判平成11・2・15判時1688号148頁〔28042817〕 ············· 9、20、161
東京高判平成11・9・22判タ1037号195頁〔28052050〕 ················· 12、245
最判平成12・3・24民集54巻3号1126頁〔28050618〕 ························· 131
東京高判平成12・7・13家裁月報53巻8号64頁〔28060096〕 ··················· 172
高松地判平成12・7・14判時1769号79頁〔28070390〕 ························· 169
高松高判平成12・12・14判時1769号76頁〔28070389〕 ························ 169
水戸地判平成13・9・26判時1786号106頁〔28071967〕 ······················· 267
札幌地判平成14・3・25判タ1138号306頁〔28095044〕 ······················· 275
東京高判平成14・12・4平成13年(行ケ)401号裁判所HP〔28081161〕 ············ 326
東京高判平成15・4・24判時1932号80頁〔28111670〕 ··························57
最判平成15・6・12民集57巻6号563頁〔28081748〕 ························· 304
前橋地判平成15・7・25判時1840号33頁〔28082534〕 ························· 236

363

判例	頁
東京地判平成15・12・12判時1850号51頁〔28091067〕	143
東京高判平成16・2・25判時1856号99頁〔28091816〕	237
東京地判平成16・7・9判時1878号103頁〔28100303〕	113、144
東京地判平成16・8・23判タ1179号261頁〔28092472〕	237
京地判平成16・10・20平成15年（ワ）1359号公刊物未登載〔28322394〕	205
東京地判平成16・10・27判タ1211号113頁〔28101275〕	167
東京地判平成17・2・22判タ1183号249頁〔28101685〕	236
東京地判平成17・6・24判タ1194号167頁〔28110132〕	138
東京地判平成17・6・28判タ1214号243頁〔28111813〕	177
東京地判平成17・7・8判タ1252号275頁〔28132439〕	178
東京高判平成17・8・25民集61巻3号1139頁〔28132097〕	333
大阪地判平成17・10・14判時1930号122頁〔28111559〕	193
最判平成17・12・8裁判集民218号1075頁〔28110058〕	81
東京地判平成18・3・20判タ1244号240頁〔28111739〕	236
福岡高判平成18・4・13判タ1213号202頁〔28111732〕	249
京都地判平成18・8・31判タ1224号274頁〔28111950〕	235、236
最判平成18・9・14裁判集民221号87頁〔28111956〕	325
東京地判平成18・9・25判タ1221号289頁〔28112368〕	13、15、255、257
大阪高判平成18・12・1平成18年（ネ）1247号公刊物未登載〔28322529〕	203
大阪地判平成18・12・8判タ1249号131頁〔28131972〕	100
最判平成18・12・21民集60巻10号3964頁〔28130140〕	269、277、283、286
最判平成18・12・21裁判集民222号643頁〔28130143〕	269
大阪高判平成19・2・28判タ1272号273頁〔28141765〕	224
東京高判平成19・2・28金融商事1322号45頁〔28152117〕	352
さいたま地判平成19・3・28平成16年（ワ）1301号裁判所HP〔28131212〕	19、77、78
最判平成19・4・24民集61巻3号1102頁〔28131155〕	295、331
さいたま地判平成19・6・29平成18年（ワ）192号裁判所HP〔28131896〕	162
東京地判平成19・8・24判タ1288号100頁〔28150382〕	178、179、185
大阪高判平成19・8・31金融商事1334号46頁〔28160341〕	213、345
さいたま地判平成19・9・28平成17年（ワ）829号裁判所HP〔28132344〕	6、72、84、173
東京高判平成19・11・29判時1991号78頁〔28140548〕	340
高松高判平成20・1・31金融商事1334号54頁〔28160343〕	15、299、356

青森地弘前支判平成20・3・27判時2022号126頁〔28150039〕……………… 260、261
名古屋地判平成20・4・9判時2060号91頁〔28160220〕……………………… 256
東京地判平成20・6・19判タ1314号256頁〔28160495〕……………………… 14、184
東京地判平成20・8・26判タ1283号157頁〔28150096〕……………………… 334
東京地判平成21・1・23判タ1301号226頁〔28152613〕……………………… 22、156
東京地判平成21・2・13判時2036号43頁〔28151343〕………………………… 13、120
名古屋高判平成21・3・19判時2060号81頁〔28160219〕…………………… 251
東京地判平成21・3・25判タ1307号174頁〔28153735〕……………………… 167
最判平成21・7・10民集63巻6号1170頁〔28152031〕………………………… 243
横浜地判平成21・7・10判時2074号97頁〔28161670〕……………………… 185
最判平成21・7・14裁判集民231号357頁〔28152033〕………………………… 243
東京高判平成21・9・29税務訴訟資料259号順号11279〔28211273〕………… 56
大阪地判平成21・10・22判タ1346号218頁〔28173388〕……………………… 213
最判平成21・10・23裁判集民232号127頁〔28153509〕……………………… 260
鹿児島地名瀬支判平成21・10・30判タ1314号81頁〔28160139〕…………… 148
京都地判平成21・11・19判タ1339号94頁〔28161887〕……………………… 337
大阪地判平成21・12・4判時2105号44頁〔28171621〕……………………… 229
鹿児島地名瀬支判平成22・3・23判タ1341号111頁〔28161787〕…………… 14
最判平成22・4・13裁判集民234号31号〔28160946〕………………………… 254
東京地判平成22・5・12判タ1331号134頁〔28163280〕……………………… 24、161、192
大阪高判平成22・5・12判タ1339号90頁〔28170460〕……………………… 338
東京地判平成22・5・27判時2084号23頁〔28162797〕……………………… 238
大阪高判平成22・5・28判時2131号66頁〔28180055〕……………………… 230
最判平成22・7・9裁判集民234号207頁〔28161873〕………………………… 260
大阪地判平成22・10・21判タ2106号83頁〔28171773〕……………………… 311
東京地判平成22・12・17判時2112号47頁〔28173711〕……………………… 199
最判平成23・1・14民集65巻1号1頁〔28170098〕…………………………… 140、285
長野地上田支判平成23・1・14判時2109号103頁〔28173161〕……………… 297
広島高岡山支判平成23・8・25判時2146号53頁〔28181265〕……………… 215
東京高判平成24・4・17平成22年（ネ）3945号公刊物未登載〔28224324〕…… 240
東京地判平成24・7・13平成23年（ワ）13229号公刊物未登載〔28300598〕…… 351
東京地判平成24・8・9判タ1393号194頁〔28213942〕……………………… 64
最決平成24・9・27平成23年（オ）1952号等公刊物未登載〔28272554〕…… 222

最決平成24・9・27平成23年（受）2212号公刊物未登載〔28272555〕 ················ 222
最決平成25・1・17平成24年（オ）1489号等公刊物未登載〔28224325〕 ············ 240
東京地判平成25・2・6判時2177号72頁〔28211379〕 ············ 15、120、122、129
大阪地堺支判平成25・3・14金融商事1417号22頁〔28211664〕 ················ 206
最判平成25・4・16民集67巻4号1049頁〔28211361〕 ························ 106
福岡高判平成25・10・3判時2210号60頁〔28221136〕 ··················· 84、112
東京高判平成25・12・16判タ1416号92頁〔28225045〕 ························ 41
東京高判平成26・2・12交通事故民事裁判例集47巻1号16頁〔28230849〕 ·········· 14
東京地判平成26・4・17判時2230号48頁〔28224068〕 ············ 15、115、129
東京高判平成26・5・21判時2239号57頁〔28230144〕 ······················ 192
東京地判平成26・8・22判時2242号96頁〔28230543〕 ··················· 15、120
大阪高判平成26・8・27判時2252号50頁〔28231759〕 ······················ 267
神戸地尼崎支判平成26・10・24金融商事1458号46頁〔28230417〕 ········ 120、129
青森地判平成27・1・23判時2291号92頁〔28241966〕 ··················· 121、129
和歌山地判平成27・1・29判時2276号33頁〔28240314〕 ···················· 237
大阪地判平成27・2・13判時2296号134頁〔28231335〕 ······················ 347
東京地判平成27・3・25判時2274号37頁〔28240028〕 ······················· 85
熊本地判平成27・3・27判時2260号85頁〔28232896〕 ······················ 321
大阪高判平成27・5・21判時2279号96頁〔28231799〕 ··················· 267、350
東京地判平成27・5・29判時2273号83頁〔28234504〕 ······················· 71
広島高判平成27・6・18判時2272号58頁〔28234349〕 ······················ 249
大阪高判平成27・10・2判時2276号28頁〔28240313〕 ······················ 236
東京地判平成27・10・15判タ1424号249頁〔29014360〕 ······················ 124
福岡高判平成28・1・20判時2291号68頁〔28240510〕 ······················ 317
大阪高判平成28・2・19判時2296号124頁〔28240647〕 ······················ 342
千葉地松戸支判平成28・3・25判時2337号36頁〔28252954〕 ··················· 15
東京地判平成28・3・31平成27年（ワ）4451号公刊物未登載〔29017714〕 ······ 113
東京地判平成28・6・10平成27年（ワ）8123号公刊物未登載〔29018788〕 ······ 14
最決平成28・6・17平成28年（オ）652号等公刊物未登載〔28263895〕 ············ 324
広島高判平成29・6・1判時2350号97頁〔28255144〕 ························ 93
東京高判平成30・6・7平成30年（ネ）1393号公刊物未登載〔28262913〕 ·········· 261
東京高判平成30・10・18判時2424号73頁〔28264962〕 ······················ 243
東京地判平成30・10・31平成29年（ワ）24393号公刊物未登載〔29052106〕 ······ 105

名古屋地判平成31・2・21家庭の法と裁判34号100頁〔28293071〕……………… 211
東京地判平成31・2・25平成30年（ワ）12795号公刊物未登載〔29053839〕………… 14

令　和

名古屋高判令和元・8・8家庭の法と裁判34号93頁〔28293073〕……………… 211
横浜地判令和2・12・11判時2503号49頁〔28284260〕……………………………… 250
徳島地判令和3・8・18金融商事1634号20頁〔28300391〕………………………… 128
東京地判令和4・2・25判時2549号14頁〔29069182〕……………………………… 121
東京地判令和4・3・25平成31年（ワ）20号判時2554号81頁…………………… 324
東京高判令和5・1・26公刊物未登載 ………………………………………………… 324
東京地判令和5・3・29令和2年（ワ）29988号公刊物未登載〔29077861〕………… 14
宇都宮地足利支判令和5・10・12 令和5年（ワ）113号公刊物未登載〔28322834〕 204
東京高判令和6・2・29 令和5年（ネ）5505号公刊物未登載〔28322870〕……… 204
東京地立川支判令和6・5・22 令和6年（ワ）634号公刊物未登載〔28322885〕… 205

---- サービス・インフォメーション ----
―――――――――――――――――― 通話無料 ――
①商品に関するご照会・お申込みのご依頼
　　TEL 0120(203)694／FAX 0120(302)640
②ご住所・ご名義等各種変更のご連絡
　　TEL 0120(203)696／FAX 0120(202)974
③請求・お支払いに関するご照会・ご要望
　　TEL 0120(203)695／FAX 0120(202)973

●フリーダイヤル(TEL)の受付時間は、土・日・祝日を除く
　9:00～17:30です。
●FAXは24時間受け付けておりますので、あわせてご利用ください。

"KeyPointでわかる"弁護士のためのリスクマネジメント
事例にみる弁護過誤、どうすれば回避できたのか

2011年 7月10日　初版発行
2024年10月25日　改訂版発行

編　集　　平沼髙明法律事務所
発行者　　田　中　英　弥
発行所　　第一法規株式会社
　　　　　〒107-8560　東京都港区南青山2-11-17
　　　　　ホームページ　https://www.daiichihoki.co.jp/
装　丁　　篠　隆　二

弁護過誤改　ISBN978-4-474-09420-8　C2032 (1)